JN061149

戦後企業内教育の軌跡と今後の展望

―新しい人材像とキャリア形成の探究―

谷内 篤博

Atsuhiro Yachi

泉文堂

は し が き

　松下電器の創業者である松下幸之助は，企業経営に関して多くの名言を残している。そのなかの１つに，"企業は人なり"という名言がある。まさに名言であり，21世紀は人材格差が企業格差を生む時代である。特に今の時代は，熾烈なグローバル競争のなかで，人間が生むナレッジが競争優位の源泉となりつつある。人的資源管理（HRM）においても，こうした人間の重要性は学問の流れを大きく変えた。1970年代以前は，ヒトはモノ，カネと同様に，企業経営を展開する上で必要な生産要素の１つと位置づけられ，あまり重要視されてこなかった。しかし70年代以降，人は経営資源のなかで最も重要な資産であると認識されるようになり，ヒトを人材から人財，すなわちhuman assetsないしはhuman capitalへと呼び方を変えるに至った。

　このように，企業経営においてヒトの重要性が高まりつつあるが，そうしたヒトの資産価値を高めていくものが，人材育成や能力開発，企業内教育であり，人的資源管理において重要な位置を占めつつある。

　人材育成や教育訓練に関しては，これまで数多くの研究が展開されており，研究成果も多岐にわたっている。これらの研究成果の特徴は，教育訓練の歴史を丹念に精査したものや実態調査を踏まえ技能の伝承を論じたもの，など理論面を重視した研究も数多くあるものの，その一方で実践・応用の視点から研修技法や研修スキル，教育プログラムの内容紹介など実務面に重点を置いたものなど，さまざまな研究や研究成果が混在しているのも事実である。特に，教育訓練の歴史に関しては，戦前から高度経済成長期までの生産現場における技能訓練や職業訓練に関する優れた研究はあるものの，それ以降現在に至るまでの人材育成に関する研究は少ない。

　本来，人材育成は企業経営に求められる人材を育成・輩出するものであり，企業の経営戦略との連動は必要不可欠である。経営学の世界では，企業とは生き物であり，オープンシステムとして環境に適応していくことが大命題として

論じられている。アンゾフもESO（Environment Serving Organization），すなわち環境貢献企業という概念を提唱し，環境変化に応じて経営戦略や風土，経営者の能力が変化していかなければ，企業は存続できないことを強調している。従って，人材育成の上位概念ともいうべき経営戦略が環境変化に対応すべく変化した場合は，当然，求められる人材像も変化することとなり，人材育成のあり方も変化せざるをえない。

　特に，近年の企業を取り巻く環境の変化は著しいものがあり，これまでの環境変化とは異なり規則性を有せず，予測不可能な先行き不透明感が高いのが特徴である。ボーダレスな地球規模でのナレッジ競争の激化，企業経営におけるDXの推進，M&Aなどによるグループ経営の本格化など，例をあげると枚挙にいとまがない。こうした環境変化に伴い，求められる人材像も大きく変化している。また，環境変化に加えて，働く人々の企業観・組織観も移ろい，それに伴いキャリア志向やキャリア形成のあり方も大きく変化しつつある。

　このように，企業を取り巻く環境は，企業サイド，働く個人サイドの両面で大きく変化しており，新たな人材育成や新たなキャリア形成のあり方が求められている。

　本書は，こうした認識に立ち，戦後の企業内教育に焦点をあて，まず戦後の企業内教育の歴史的変遷を丹念に振り返ることからはじめ，環境変化により求められる人材像が変化する様を明らかにし，新たな企業内教育が必要になりつつあることを探究するものである。

　まず序章では，企業を取り巻く環境変化を概観するとともに，これまでの人材育成の特徴や課題を明らかにし，これまでとは異なる新たな人材育成やキャリア形成のあり方が必要であることを論じている。

　第1章では，本書の主題である企業内教育とは何かを概念整理し，育成すべき能力の内容や教育体系を明らかにするとともに，企業内教育における集合教育の効果測定の仕方について最新理論を使い解説をしている。さらに，これまであまり触れられてこなかった企業内教育と学校教育，職業訓練などの社会教育との関連についても触れている。

　本書では，戦後企業内教育の歴史的変遷をグローバル化の進展を基準にして1985年を境に大きく2段階に分けており，第2章は，戦後企業内教育の歴史的変遷の前史（1945〜85年）について解説をしている。戦後企業内教育に関する先行研究のレビューからスタートし，前史を59年までの戦後復興期，70年代前半までの高度成長期，85年のプラザ合意までの減量経営下の大きく3つに分け，それぞれの企業内教育の特徴を明らかにしている。

　第3章は，戦後企業内教育の歴史的変遷の後史（1986年〜現在）について解説をしている。前史同様，大きく3段階に分け，90年代前半までの国際化時代，2000年代前半までの平成不況期，現在までの新時代の企業内教育の特徴を解説している。

　第4章は，第5章以降で今後の企業内教育を論じるにあたって，その前提ともいうべき現行の企業内教育の特徴や課題，今後の動向について概観している。また，今後の企業内教育を展開するためには，人事部や教育スタッフの役割も大きく変化するが，本章ではその点についても解説を加えている。

　第5章は，企業内教育の今後の展望の1つの柱になると思われる経営人材の育成について，求められる役割や能力，その具体的な育成方法をタレントマネジメントと関連づけて解説している。また，経営人材育成を実施している先進的企業3社へのヒアリングを実施し，そこから得られた知見についても解説している。

　第6章は，企業内教育の今後の展望のもう1つの柱になると思われるプロフェッショナル人材について，プロフェッショナルの定義やタイプ分類，育成やキャリア形成のあり方について言及している。また，プロフェッショナル人材に対するマネジメントシステムとしてジョブ型雇用の導入についても解説を施している。

　第7章は，企業内教育の今後の展望の最後の柱として，これまでの組織主導の企業内キャリアから個人の自律性を重視した個人主体のキャリア形成への移行について解説をしている。ここでは，バウンダリーレスキャリアやプロティアンキャリア，越境学習についても多くの紙幅を割き，解説している。

終章は，これまで本章で述べてきたことの要約をするとともに，残された課題についても解説をしている。残された課題としては，組織開発（OD）の必要性について言及している。

　本書が，企業において人材育成に係る業務に従事されている方々，人材育成やキャリア形成に関心のある方々，人材育成のコンサル業務に従事されているコンサルタント，HRMの研究者，HRMや人材マネジメントを学ぶ学生など，幅広い方々にお読みいただき，議論していただく材料になることを念じてやまない。

　最後に，出版事情が大変厳しいなか，前著の『日本的雇用システムの特質と変容』でもお世話になった泉文堂の佐藤光彦氏に本書の企画・進行をお引き受けいただき，衷心より感謝申し上げたい。

　本書がわが国おける人材育成の発展に多少なりとも貢献できるならば，著者としてこれ以上のよろこびはない。

2022年10月

谷内　篤博

目　　次

終　章　要約と残された課題 · *221*

序　章
新しい人材育成の幕開け

　これまでのわが国の企業経営は，生産・オペレーション中心の工業化社会を前提に，良質で豊富な労働力を核に安価で高品質な製品を生産し，世界市場に輸出することで経済基盤を確立し，欧米にキャッチアップしてきた。競争優位の源泉は，品質，コスト，生産効率に置かれ，QC活動やマニュアルに基づく管理が徹底されていた。従って，求められる人材も熟練工や多能工，スキルワーカー，さらには生産現場を統率管理する管理職や監督職が中心であった。

　当然，企業内教育や人材育成の重点も企業固有の技能（firm specific skill）修得に向けたOJTや，MTP（Management Training Program），TWI（Training Within Industry）に代表されるように，管理職や監督者育成に向けた階層別教育に置かれていた。

　また，人材開発や人材育成の責任は企業が負っており，企業が主体的に学習機会を提供し，従業員は企業が提供する学習内容を受動的な学習態度で修得すればよかった。終身雇用を前提に，組織への帰属意識を高める観点から企業主導のキャリア形成が展開されてきた。これには大学教育が大きく関わっていると考えられる。従来の大学教育では，学生の大人への移行を可能ならしめるだけの専門教育を提供できておらず，企業が自らの手で組織に加入した従業員にOJTや階層別教育を通じて大人への移行プロセスを実現せざるをえない状況にあった。

　しかし，こうした企業の人材育成のあり方では対応できないような環境変化が起きている。昨今の企業を取り巻く環境は変化が常態化しており，不連続で規則性を有しておらず，予測することすら難しい。このような環境変化はこれまでの企業経営のあり方や人材育成のあり方に変革を迫りつつある。そうした環境変化のなかでも特に留意すべきは，急速な経営のグローバル化である。今

日の世界経済は，ネットワーク経済への移行にともない，国際的な相互依存が高まっている。前述したように，原材料を輸入し，それらに加工を施し，良質な製品として仕上げ，海外に輸出することで，欧米にキャッチアップしてきたわが国の企業経営においても，経営のグローバル化は避けて通れない極めて重要な経営課題である。

　日本企業のこれまでのグローバル化への対応は，研究開発や財務などの重要な意思決定は日本の本社が行い，海外子会社は生産，販売などの限定された職能を担っているにすぎず，本社と海外子会社の垂直的な関係からなるmother-daughter型組織運営により展開されてきた。一部の先進的企業においては，地域統括会社を設置したり，世界3極ないしは4極体制でグローバル経営に挑戦している企業もあるが，未だ少ないと言わざるをえない。ICTの進展やネットワーク経済への移行にともない，自国の優位性のみでグローバル・コンペティションを勝ち抜くことは極めて難しい。今の日本企業に求められているのは，グローバル・ネットワークを構築し，世界に散在するナレッジ（知）を集積してグローバル・イノベーションにつなげていくことである。そのためには，グローバル経営を牽引していくグローバル・リーダーや経営人材が必要不可欠で，そうした人材を育成・輩出することが日本企業にとっての喫緊の課題となっている。こうした状況を2つの調査を通して見ていく。日本能率協会（JMA）が，2020年に会員企業5,000社に行った「第41回当面する企業経営課題に関する調査」(1)において，今後3年間の最も重要な経営課題として「人材の強化（採用・育成・多様化への対応）」が第1位となっており，5年後の経営課題でも第3位となっている。同様に，リクルート・マネジメント・ソリューションズ（RMS）が，2018年に行った「組織・人材マネジメントの実態調査」(2)においても，「次世代の経営を担う人材が育っていない」のスコアが8割を超えて最も高くなっている。

　留意すべき2つ目の環境の変化は，グループ経営の本格化である。大企業を中心に持ち株会社の普及や新規事業の子会社化，さらにはM&Aによる企業集団の拡大化にともない，企業単体のみならず，グループ全体を効果的に統括し

2

ていくマネジメントが必要になりつつある。東京都立大学教授の松田千恵子氏
は，リクルート発行の専門誌『Works』162号（2020）におけるグループ経営
の特集の巻頭において，グループ経営を「事業や機能の分社化，新規事業の子
会社化，M&Aによって，1つのグループのなかに多くの子会社が存在するこ
と，そして1つのグループのなかに多業種がひしめく多角化経営をすること」
と定義している。この定義からも分かるように，グループ経営とはグループ内
でのシナジーを高め，グループ全体の企業価値を向上させ，経営効率をアップ
させていくために戦略的につながった連邦経営体であるといえよう。

　しかし，企業価値を高め，効率的な経営展開につなげるための仕掛けとして
企業に浸透しつつあるグループ経営であるが，次のようなさまざまな問題が出
始めている。まず1つ目の問題は，グループ内において親会社と子会社間で上
下関係が存在している点である。報酬の低い子会社の出向には，マイナスのイ
メージが植え付けられるとともに，親子間での報酬格差が従業員間の軋轢を生
む危険性がある。

　2つ目の問題は，グループに多くの子会社が存在することにより，経営資源
の重複や人材の偏り，組織文化の摩擦などが発生し，効率的な経営を阻害する
ことが懸念される。大企業を中心に広がりを見せている管理機能，たとえば人
事や経理，情報などの管理機能のシェアードサービス化やオペレーショナル機
能の分社化などはその対策と考えられる。

　3つ目の問題は，子会社の増加や経営・事業の多角化に起因する経営の不透
明化である。わが国では，間接金融の時代においてはメインバンク制が中心で，
企業経営のガバナンスも債権者としての銀行によるメインバンク・ガバナンス
が中心であった。しかし，直接金融の今の時代においては，投資家すなわち株
主によるエクイティガバナンスが主流である。グループ経営の進展により，事
業の多角化や経営の多角化がすすむと，企業経営を的確に把握し，評価するこ
とが株主には難しくなる。企業は，エクイティガバナンスの視点から，事業
ポートフォリオを運用し，経営の見える化を通じて投資家である株主の期待に
応えていかなければならない。

グループ経営をめぐるこうした問題点を克服し，グループ内のシナジーを高め，効果的な事業ポートフォリオを策定し，戦略的なグループ経営を展開していくためには，グループ企業各社において経営に資するHRビジネスパートナー（HRBP）の育成・配置とグループ経営を戦略的に牽引できる経営人材が必要不可欠となる。すでに述べた2つの調査結果からも同様のことが指摘されている。

　留意すべき3つ目の環境変化は，企業に求められる人材像が変化していると同時に，キャリア形成のあり方も変わりつつある点があげられる。AIの普及やデジタル技術の進展により，これからの企業経営においては，デジタルトランスフォーメーション（以下ではDXと表記）が新たな経営課題として多くの経営者に認識されている。DXとは，端的に定義するならば，「AIなどのデジタル技術を活用することにより，新たなビジネスモデルを創出し，競争優位の源泉を生み出す」ことである。DXを展開するには，AI技術者やデータエンジニアリングをベースにビッグデータから価値を創出するデータサイエンティスト，さらには事業構想につなげるアントレプレナーシップを持った高度専門人材が必要となる。しかし，日本では，博士課程に進学する学生が少なく，博士号（Ph.D.）の学位取得者も欧米と比べて少いうえに，情報科学・数理科学・計算機科学の体系的訓練を受けた人材が欧米に比して圧倒的に不足している。これまでのわが国の人材育成の根幹をなすOJTや従業員の全体的底上げをはかる階層別教育，さらにはこれまでの文理セパレーツ型の大学教育では，その育成が難しい。AI技術者に関しては，すでにその争奪戦が始まっており，DeNAではAI技術者に新卒でも1千万近い年俸を提示している。最近話題になっているジョブ型雇用は，AI技術者やデータサイエンティストなどの高度専門人材を獲得するために考え出されたものといっても過言ではない。2021年8月11日の日経新聞朝刊の一面に，リスキリングに関する記事が掲載された。それによれば，世界各国の政府や企業が，今後増えると予想されるデータアナリスト，AI技術者，ITセキュリティ専門職，デジタルマーケティング専門職などの成長分野へ人材をシフトすることを目指し，働き手のリスキリング（学

び直し）支援に動き出したことが報じられている。

　もう1つの留意すべき環境変化は，キャリア形成のあり方が大きく変わりつつある点である。バブル経済が崩壊する1990年代前半までは，終身雇用が維持されており，われわれ働く人間にとって企業は雇用を保障してくれるとともに，必要な企業内教育を提供してくれていた。従って，われわれの生き方やキャリア形成は，企業に依存するいわば他力本願的な受け身の姿勢であった。しかし，バブル経済崩壊後は減速経済が本格化し，成果主義に移行する企業が増え始めた。それにともない，終身雇用の維持が難しくなるだけではなく，われわれの生き方やキャリア形成にも大きな変化がもたらされた。われわれの生き方も，企業に依存するのではなく，自助努力で自らの手で豊かな人生を築き上げていくといった生き方が求められるとともに，キャリア形成や人材育成においても，個人の自律を促す「主体的なキャリア形成」[3]へと転換していかなければならなくなった。日経連（日本経営者団体連盟）が人材育成の主体は原則，個人の責任で行うべきもので，個人でカバーしきれないものを企業は補完していくとの考えを打ち出し始めたのもこの時期である。

　一方，若年層における働き方や組織観，職業観においても大きな変化が見え始めている。そこで，若年層の組織観，職業観を中高年層との比較を通して明らかにしていきたい[4]。中高年層の組織観，職業観は，「帰属意識」に裏打ちされており，「1つの組織に帰属し，そこから人生に必要なものをすべてまかなっていく」という点に大きな特徴があり，その中心的価値は，組織への忠誠や職場貢献といったものを重視する「自己犠牲」にある。また，組織に対して強いロイヤリティをもった中高年層は，自分の専門性を高めることよりも組織内部における昇進に強い関心をもつとともに，キャリア志向性も組織との一体化が強く求められる管理職やゼネラリスト志向が強くなる。まさに，前述したように，企業と一体化をし，企業に依存する生き方であり，キャリア形成といえる。

　それに対して，若年層の組織観，職業観は，「所属意識」に裏打ちされており，「複数の組織に所属し，それぞれのところから必要なものを手に入れてい

く」といった点に特徴があり，その中心的価値は組織への忠誠よりも仕事への忠誠，組織への貢献よりも自己の業績や専門性の向上を重視する「自己利益」にある。関本，花田（1985，1986）が帰属意識の研究から導き出した「自己実現型」，功利を追求する「功利型」の帰属意識が若年層にあてはまるものと思われる。自己利益や仕事への忠誠を重視する若年層は，仕事を媒介とした個人と組織の間接統合（いわゆるルースカップリング）[5]を希求しており，仕事に対する最大限のコミットメントが必要不可欠となる。このような組織観，職業観を有した若年層は，会社や組織に対する帰属意識は低く，自己の専門性や専門性に対する市場価値（market value）や市場における評判に強い関心を有している。従って，キャリア志向もおのずとスペシャリストやプロフェッショナル志向となる。

　こうしたスペシャリストやプロフェッショナル志向の若年層は，自己の専門性向上や市場における自己の評価に高い関心を示すとともに，キャリア形成の面においてもこれまでの企業内を中心とするキャリア形成とは異なるキャリア形成のあり方を望む。自己の専門性を高めるためならならば，組織内外におけるさまざまな学習の機会（場）を求めて主体的なキャリア形成を行う。また，スペシャリストやプロフェッショナル志向の若年層は，自分の準拠集団を所属する企業だけでなく，外部の学会や業界団体にも置き，そこでの学習機会や新たな知の獲得に奔走する。

　このように，スペシャリストやプロフェッショナル志向の若年層は，企業特殊技能の修得に主眼をおく組織本位のキャリア形成とは異なる個人の自律性を重視した新たなキャリア形成を望むだけでなく，それに向けた行動を起こしつつある。本書では，個人の自律性を重視したキャリア形成を，組織本位のキャリア形成をオールドキャリアと呼ぶならば，ニューキャリアないしは新しいキャリア形成と呼ぶこととする[6]。キャリア論においても，アメリカのシリコンバレーの技術者のキャリア形成を想定して提唱された，組織を越えたキャリア「バウンダリーレスキャリア」がArthurとRousseauによって提示された（Arthur & Rousseau，1996）。

　こうした動きと機を同じくして，わが国では日経連が，バブル経済からの脱出と経済の構造改革をはかるべく，1995年に「日本型エンプロイアビリティ」を提言した。エンプロイアビリティとは，一般に雇用される能力ないしは雇用可能性と訳されているが，諏訪（2002）によれば，内部労働市場（自社）で評価される能力と外部労働市場（他社）で評価される能力の二面性があることが指摘されている。つまり，分かりやすく表現するならば，内外の労働市場で評価される能力で，高度で外部通用性を有する能力といえよう。

　以上，わが国における企業経営や人材育成のあり方に変革を迫る環境変化の動きとその影響について見てきたが，明らかになったのはグローバル経営やグループ経営を牽引できる次世代経営者や経営人材を育成・輩出していくと同時に，若年層を中心に変わりつつある組織観，職業観に呼応すべく，新たなキャリア形成や人材育成のあり方に転換していかなければならないということである。

　ところで，人材育成や教育訓練に関しては，これまでに数多くの書籍や出版物が刊行されているが，その多くは研修メソッドや研修プログラムに関するいわばハウツー的なものであり，これからの人材育成や教育訓練のあり方について示唆を与えるものは少ない。また，わが国の技能修得や教育訓練に関する研究は数多く存在するが，経営人材や次世代経営者，新たなキャリア形成のあり方を探究する研究はそれほど多くないのが現状である。さらに，人材育成や教育訓練の歴史を記した研究書[7]は，隅谷三喜男編『日本産業訓練発展史上－先進技術土着化の過程（日本労働協会，1970），同『日本産業訓練発展史下－日本的養成制度の形成』（同，1971）などがあるが，主に技能者養成に主眼が置かれ，明治初期から戦前に至るまでの産業訓練史となっている。戦後の産業訓練や人材育成に関しては，日本産業訓練協会が編纂した『産業訓練百年史－日本の経済成長と産業訓練』（日本産業訓練協会，1971）や隅谷三喜男・古賀比呂志編『日本職業訓練発展史　戦後編－労働力陶冶の課題と展開』（日本労働協会，1978），さらには戦後50年にわたる経営人材形成の動向を分析した小山田英一・服部治・梶原豊『経営人材形成史』（中央経済社，1997）などがある

が，やはり研究集積としては残念ながら少ないといわざるをえない。なかには，山田雄一の『社内教育入門』（日経文庫，1976）における，江戸時代から戦後の企業内教育について扱ったものもある。経営人材育成を歴史的視点から時代的背景を踏まえて考察しているのが，唯一，小山田らの研究書といっても過言ではない。

　そこで，本書は戦後の企業内教育に焦点をあて，企業内教育の歴史的変遷を詳細にたどるとともに，わが国の企業内教育の特質と課題を明らかにし，今後必要とされる次世代経営者や経営人材の育成および個人の自律性を重視した新たなキャリア形成のあり方を論究していきたいと考えている。

（注）
(1)　日本能率協会（以下ではJMAと表記）が行った「第41回当面する企業経営課題に関する調査」は2020年7月20日〜8月21日の1か月間で，JMAの法人会員ならびに評議員会社，およびサンプル抽出した全国主要企業の経営者を含め計5,000社に対して郵送調査法で実施されたもので，532社より回答が得られ，回答率は10.6％であった。質問内容は当面する経営課題，変化に適応できる組織の条件，経営に貢献する人事部門などから構成されており，現在，3年後，5年後の課題を経年変化で明らかにしている。
(2)　リクルートマネジメントソリューションズ（以下ではRMSと表記）が2018年3月に行った「組織・人材マネジメントの実態調査」で，従業員300名以上の企業の人事担当の管理職を対象にインターネットで実施されたもので，208名の管理職より回答があった。回答の中で最も多かったが「次世代の経営を担う人材が育っていない」で，そう思う，ややそう思うで83.7％と最も多く，以下ミドルマネジメント層の負担が過重になっているが続いている
　　　RMSでは，同様の調査を2021年においても実施しており，やはり「次世代の経営を担う人材が育っていない」が55.2％と第1位になっている。
　　　また，RMSが2016年に，従業員300名以上の企業（約7割が1,000人以上の大企業）に行った「人材開発実態調査」においても，今後より重要になるものとして「次期経営幹部育成のためのサクセッション・プラン支援」が2位となっており，大企業では半数を超える企業で重要と認識されている（詳しくはRMS Research「人材開発実態調査2017」を参照）。
(3)　荒木（2021）は，新しい時代のキャリア形成のあり方として，企業による主体的なキャリア形成（企業主導のキャリア形成）から従業員1人ひとりの自律を促す「主体的なキャリア形成」へと転換する必要性を強調している（詳しくは荒木淳子『企業で働く個人の主体的なキャリア形成を支える学習環境』晃洋書房，2021年，23−26頁参

照)。

⑷　若年層と中高年層の組織観，職業観の比較に関する記述は，拙著『働く意味とキャリア形成』(勁草書房，2007) 第 1 章第 2 節職業観の変化 9 -13頁を参考に記述。

⑸　太田 (1997) は，所属組織との一体化を志向しており，組織への貢献を重視していることを直接統合と呼び，そうした志向性の強い人を組織人モデルと位置づけている。それに対し，仕事へのコミットメントが高く，仕事を通して組織と間接的に関わっていくことを間接統合と呼び，そうした志向性の強い人を仕事人モデルと位置づけている。筆者は，太田のこうした間接統合をルースカップリングと位置づけている (詳しくは太田肇『仕事人の時代』新潮社，1997年を参照)。

⑹　金井 (2002) は，組織本位のキャリア形成をオールドキャリアと定義しているのに対し，バウンダリーレス・キャリアなど個人の自律性に基づく主体的なキャリア形成をニューキャリアと定義している (詳しくは金井壽宏『働くひとのためのキャリア・デザイン』PHP新書，2002年，58-66頁参照)。

⑺　小原 (2001) は松下電器の企業内教育に関する研究の中で，教育訓練に関する先行研究について分りやすく概観しており，本記述はそれを参考にしている (小原明『松下電器の企業内教育-歴史と分析-』文眞堂，2001年，3-4頁参照)。

第1章
企業内教育の概要と
社会教育における位置づけ

1　企業内教育の定義と能力概念[1]

　企業における人材育成を論じるにあたって，まずその概念や言葉の定義を明らかにしていきたい。人材育成に関しては，教育訓練，能力開発，人材開発など，さまざまな呼び方がされており，その意味するところはそれぞれ若干の違いがあるようである。教育訓練は，教育訓練と連続した単語で記述されることが多いが，教育と訓練とでは意味するところが異なる。訓練は，英語で表記するならばtrainingとなり，その意味は能力や技能を必要な一定水準まで引き上げることで，ここまでやれば終わりといったように，あらかじめ限界が設定されている。戦前の技能修得や熟練工などの育成には，産業訓練や技能訓練など，訓練という言葉が使われた。訓練という言葉には，熟練や技能の深まりと親和性があるものと思われる。一方，教育は英語ではeducationと表記され，その意味は人間の能力を継続的に向上させることで，訓練と異なり，あらかじめここまでやれば終わりといったような限界が設定されていない。このように，両者には限界が設定されているかいないかという点において違いが見られるが，両者は言葉を分けて使用されることが少なく，教育訓練として1つの言葉（word）として使用されることが多い。企業等で行われている教育訓練には，企業や組織で必要とされる能力や技能を職場や研修施設等で，教え込まれる，刷り込まれるというように，従業員から見ると，学習プロセスとしては受動的な学習としての色彩が強い。

　それに対し，人材育成や能力開発は英語でdevelopmentと表記され，単に能

力や技能の向上をはかるだけでなく，自己啓発などにより自らを鍛え，高めて
いくというように，能動的学習としての要素も含んでおり，いわば人間の育成
をも視野にいれて実施される。当然，そこには訓練のような限界が設定されて
おらず，継続的，持続的な視点に立ち，人材育成が展開される。こうした点か
ら，本書では能力開発と人材育成とは同じ意味をもつと考え，人材育成を統一
用語として使っていくこととする。

　ところで，こうした人材育成は企業においてなぜ必要であるのか。わが国の
人材育成には，主に未成熟者を対象とする専門学校を含めた学校教育，成熟者
を対象とする社会教育，さらには離職者，在職者および学卒者に対する公共職
業訓練，企業内教育がある[2]。本来ならば，学校教育－公共職業訓練－企業内
教育が効果的に連動する形で人材育成が展開されることが働く人々や企業に
とっても望ましいと思われる。しかし，学校や，職業訓練などの企業外部の教
育訓練機関は，企業内における教育訓練や人材育成と接合性・連携性が弱いの
が現状である。すでに，序章でも触れたように，大学教育において，社会での
有用性の高い専門教育が施されていない現状では，学卒者に対し企業自らが自
分たちの責任において教育訓練や人材育成の機会を提供し，彼らの大人への移
行を積極的に支援せざるをえない。ダイエーの創業者である故中内㓛氏が，企
業における教育をダイエーのビジネススキームを教え込む，ダイエーの組織文
化を体得させるための「型はめ教育」と表したのは，まさにこうした実情を見
事にとらえた表現といえよう。加えて，大学への進学率の上昇が，文部行政に
大きく影響し，工業高校や商業高校の普通高校への転換を促進させ，高校生の
職業に対する興味や関心，さらには職業に必要な技能や知識を低下させたこと
も企業における教育訓練や人材育成の存在や意義を高めることにつながってい
る。その結果，わが国においては，企業内教育の位置づけが極めて突出した存
在となり，企業外部の教育機関による教育は，企業内教育の補完的・従属的性
格を帯びることとなった[3]。

　さらに，別の視点から企業内教育の必要性を論じてみたい。われわれ人間は
社会的動物で，ひとりでは生きていけない。マズロー（Maslow, A. H.）も欲

求階層理論において第3段階の欲求として社会的欲求をあげており，われわれ人間は特定の社会集団に属しながら生きていかざるをえない。帰属する集団には，それぞれ固有の組織文化や慣習があり，それらに慣れ親しむことなくして，集団への貢献や期待される行動は到底不可能である。仮に，われわれがある分野の専門性や技術を身につけてある集団や会社に入っても，その企業文化や行動様式などを体得しなければ，組織人としての行動や組織への貢献活動は不可能である。ここに，企業内教育の必要性とその存在意義がある。言い換えるならば，企業内教育とは，"企業が企業のために，新規加入者および従業員に対し，企業自らの手で行う人材育成"である。もう少し丁寧に定義をするならば，企業内教育とは，「企業が従業員に対して，企業活動に必要な能力と態度，行動様式を向上ないしは修得させるために行う人材育成および教育的諸活動の総称」である[4]。以降，本書においては，企業における人材育成は「企業内教育」を通じて実施されるものとみなし，企業内教育に焦点をあて，考察を深めていく。

　これまでの考察で企業内教育の概念や存在意義が明らかになったので，次に企業内教育の対象となる能力について見ていく。能力については，当然，個別の企業ごとに求められる能力や技能は異なっており，それらを詳細に述べることは極めて困難であると同時に，仮に個別企業に求められる能力を整理したとしても，その適用範囲は極めて個別的で限定的なものとならざるをえず，汎用性に乏しいものとなる。そこで，本書では企業内教育における能力を組織人に求められる能力として汎用性のある視点からとらえ直し，概括的に見ていくこととする。組織人に求められる能力に関しては，2つの優れた先行研究がある。まず1つ目は，R.カッツ（Katz, R. L.）の理論である[5]。カッツは，マネジャーに求められる3つのマネジメント・スキルを，図表1−1に見られるように，マネジメント・レベル，すなわち階層に応じてそのウエイトが変化することを明らかにしている。ロワー・レベルのマネジャーにおいては，職務遂行能力や職務知識に該当するテクニカル・スキル（technical skill）のウエイトが最も高い。これはロワー・レベルのマネジャーは修得した組織のビジネススキーム

図表1－1　マネジャーに求められる3つのマネジメント・スキル

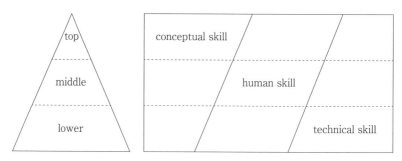

出所：Katz, R. L., (1955) "Skills of an effective Administrator" *Harvard Business Review*, 33(1), pp.33－42を参考に作成

やビジネス・ノウハウを部下やフォロワーにOJT（On the Job Training）を通じて教え込んでいくという役割を担っていることを物語っている。ミドル・レベルのマネジャーでは，対人関係能力であるヒューマン・スキル（human skill）のウエイトが最も高い。これはリッカート（Likert, R.）が提唱する連結ピンを想定すると理解しやすい。ミドル・レベルのマネジャーは，リーダーシップを発揮して部下を効果的にまとめると同時に，組織間の連携をはかる役割，すなわち連結ピンの役割を担っており，コミュニケーション・スキルを駆使して組織間の潤滑油としての機能を果たしていかなければならない。階層の最も高いトップレベルのマネジャーでは，コンセプチュアル・スキルのウエイトが最も高い。コンセプチュアル・スキルは，そのまま訳せば概念化能力で，物事を概念化したり，抽象的に物事を考えたりする能力を意味する。これでは抽象的すぎるのでトップレベルのマネジャーに求められるスキルに当てはめて定義しなおしてみると，問題の本質を把握し，解決策を導き出す能力で，論理的思考力や仮説検証力，問題解決力，戦略策定力などが該当する。トップレベルのマネジャーは，組織や事業のかじ取りを担っており，時代を先取りし，混沌とした経営環境の中から新たなビジネスチャンスをかぎ取り，それをビジョンや戦略にまとめあげる能力が強く求められる。カッツのコンセプチュアル・スキルとは，こうした能力を指している。

　このように，組織人やマネジャーに求められる能力は，組織におけるマネジメント・レベル（階層）と連動しており，マネジメント・レベルが上がるにつれ，求められる能力もテクニカル・スキル→ヒューマン・スキル→コンセプチュアル・スキルへとそのウエイトが変化していく。企業内教育における人材育成も，カッツのこうした理論を参考に階層ごとに応じた教育内容を提供していくことが求められる。ロワー・レベルには，業務遂行に必要な知識や能力を，ミドル・レベルにはリーダーシップ・スキルやコミュニケーション・スキル，部下指導力を，トップ・レベルには問題解決力，戦略策定力，論理的思考力などに重点を置いた教育プログラムを提供していくことが求められる。

　もう1つは，アージリス（Argyris, C.）が提唱する2つの能力の概念である[(6)]。アージリスは，能力をアビリティ（ability）とコンピテンス（competence）の2つに分類し，両者を対比させ論理展開をさせている。アビリティは，われわれの欲求から生まれるもので，いわば欲求を充足する道具である。アージリスによれば，アビリティは次のように大きく3つに分類される。

① 認知能力：知性（インテリジェンスなど），知的能力
② 動的能力：手や道具を使って働く
③ 意欲的能力：感じる，やる気を出す

すでに述べたように，アビリティは欲求から発生するものであり，認知的能力などはわれわれの自己啓発により身に着けることが可能な能力といえよう。企業内教育において，アビリティを修得させていくには，教育訓練によって知識やスキル，能力を新たに組織に参入した者やロワー・レベルの従業員対象に教え込むととともに，上司による直接指導により仕事のやり方を修得させ，必要に応じて適宜，仕事の幅を広げたり，仕事を変えるなどして知的刺激を与えていくことが必要となる。それにより，意欲的能力が引き出される。

　それに対してコンピテンスは，集団のなかで相互啓発により修得される社会適応能力で，人間の成長と深く関わる能力である。コンピテンスの語源は，英語のcompeteで，競争に打ち勝つという意味が込められている。グローバルレベルでの企業間競争が激化している環境下では，常に問題意識をもち，自ら

を成長させ，さまざまな諸問題を解決していける社会適応能力の高い人材の育成が極めて重要となる。従って，当然，企業内教育においても，コンピテンスの開発・育成に重点を置かざるをえない。

　アージリスは，コンピテンスを知的・認知的コンピテンスと情動的・意欲的コンピテンスに区分している[7]。アージリスによれば，情動的・意欲的コンピテンスは，単なる人間関係能力といったものでなく，人間の成長力に関わるもので，組織内の問題解決の認知的活動に影響を与える。アージリスのコンピテンスは，カッツのヒューマン・スキルやコンセプチュアル・スキルに類似するもので，企業内教育において重視されるべき能力といえる。

2　企業内教育の体系と教育内容

　企業内教育は，営業，生産（製造），研究開発（R&D），購買，財務，人事などの企業経営に必要な職能に対してどのような教育が必要かという側面と，経営者，上級管理者，中間管理者，職務担当者などの経営における階層ごとにどのような教育が必要かという側面の2つの視点から定式化，体系化することができる。前者の職能部門ごとに必要な能力を修得させるのが職能別教育ないしは専門別教育であり，主に各職能部門が主催するタテ割的な教育である。後者の階層ごとに必要な能力を修得させるのが階層別教育であり，人事部ないしは教育部門が主催するヨコ割的な教育である。これらの2つの教育は，一堂に会して行われるので，集合教育（Off-JT：Off-the Job Trainingの略で，以下ではOff-JTと表記）と位置づけられる。

　企業内教育の体系を考える時にもう1つの分類の仕方がある。それは実施形態で分類するもので，職場で上司と部下が仕事を通じて行うOJT（On the Job Training：職場内訓練），職場を離れて行う集合教育（Off-JT），個人のキャリア形成を促進・支援する自己啓発（Self Development：SD）の3つの体系に区分される。こうした企業内教育の体系の分類の仕方を統合し，企業内教育を体系化すると，図表1－2のようになる。

図表 1 － 2　企業内教育の体系

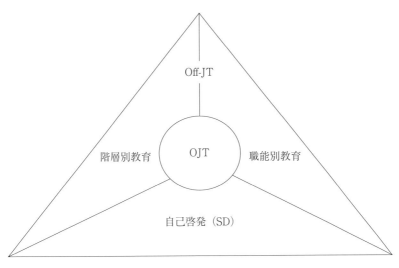

Off-JT

階層別教育　OJT　職能別教育

自己啓発（SD）

出所：筆者作成

　図表 1 － 2 から分かるように，企業内教育の体系は，OJT，Off-JT，SDの 3 つの体系から成り立っており，以下では，各体系の内容について詳しく見ていく。

(1)　OJT（職場内訓練）

　OJTとは，前述したように，On the Job Trainingの略で，職場内で日常業務を通じて上司や先輩が職務遂行に必要な知識や技能などを部下に修得させるもので，職場内訓練とよばれている。OJTは企業内教育の中核になるもので，Off-JTと比べてコストも安く，時間的ゆとりをもって，従業員の個性や能力に応じてきめ細やかな教育ができる点に大きな特徴がある。また，配置転換や新技術導入などの業務上の変化に対し，短期間のうちに業務上のスキルやノウハウを伝授できる効果も期待できる。さらに，OJTは仕事に対するスタンスや考え方などを身近で教えることができ，後継者の育成にも効果的であると考えられている。

しかしその一方でOJTには，教える側の上司や先輩社員の能力や経験，意欲に大きく左右され，教育効果に大きな差が生じてしまう危険性がある。と同時に，教える側の能力，経験の影響を受けるために，体系的，専門的な知識の修得が極めて難しい。また，上司と部下といった閉じられた関係のなかで展開されるため，一度に少人数でしか実施できず，教育としての効率性が悪く，その上，組織全体の活性化につなげることが難しい点も短所である。さらに，OJTは業務に直結する知識や技能を教え込むために，部下は短期志向的で，近視眼的な思考に陥りやすくなる。

　このような長所と短所を有したOJTであるが，その展開にあたっては3つの原則があると考えられている。第1原則は"set example"で，その意味するところは率先垂範である。つまり，上司が部下に手本を示すということである。山本五十六が残した言葉で，"やってみせ，言って聞かせて，させてみて，誉めてやらねば，人は動かじ"は，まさにOJTの第1原則そのものといっても過言ではない。第2原則は，"job assignment"で，部下の適性をみて，あるいは人材育成の視点から仕事の割り当てを変えることを意味している。人間は同じ仕事に長く従事するとマンネリ化しやすいため，適宜，職務の割り当てを変えたり，職務拡大（job enlargement）[(8)]などの対策が必要となる。OJTの第2原則の根底にある考え方は，"仕事が人を育てる"ということの実践である。OJTの第3原則は，"personal contact"で，上司と部下が一対一で，個人的接触を通じてOJTは展開されることを意味する。すでに，上記のOJTの特徴で述べたように，OJTは部下の特性や能力に応じてきめ細やかな教育ができる点に特徴があり，こうした特徴もpersonal contactでOJTが展開されるからこそ可能となる。

　ところで，こうした特徴と原則を有したOJTであるが，OJTをめぐってはさまざまな状況変化が発生している。まずは今般のコロナ感染の影響があげられる。上記のOJTの原則でも述べたように，OJTは上司と部下の対面によるpersonal contactで実施されるものであるが，コロナ感染の影響でテレワークやリモートワークが積極的に展開されることにより，対面でのOJTの実施が

極めて困難な状況にある。Zoomなどを活用したOJTの展開では，そのやり方や内容を工夫して実施するとともに，コロナ終息後に部下の生産性や業務の習熟度などを測定し，その教育効果を診断することが求められる。

　OJTをめぐる2つ目の変化としては，マネジャーのプレイング・マネジャー化があげられる。その背景にあるのは，組織のフラット化と成果主義の浸透である。仕事の進め方においてタスク・フォースやプロジェクト・チーム方式が増えるのに伴い，組織構造もフラット化が進み，マネジャーの数が減少し，それにともないマネジャーの役割や職務が増え，部下指導にあたるよりも自己の職務の遂行に奔走せざるをえなくなっている。そこに追い打ちをかけるのが成果主義の浸透で，マネジャー自身も自分の目標を持ち，その達成に注力せざるをえなくなっている。こうした状況下では，マネジャーは部下指導にあてる時間の確保が難しく，OJTの形骸化現象が発生しつつある。厚生労働省が行っている「能力開発基本調査」においても，教育上の課題として指導する人材不足と指導する時間がないが常に上位を占めており，OJTの現在置かれている状況を反映したものになっている。

　OJTをめぐる環境の変化の最後は，自律型人材の育成である。今，企業に求められているのは，自ら課題を設定し，その解決にむけ行動が起こせる自律型人材である。人材育成の責任が企業から個人の責任へと移行する現代において，こうした自律型人材の育成は企業にとって極めて重要な課題である。OJTは，上司と部下の垂直的関係で展開されるために，部下の自律性を阻害し，部下を指示待ち族ないしは受動的存在にしてしまう可能性がある。自律型の人材を育成していくためには，OJTのあり方もおのずから能力開発できるような機会を提供し，支援するような新たなOJTの展開が必要となる。そうした意味において，OJTからOJD（On the Job Development）へと転換をはかっていくことも必要になるであろう。

⑵ 集合教育（Off-JT）

　集合教育はOff-JT，つまりOff-the Job Trainingの英語の意味そのもので，仕事や職場における訓練を離れた教育で，一般的には職場外集合訓練と呼ばれているが，本書ではOJTと対比する観点から集合教育を使用していきたい。集合教育は，通常，研修施設などにおいて一堂に会して行われる。OJTの長所や短所で言及したように，OJTは上司の能力や職務経験，取り組む姿勢（意欲）によって，教育効果に大きな差が生じるとともに，体系的かつ専門的な知識や能力が修得しにくい。そうしたOJTによる教育格差を是正し，体系的，専門的な知識や能力の修得をはかるべく実施されるのがOff-JTである。

　集合教育は，図表1－3に見られるように，組織人として求められる全社共通の能力やスキルを開発する階層別教育体系と，各職能部門に求められる専門的知識やスキルの開発をする職能別教育体系から成り立っている。階層別教育は，人事制度との連携が求められるため，人事部門が主催し，職能別教育は各職能部門が主催する。もちろん職能別教育の実施に際しては，教育会社の斡旋，教育手法の提供など人事部門が必要なサポートを実施する。階層別教育は各階層の全体的底上げをはかる教育としての色彩が強い。最近では，シェアード・サービス(9)の観点から人事部門や教育部門を別会社化して，教育展開をはかる会社も大企業を中心に増え始めている。

　そこで次に，図表1－3に基づき，階層別教育，職能別教育の概要について見ていきたい。階層別教育は，新入社員から経営層まで階層ごとに求められる教育ニーズに基づき，展開される。教育内容としては，第1節の能力概念のところで述べたように，カッツやアージリスの能力の概念を想定すると分かりやすい。以下では，階層ごとの教育内容について簡単に触れていく。

a．新入社員教育

　新入社員教育は，わが国では最も実施率の高い教育である。カッツの理論に従えば，technical skill，すなわち業務遂行に必要な知識やスキルの修得に重点が置いて展開される。さらには，社会人への意識転換や組織文化の刷

図表1－3　集合教育の体系

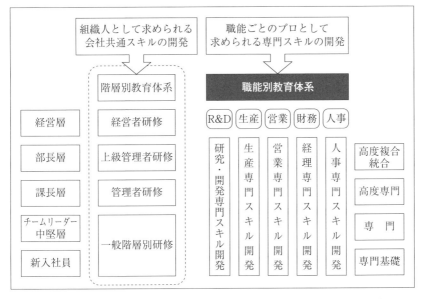

出所：酒井正浩「組織力向上を目指して階層別教育の見直し・強化を」労政時報別冊
　　　『これからの人材育成研究』労務行政研究所，2008年，72頁に加筆修正

り込みなども行われる。新入社員教育で留意しなければならないのは，OJT
による教育効果のバラツキを修正するためのフォローアップ教育をOJT期
間の終了に合わせて実施するということである。

b．チームリーダー／中堅社員教育

　チームリーダー／中堅社員教育は，カッツの理論を手掛かりにすれば，
human skillの修得に重点が置かれる。具体的には，リーダーや中堅社員と
して，フォロワーをうまく取りまとめて引っ張っていくリーダーシップ・ス
キルやコミュニケーション能力の修得や対人関係能力の向上などが教育テー
マとなってくる。

c．管理者・上級管理者教育

　カッツの理論を手掛かりにすれば，conceptual skill，すなわち問題解決力，
戦略策定力，論理的思考力，仮説検証力などの修得に重点が置かれた教育が

実施される。リーダーシップにおいても，中堅層とは異なり，組織イノベーションを重視する変革型リーダーシップや部下の成熟に応じて発揮するリーダーシップであるSL理論[10]，さらにはコーチングなどの新たな指導スキルも教育内容として必要になると思われる。

d．経営者教育

　経営者教育は，主にボードメンバー，すなわち取締役以上を対象に展開されるものであるが，近年，コーポレート・ガバナンスの重要性が増大し，取締役の法的責任が厳しく問われるようになってきたため，その重要性が注目されるようになってきた。また，グローバル競争の激化，グループ経営の進展などにより，グローバル・リーダーや経営人材，次世代経営者などの必要性が叫ばれており，その育成・輩出も喫緊の教育テーマとなりつつある。この部分については，第5章で詳しく解説をする。

　ところで，階層別教育において議論を要するのは，これまでのような全体的底上げ教育を維持していくのか，それとも経営者教育のところで指摘したように，経営人材の育成に向け選抜型教育を積極的に実施していくのかという問題である。わが国における人事管理は，集団主義を背景に，同年次管理に基づき集団を包摂した一元的な管理が展開されており，教育面でも階層別教育を中心に全体的な底上げをはかる教育が重視されてきた。高度経済成長期のように，大量消費・大量生産を前提にした工業化社会では，現場を管理する監督者や管理職が必要不可欠で，その育成は企業経営における重要な経営課題であった。つまり，階層別教育による監督者・管理職育成に向けた全体底上げ教育は見事に機能していた。しかし，地球規模でのグローバル競争が激化する現在のような環境下では，意思決定や人材育成においてもスピードが求められ，時間がかかる全体的底上げをはかる階層別教育では，必要とされる経営人材やグローバル・リーダーの育成・輩出は極めて困難といわざるをえない。そこで，早期選抜型の人材育成が脚光をあび，多くの関心を集めている。早期選抜型人材育成については，経営人材を早期に見極めるのは難しい，エリート教育は早期に勝者と敗者の選別を行うことにより，集団の秩序やチームワークを阻害する，な

どの批判があるのも事実であるが，グローバル競争に打ち勝ち，グループ経営を効果的に展開するためには，早期選抜型教育を取り入れることも必要と思われる。本書では，第５章で早期選抜型の経営人材育成について詳しく解説をする。

　次に，集合教育のもう１つの柱である職能別教育について見ていきたい。図表１－３からも分かるように，職能別教育は企業経営に必要な職能，すなわちR&D（研究開発），生産，営業（マーケティングを含む），経理・財務，人事の各職能部門おける仕事のプロとして求められる専門的知識や能力・スキルを修得するために展開される。ここでは各職能に求められる専門スキルの詳細については触れないが，企業の競争優位の源泉は企業の有するナレッジや高度専門性であり，こうしたものを修得するには職能別教育は極めて重要になると思われる。AI，IoT，ICTなどの普及が，営業やマーケティングのあり方，生産のあり方を大きく変えていくことが予想されるので，職能別教育の重要性はこれまで以上に高まってくると思われる。また，若年層においては，仕事志向やプロフェッショナル志向が高まっており，市場性の高い専門性が修得できるかどうかが企業選択の重要な指標となっている点から，職能別教育の充実度は良質な人材確保においても有効だと思われる。

⑶　自己啓発（SD）

　教育体系の３つ目の柱は自己啓発の支援であり，英語でSelf Development（略記：SD，以下ではSDと表記）と表記される。人材育成の原点は，教育体系やさまざまな教育メソッドがあっても，あくまでも自己啓発が基本である。自己啓発に関しては，これまでOJTや階層別教育などの集合教育と比べてそれ程関心は高くなかったが，グローバル競争の激化や職務の多様化・高度化により求められる能力のレベルや範囲が拡大し，さらには若年層における仕事志向，プロフェッショナル志向の高まりなどから，自己啓発に対する脚光が高まりつつある。特に，大企業を中心に，e-learningを活用した自己啓発の援助が広がりを見せている。

自己啓発を効果的に展開するためには，従業員に向けた自己啓発のリーフレットや経営トップからのメッセージが必要になってくるが，それと合わせて導入に向けた展開ステップが必要となる。自己啓発のステップは，次のように大きく4つのステップから成る[11]。

【自己啓発の展開ステップ】

■ステップ1：学習目標（到達ゴール）の設定
　　　　　　学習目標を短期，長期に分けて修得すべき能力や知識，スキルを設定する。

■ステップ2：自己評価と環境分析
　　　　　　自己啓発を効果的に進めるには，自己の能力や関心領域などを的確に分析することが前提となるとともに，自己啓発を展開するための環境条件，たとえば仕事の状況や組織における立場なども合わせて分析する。

■ステップ3：自己啓発目標の設定
　　　　　　自己評価をベースに，到達したいゴールと現状のギャップを明らかにし，具体的にそのギャップをうめるための自己啓発目標を短期，長期に分けて設定する。

■ステップ4：実行スケジュールの策定および手段・方法の選択
　　　　　　策定した自己啓発目標の達成に向け，達成期限などの具体的スケジュールを立てるとともに，通信教育，資格取得などの手段・方法を選択する。

　本来，自己啓発とは，本人が考えて探索すべきものであるが，自己啓発のステップ4でも解説したように，自己啓発を展開するためには，通信教育や資格取得などと関連付けた方がその展開イメージが具体化しやすい。通信教育は，自社版のオリジナル教材を作成することもできるが，膨大なコストがかかり，費用対効果が悪くなるので，外部の教育・研修機関を選定して実施することが望ましい。通信教育の内容としては，一般知識や専門知識など知識に関する内容，語学やコンピュータ関連に関する内容，資格試験に関する内容が想定され

る。通信教育の展開ステップを示すと次のようになる。

【通信教育の展開ステップ】

■ステップ1：通信教育会社の選定とメニューの選定

通信教育の実施団体，教育機関を選定し，合わせて通信教育の
メニューを選定する。

■ステップ2：受講者が教育メニューを選定

会社が通信教育の団体と共同で従業員向けの募集パンフレット
を作成し，従業員に配布。その募集パンフをみて，本人が教育
メニューを選定する。

■ステップ3：通信教育団体より，各自に教材の配布

■ステップ4：各自が教材を学習し，答案を通信教育団体に返却

■ステップ5：通信教育団体では，送付された答案を採点し，団体の修了基準
を充たしているかどうかを判定

■ステップ6：通信教育団体より各自に修了状況および結果が報告される

■ステップ7：会社（人事部）は，修了基準を満たした者に，自己啓発奨励金
として，通信教育に要した必要の全額または一部を還付援助す
る

　一般的に，会社からの指定で受講した場合は全学還付，個人の希望する自己
啓発の場合は，50～70％の範囲で還付される。

　一方，資格取得と関連付けた自己啓発には，会社の業務に直結したものとそ
うでないものとがあり，援助の範囲が異なる。業務に直結している場合は，資
格取得の講習会への参加や就業中の学習などが認められる上に，受講料や講習
費用は全額または一部を会社が負担するケースが多い。資格の難易度や会社の
貢献度に応じて奨励金の支給や表彰，社内報への掲載などインセンティブにも
配慮する必要がある。と同時に，取得した資格は人事情報として登録されると
ともに，人事異動や評価などに反映されることが望まれる。

　最後に，自己啓発を展開する上での留意点について指摘しておく。自己啓発
を効果的に実施・展開していくには，2つの点に留意する必要がある。1つは，

目標管理制度（MBO：Management By Objectives，以下ではMBOと表記）との連動である。個人のパフォーマンスと能力の相関は高く，自己啓発で自己の能力向上を図ることも当然にMBOと連動しなければならない。MBOと連動させることで，個人も自己啓発の目標を明確に認識することにつながる。もう1つは，人事制度との連動である。人事制度における昇格要件において，昇格までに通信教育のメニューのなかのある講座を修了することを昇格要件とすることで，通信教育や自己啓発に対する各自のインセンティブが高まるとともに，自己啓発の制度としての継続性が担保される。

3 集合教育の効果測定

　企業内教育，なかでも集合教育については，その教育効果が明らかにならないまま，継続されているケースが多い。そこで，集合教育に関して見落としがちな重要な点について解説をする。集合教育はOJTと異なり，研修施設費用，宿泊費，交通費，外部講師費用など，多くの経費が必要となる。集合教育は，ある意味で教育に対する投資で，当然，設備投資などその他の投資と同様にROI（Return On Investment），すなわち投資対効果が求められる。集合研修の効果測定は，多くの場合，教育受講者に対する終了後のアンケートによる方法が中心である。これは無記名か記名かでその反応が大きく異なり，記名式で人事部に提出する場合は，実態とかけ離れた高い効果測定につながる危険性があり，教育効果を正しく測定することができない。その他の効果測定の方法には，試験や観察，面接による方法などがあるが，十分活用されているとは言い難い状況にある。

　教育効果の測定には，優れた2つの先行研究がある。1つはカークパトリック（Kirkpatrick, D. L.）の研究で，教育効果の測定を4つのレベルで表している[12]。

【カークパトリックの教育効果測定の評価レベル】

■レベル１：リアクション（reaction）

　　　　　受講者が講師，講義資料，講義内容，講義方法などを含む教育プ
　　　　　ログラムをどのように受け入れたのかを測定する。

■レベル２：ラーニング（learning）

　　　　　受講者が教育プログラムを通して何を学んだのかを試験やスキル
　　　　　の実践などを通して測定する。

■レベル３：ビヘイビア（behavior）

　　　　　受講者が教育プログラムによって修得したスキルや知識などをど
　　　　　の程度職務や職務行動につなげられたかを測定する。本人，上司，
　　　　　同僚，部下などの評価を事前評価と事後評価に分けて比較するこ
　　　　　とでその効果を測定する。

■レベル４：リザルト（result）

　　　　　受講者の行動変容が仕事のアウトプットや品質などの組織的な改
　　　　　善にどのような影響をもたらしたかを測定する。

　このようなカークパトリックの教育効果の測定では，組織的な成果や改善は
測定できるが，教育研修の費用対効果，すなわちROIまでは測定することは
難しい。

　そこで，登場したのが２つ目のフィリップスの研究である。フィリップス
（Philips, J. J.）は，カークパトリックの評価レベルに１段階を加えた５段階
の評価レベルを提唱している。フィリップスは，教育効果の測定を次のような
５段階のレベルで表している[13]。

【フィリップスの教育効果測定の５つのレベル】

■レベル１：リアクションとアクション（reaction and action）

　　　　　受講者のプログラムに対する満足度を質問紙調査で測定し，修得
　　　　　したことをどのように職務上で応用するのかについて具体的な計
　　　　　画をたてたのかを測定する。

■レベル2：ラーニング（learning）

テスト，スキルの実践，ロールプレイ，グループ評価などのアセスメント・ツールを使って，受講者が教育プログラムを通して何を学んだのかを測定する。

■レベル3：ジョブ・アプリケーション（job application）

受講者が教育プログラムを通して修得したことを実際の職務にどの程度応用したのかおよび実際の職務における行動がどう変化したのかを測定する。

■レベル4：ビジネス・リザルト（business result）

受講者が教育プログラムの内容を職務に応用し，生産高，コスト，時間，顧客満足など，ビジネス上にどのような具体的な影響をもたらしたかを測定する。

■レベル5：ROI（Return On Investment）

教育プログラムの成果とプログラム展開に要したコストの金銭的価値をパーセントで測定する。ROIの測定は次のような公式で測定される。

・ CBR（Cost Benefit Ratio）＝プログラムより得られた利益÷プログラムのコスト

・ ROI＝（プログラムより得られた利益−プログラムコスト）÷プログラムコスト

　フィリップスの測定モデルは，カークパトリックのモデルを精緻化したもので，測定モデルとしては完成度が高い。実際の適用にあたって困難が予想されるのは，プログラムより得られた利益をいかに金銭的価値に換算できるかという問題である。教育プログラムより得られ成果には，生産高やコストなど金銭的価値に置き換えやすいものもあるが，従業員の職務満足，組織へのコミットメント，不平不満の減少，欠勤率の減少など，金銭的価値への換算が難しいものがある。これらをどのように教育プログラムより得られた利益に取り込むのかが課題といえよう。

　本書では，ASTD（American Society for Training and Development）がグローバルベーシックシリーズで刊行しているマケイン（McCain, D. V.）の教育効果を評価する4段階モデルを推奨し，解説をしていく。マケインは，カークパトリックの4段階モデルをベースに，フィーリップのROIの考え方をいれ，図表1－4のような4段階から成る評価モデルを提示している[14]。このモデルは，非常に分かりやすく，先行研究の良さを反映したものとなっており，活用しやすい点に大きな特徴がある。レベル1は，受講者に提供されている教育資料，講師のインストラクション・スキル，プログラムの内容，研修施設，プロモーション素材の精度などについて質問紙調査で反応や満足度を確認する。カークパトリックやフィリップスにおいてもレベル1で受講者の満足度を確認している。

　レベル2は，2つの側面があり，1つ目は受講者がどの程度知識やスキル，能力などを向上させたかという点を測定するものである。もう1つの側面は，学習した内容，たとえばリーダーシップ・トレーニングにおいて実際にロールプレイを通じてリーダーシップを発揮させて修得したスキルがどの程度行動レベルに転化されているかを測定する。これはカークパトリックやフィリップスのlearningに相当する。

　レベル3は，受講者が教育プログラムを通して修得した知識やスキル，能力を職場における実際の行動や自分の仕事にどれだけトランスファー（transfer），すなわち移転したかを測定する。分かりやすくいうならば，獲得したものをどれだけ実際に仕事を通じて活用できたか，あるいは職場に還元できたかを測定することである。カークパトリックのビヘイビア，フィーリップのジョブ・アプリケーションに相当すると思われる。レベル3では，もう1つ測定すべき側面を提示している。それは職場環境で，教育プログラムを通じて修得した知識，スキルや能力を職場で活かすような職場環境があるかどうかを測定することを意味している。上司や同僚など，職場の仲間が受講者を受け入れ，フォローする体制があるかどうかは教育効果を測定する上で重要な要素である。カークパトリックやフィリップスのモデルには，この点が指摘されていない。

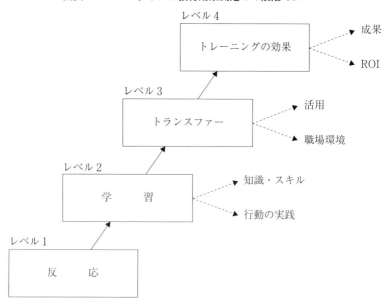

図表1－4　マケインの教育効果測定の4段階モデル

レベル4
トレーニングの効果 → 成果
→ ROI

レベル3
トランスファー → 活用
→ 職場環境

レベル2
学　　習 → 知識・スキル
→ 行動の実践

レベル1
反　　応

出所：McCain, D. V., *Evaluation Basics*, the American Society for Training and Development, 2005.（ドナルド・マケイン（霜山元訳）『研修効果測定の基本』ヒューマンバリュー，2013年，38頁に一部加筆修正）

　レベル4は，教育の結果からどのような成果が生まれたかを測定するもので，ビジネス成果とROIの2つの側面から測定される。カークパトリックのモデルでは，ビジネス上の成果については言及しているものの，ROIに関する言及はない。フィリップスのモデルでは，両方含まれているが，両者を段階的に分離しており，むしろビジネス・リザルトとROIを統合してトレーニング効果とみなすマケインのモデルの方が説得力があるように思われる。フィリップスのモデル，マケインのモデル，いずれにおいても難しいのはROIの算出である。ROIを算出には，ビジネス上の成果を金銭的価値に置きかえる必要がある。そのためには，効果を図る指標をあらかじめ定めておくことが重要である。たとえば，従業員1人当たりの売上高，売上高の増加率，コスト削減率，マーケットシェア，新製品の開発，顧客獲得数，顧客満足度など，教育内容を想定して

効果を測定する指標を定めておかなければならない。ROIは次のような公式で算出される。

　　　ROI＝（教育プログラムより得られた成果－プログラムコスト）÷プログラ
　　　　　ムコスト

　プログラムコストには，外部講師料，資料代，宿泊費，交通費など，教育を行うのに実際に要した費用が含まれる。以下では極めて単純化したケースのROIを算出してみたい。

■研修内容：営業マンに対するセールス・トレーニング（2泊3日，対象者15名）

■研修費用：講師料　50万×3日＝150万，宿泊費　2万×2泊×20人＝80万，交通費　平均2万×20人（講師，スタッフ含む）＝40万，資料代10万

■測定指標：営業マン15人の売上高の増加率

■ROI算定の根拠

・　現状は15人で月1億の売上高　プログラム受講後の3カ月後の売上高5％増

・　3カ月後の15人の売上高5％増で1億500万

・　プログラムコスト計280万

　　ROI＝（1億500万－1億－280万）÷280万＝0.786％

　このケースでは，ROIが0.786で，1を下回っており，教育投資の費用対効果は低かったこととなる。実際のROI算出は，このような簡単なものではなく，金銭的価値に置き換えできないような成果もあり，各企業でそれぞれに適したROIに向けた成果指標づくりが必要となる。

4　企業内教育の社会教育における位置づけ

　われわれ人間が生きていくうえで職業は欠かせない存在で，職業により生計をたて，社会の一員としての責任を果たしていくことができる。職業生活をど

う送るかは，人生設計と深く関わりをもつ。また，職業に従事するには，必要な知識や能力，技能が必要となり，こうした職業従事に必要なものを修得させるための教育が必要になる。こうした教育は職業教育と呼ばれており，社会教育の学習領域においても職業教育は主要領域の1つと考えられている。

　こうした職業教育の主な教育機会としては，職業訓練，専修学校，企業内教育があげられる(15)。戦後の職業訓練は，1958年に制定された職業訓練法によりわが国における職業訓練の画期となった。法の制定当初は，中卒の義務教育終了者に対する技能者養成をメインにしていたが，2度の法改正を経て，高卒短期訓練や成人訓練が導入された。1985年には，職業訓練法は職業能力開発法に改められ，それ以降は新規学卒者に対する訓練は減少し，転職訓練や在職者訓練が増加している。

　2つ目の専修学校は，1976年に発足した制度であるが，工業，農業，医療，衛生，教育・福祉，商業実務，服飾・家政，文化・教養の8分野にわたり，職業教育を中心とする実学の教育が実施されている。コースとしては，中学校卒業程度の者を対象とする高等課程，高等学校卒業程度の者を対象とする専門課程，入学資格に制限がない一般課程がある。専修学校は，法制上は学校であるが，社会教育には属さない。専修学校は入・退学が自由で，卒業しても学歴にはならない点などから，通常の学校教育とは異なる。また，個々の教育編成が自由で，多様なコース編成が存在することから社会教育に似た側面もある。そうした点から，専修学校は学校教育と社会教育との中間的な存在と考えられる。専修学校の特徴は，入りやすい，修業年数が短い，実務を中心としている，場所的に通いやすい，などの理由から社会人の学習機会としても利用されやすい点にある。

　職業教育には，このような2つの教育機会があるが，人材育成としての機会を圧倒的に凌駕しているのは，企業内教育である。職業教育において，企業内教育が圧倒的に高い比重を占めるのには，いくつかの理由が考えられる。まず1つ目の理由は，終身雇用が関係している。日本の企業では，学校卒業後に入社し，定年までその企業に勤める終身雇用が採られており，1つの企業でその

企業固有の技能を長い期間にわたり企業内教育を通じて修得していく。修得した技能は，特殊性が強く，非汎用的であるため，おのずとその企業に留まらざるをえなく，外部と遮断された閉鎖的な労働市場が形成される。その結果，労働組合を形成する場合には，閉鎖的な内部労働市場を基盤とする企業別組合になる。企業内教育は，一方では終身雇用を前提に展開されるとともに，他方では終身雇用を盤石なシステムへと昇華させる要因でもある。社会教育の分野では，生涯教育の重要性が指摘されているが，企業内教育は一企業に限定され，職務に直結した教育とはいえ，継続的な生涯教育の一部をなす教育といっても決して過言ではない。

　企業内教育が職業教育において高い比重を占める2つ目の理由は，学校教育と職業教育との非連動性と職業教育の軽視である。日本においては，1970年代以降の大学・短大への進学率の上昇に伴い，商業高校や工業高校，農業高校などの高校職業学科は縮小され，普通高校への転換が国の政策によって進められた。こうした職業教育の軽視は，在学時に職業教育をうけなかった多くの新規学卒者を企業に入ってから企業内での職業教育，すなわちOJTを始めとする企業内教育へと自然と導くこととなる。言い換えるならば，職業教育の軽視といった国の失策を企業内教育が代替ないしは補完しているということである。その結果，戦後の若者は就職した後は企業丸抱えの形で守られ，職業訓練や失業補償などと無縁なほどに，大人への移行，すなわち職業的自立をはかることができた。このような学校教育と職業教育の非連続性や職業教育軽視は，企業内教育の職業教育の代替なくしては克服されることはなかったと思われる。

　しかし，これだけ大きな教育機能を担った企業内教育であるが，企業内教育の実態をめぐって社会教育研究のなかで論争が交わされている。倉内（1983）は，社会教育の理論においては，統制理論，適応理論，自発性理論の3つがあることを指摘している。統制理論とは，社会の側から個人を統制するもので，社会教育を人の行動や意識に影響を及ぼす社会的秩序の機能とみる考え方である。自発性理論とは，個人の自主性，自発性に基づく自由な学習の展開を社会教育の本質とみる考え方である。統制と自発性という意味においては，両者は

理論的には両極的存在である。

　それに対し，適応理論は両者の中間に位置づけられ，個人に視点をおきつつ，個人サイドから外的状況にどのように反応していくのかという考え方である。いわば，個人の状況適応力とみなされる。

　そこで，こうした3つの理論に照らし合わせて企業教育を見ていくこととする。倉内は，企業内教育を，「企業によって職場を中心に行われる主として職務遂行能力向上のための教育訓練であって，典型的な職業教育」であると捉えている[16]。しかも，倉内は企業内教育を生産性向上に向けた「経営の道具」であると位置づけている。こうした倉内の定義から見えてくるのは，企業内教育は経営目標達成のための手段として従業員に対して教育を施すといった色彩を帯び，統制理論の立場が強くなる。しかし，その一方ですでに述べたように，企業内教育は生涯学習の一部を担っており，労働者の立場から見れば自発的に企業に適応するという見方もできる。倉内も適応概念には，自発性概念と統制概念を内包することで形成された概念であることを明らかにしている。

　こうした倉内の考え方に対し，山田（1988）は，労働者が企業に適応しているという主体性や自発性は企業によって追従するよう仕組まれた，いわば疑似主体性であると主張する[17]。つまり，企業内教育は統制概念に近い性格を有していると見ている。中石（1996）は，企業内教育に内包されている適応は，「企業内教育に溶け込んでいくという消極的な適応」を意味していると論じており[18]，まさに的を得た的確な表現といえよう。これらの意見を参考に，本書では企業内教育をマネジメント・レベルに分けてとらえ，整理してみたい。組織に入り，マネジメント・レベルが低い間は，企業内教育は企業に必要なものを教え込むという視点から統制の概念が強いが，マネジメント・レベルが高くなるにつれ，組織の連結ピン，つまり潤滑油としての役割を遂行するために，マネジメントに必要なものを自発的に修得していくという点から，適応の概念がより当てはまると考えられる。簡潔にまとめるならば，本書において社会教育における企業内教育の位置づけは，低マネジメント・レベルでは統制の概念が，中・高のマネジメント・レベルでは個人の自発性に基づく適応の概念が当

てはまると結論付けたい。

（注）

⑴　企業内教育と能力の概念については，岩出博編『従業員満足のための人的資源管理』（中央経済社，2020年）の拙稿第4章「能力開発管理」を参考に記述している。

⑵　木村保茂，永田萬享（2005）『転換期の人材育成システム』（学文社）2頁。

⑶　木村，永田，同上書，2頁。

⑷　小原（2001）は，企業内教育を，企業が企業内の従業員に対して，企業活動に必要と思われる能力と態度を向上させる，あるいは付与するための教育訓練及び教育的諸活動と定義している（詳しくは小原明（2001）『松下電器の企業内教育』文眞堂を参照）。

⑸　詳しくは，Katz, R. L.（1955）"Skills of an effective Administrator" *Harvard Business Review, 33(1),* pp. 33－42. を参照。

⑹　アージリスに関する記述は，大友立也（1969）『アージリス研究』ダイヤモンド社，93－122頁を参考にしている。

⑺　大友，同上書，133－134頁。

⑻　職務拡大は，大量生産の仕組みのなかで失われた労働者の人間性を回復させるためのQWL（Quality of Working Life：労働の人間化）対策で，job enlargementと呼ばれている。それが意味するところは，horizontal job loading，つまり水平的職務負荷を与えることでマンネリ化を阻止するとともに，失われた人間性を回復させることを指す。同様に，QWL対策には，職務充実（job enrichment）があり，意味するところはvertical job loading，つまり垂直的職務負荷を与えることにより，人間性を回復させることを指す。分かりやすくいうならば，権限移譲をして，部下の自主裁量で仕事を進めるという意味である。

⑼　シェアードサービスとは，主に大企業を中心に展開されているが，グループ経営を展開するなかで，グループ各社にそれぞれ人事部や経理部門などの管理部門があり，重複する業務も多く事務効率が悪いことが指摘されており，そうした人事部や経理部門を別会社化し，グループの人事や経理業務を引きうけることで効率的経営につなげる狙いがある。管理部門を集約し別会社することにより，今までcost centerであった管理部門が利益を生むprofit centerへと脱皮することができる。

⑽　SL理論とは，Situational Leadershipの略で，リーダーシップ論におけるコンティンジェンシー理論体系の代表的理論の1つである。SL理論の特徴は，部下のreadinessを心理レディネスと職務レディネスといった2つの指標で測定し，部下のレディネスが低いレベルのR1から高いレベルのR4へと進化するにつれ，上司が発揮すべきリーダーシップもS1の教示的（telling）スタイルからS4の委任的（delegating）スタイルへと変化させていく必要あるとする理論である（詳しくは，Hersey, P. and Blanchard. K. H., (1993) *Management of Organizational Behavior,* Prentice Hallを参照のこと）。

⑾　桐村晋次（2011）『人材育成の進め方（第3版）』日本経済新聞社，157－160頁。

⑿　Philips, J. J., (1991) *Handbook of Training Evaluation and Measurement Methods*, Gulf Publishing Company（ジャック J. フィリップス（渡辺直登・外島裕監訳）『教育研修効果測定ハンドブック』日本能率協会，35 – 36頁）。

⒀　フィリップス，同上書，38 – 40頁。

⒁　McCain, D. V., (2005) *Evaluation Basics*, The American Society for Training and Development（ドナルド・マケイン（霜山元訳）『研修効果測定の基本』ヒューマンバリュー，37 – 43頁）。

⒂　碓井正久，倉内史郎（1986）『新社会教育』学文社，44 – 47頁。

⒃　倉内（1975）は，企業内教育を，「企業によって職場を中心に行われる主として職務能力向上のための教育訓練」と定義するとともに，働く場面に最も密接している，職業人である人びとにとっての職業教育，経営の道具といった3つの特徴あることを指摘している（詳しくは宮地誠哉・倉内史郎編（1975）『職業教育』講座　現代技術と教育4，開隆堂，142 – 153頁）。

⒄　山田正行（1988）「企業内教育研究における自主的管理視点」日本社会教育学会編『現代社会教育の創造 – 社会教育研究30年の成果と課題 – 』東洋館出版社，357頁。

⒅　中石誠子（1996）「社会教育研究における企業内教育の位置：倉内史郎の〈適応〉概念をめぐって」『東京大学大学院教育学研究科紀要』36巻，489頁。

第2章
戦後企業内教育の歴史的変遷
：前史（1945～1985年）

　第2章では，戦後の企業内教育の歴史的変遷について考察をしていくが，本書では戦後の企業内教育の歴史的変遷を前史と後史の大きく2つに区分して論じていきたい。前史は戦後1945年からプラザ合意までの1985年，後史はグローバル化が進展する1986年から現在までをそれぞれ3段階，全体的には6段階に区分して論じていく。

　序章でも述べたように，企業内教育の歴史については，隅谷三喜男編『日本産業訓練発展史上・下』（日本労働協会，1970・1971），日本産業訓練協会が編纂した『産業訓練百年史』（1971）などがあるが，主に明治初期から戦前に至るまでの主に技能者養成に主眼が置かれた産業訓練史となっている。戦後の企業内教育の歴史については，隅谷三喜男・古賀比呂志編『日本産業訓練発展史戦後編』（日本労働協会，1978），小山田英一・服部治・梶原豊『経営人材形成史』（中央経済社，1997），江幡良平「勃興期の企業内教育－戦後における企業内教育の発展を中心として－」（産業教育学研究30巻2号，2000），全日本能率連盟人間能力開発センター（1981）『戦後企業内教育変遷史－階層別・職能別・テーマ別産業教育の発展－』など，いくつかの研究業績が散見される。以下では，戦後の企業内教育の歴史に関する先行研究を概観し，本書における発展史につなげていきたい。

1 戦後企業内教育の歴史的変遷に関する先行研究の レビュー

⑴ 隅谷三喜男・古賀比呂志『日本産業訓練発展史《戦後編》』 （日本労働協会，1971）

　ここでは，前述した隅谷らの研究，小山田らの研究，江幡（2000）の研究を 踏まえて先行研究を概観していきたい。まず，隅谷・古賀の著作から見ていく。 隅谷と古賀は，同書のなかで，わが国においては敗戦により崩壊した職業訓練 体制の立て直しを図るべく，技能者養成規定を制定し，経済復興につなげるこ とが模索されたが，戦後の鉱工業生産が低水準で，多くの企業が経験工ないし は熟練工を優先的に採用し，新規学卒者の採用が抑制されたため，実質的に養 成工制度はほとんど機能することがなかったことを明らかにしている。そこで， わが国では，学制改革を断行し，職業教育を強化することで，技能者養成をは かろうとしたが，高校，大学への進学率上昇にともない，普通教育偏重，職業 教育軽視の傾向を助長する結果となり，技能者養成が国の描いた通りにいかな かったことが明らかとなった。

　そうした中，わが国では，ドッジ・プランの実施を契機に，自立経済再建を 目指し，一方で企業の合理化，近代化を推進し，他方で職場秩序の確立のため に職階制やTWIの導入，養成工制度の再興を急いだ。隅谷・古賀は，『産業訓 練発展史《戦後編》』の第1章で技能者教育訓練体制の再編を取り上げ，大企 業において養成工制度の再興と企業内教育組織が整備されていくことを明らか にしている。なかでも，TWIの導入と職場秩序の確立については，日立製作所， 旧八幡製鉄，トヨタ自工などの大企業を取り上げ，TWI導入に向け監督者を 対象としたTWI講習会の開催や，ラインとスタッフを明確にし，職長などの 設置により職場組織が確立されていくことが詳しく論じられている。また，養 成工制度を再興するにあたって，どのような教育訓練体制を構築すればいいの かを，川崎重工，日本鋼管，東京芝浦電気などを取り上げて教育訓練体制の整

備がなされていく様子を明らかにしている。さらに，技能教育訓練と職業訓練
法の関係についても言及しており，単に企業サイドに焦点をあてた技能訓練だ
けではなく，マクロの視点から国の経済政策，それを踏まえた労働政策にまで
言及している点が大きな特徴である。特に，興味深いのは，高度経済成長下の
大企業における技能教育訓練に関して，わが国を代表する造船業（三菱長崎造
船所），自動車工業（トヨタ自工），電機産業（日立工場），鉄鋼業（八幡製作
所）の4つを取り上げ，教育訓練の体系および具体的な教育訓練の内容につい
て多くの紙面を割き，解説をしている点である。これらから，高度経済成長下
におけるわが国の技能教育訓練の実態をつぶさに読み取ることができ，同書の
研究書としての価値や意義の高さを改めて窺い知ることができる。なお，隅
谷・古賀は，大企業のみならず，中小企業の高等職業訓練校における技能教育
訓練についても東京，地方に区分してそれぞれ教育訓練の実態を明らかにして
いる点も優れた研究内容となっている。とかく大企業に目を向けやすいなか，
東京と地方の技能教育訓練の実態について論究している点は，企業内教育の研
究に携わる研究者に多くの示唆を与える。隅谷・古賀の技能教育訓練に関する
一連の歴史的研究は，企業内教育や技能教育訓練に関する歴史的研究が少ない
なか，極めて希少価値で，意義のある研究であるといえよう。

　ただ，隅谷・古賀の研究は，主に技能工に対する教育訓練が中心となってお
り，今の時代に求められる管理職や経営人材，次世代経営者などに関する言及
がなされておらず，本書が目指す企業内教育の方向とはやや趣を異にしている。

(2)　小山田英一・服部治・梶原豊『経営人材形成史』（中央経済社，1997）

　小山田・服部・梶原らは，同書のなかで，日本企業の経営行動において比重
が高まりつつある経営人材がどのように形成されてきたのかを，1945～1995年
の50年の歩みを年代別に大きく3つに分けて解説している。1940年代・1950年
代を小山田，1960年代・1970年代を服部，1980年代・1990年代を梶原がそれぞ
れ分担執筆している。同書の特徴は，経営人材の形成に狭く拘泥することなく，

経済情勢，人事労務管理，労使関係などを，内外の経営環境の分析と絡ませて論じている点にある。本章では，そのなかでも主に企業内教育，人材形成に焦点をあて，論及していく。

　1945～1949年では，企業内教育においてCCS（Civil Communication Section：GHQ民間通信局によって開発された経営者教育），監督者訓練のTWI，管理者教育のMTPが紹介され，50年から本格的にスタートしたことが明らかにされている。特に，TWIについては，多くの紙面を割き，第一線の現場監督者を対象に，仕事の教え方（JI：Job Instruction），改善の仕方（JM：Job Method），人の扱い方（JR：Job Relation）について定型討議方式の訓練が展開され，職場秩序が確立されるとともに，経済復興の基盤が出来上がったことを明らかにしている。

　1950年代に入ると，管理者教育が本格化し，企業内教育で重要な位置を占めるMTPが積極的に展開された。MTPはアメリカ極東空軍で作られた監督者訓練方式であるが，多くの企業で管理者教育として導入された。同書のなかでも多くの紙面を割き，詳説されている。MTPは，フェヨール（Fayol, H.）の管理者の5機能（計画，組織，指令，調整，統制）とTWIのJI，JM，JRとを統合した内容を20会合，40時間で行う定型方式の訓練モデルである。現在でも日本産業訓練協会でMTP講座が開催されている。MTPと同時期に，JST（Jinjiin Supervisory Training：人事院監督者研修）が，官庁の事務の効率化や民主化の促進にむけ，展開された。

　1960年代前半では，50年代に引き続き，TWIやMTPが積極的に実施されたが，60年代後半は新しい管理手法として目標管理制度や自己申告制度，さらには能力主義導入に向けた基盤づくりが整い始めた。企業内教育では，これまでのTWI，MTPに見られる定型的な教育から脱却をし，階層によって異なる教育ニーズに応じた管理者・監督者教育が多くの企業で導入され始めた。また，教育メソッドも，ケーススタディ，ビジネスゲーム，ロールプレイングなどが導入されるようになった。

　1970年代に入ると，二度のオイルショックを経験し，わが国の経済は減量経

営に入り，採用控えや，配置転換，出向，希望退職者募集などが行われた。当然，その影響は企業内教育にも及び，能力開発と人事考課制度の連動をはかる教育など，テーマを絞った教育が展開された。また，60年代に導入され，定着しなかった組織開発（OD：Organization Development）が，松下電器や日本火薬などにおいて，経営風土の刷新や目標管理との連動を目指して展開されたことが紹介されている。さらに，70年代の企業内教育においては，階層別教育から個別育成の視点へ，指名参加研修方式から選択的な研修参加方式へ，短期人材育成から長期人材育成へと転換が進められたことについても触れられており，70年代の企業内教育の動向が読み取れる。

　1980年代に入ると，高齢化，ME化の進展，プラザ合意以降の海外投資の増加，リストラクチャリングなど，企業を取り巻く環境は激変しており，なかでも経営のグローバル化の影響は深刻で，輸出を牽引する電機や自動車産業が，企業内教育において海外要員，国際事業要員の育成に向けて体系的かつ計画的な人材育成に取り組み始めた。また，男女雇用機会均等法の施行に伴う女性労働者の積極的活用策の推進や，進む高齢化のなかでの中高年層の能力の再開発などが必要になり，教育体系を見直すとともに，系統的，長期的な人材育成に向け，CDP（Career Development Program）に対する関心が高まったのもこの時期である。

　1990〜1995年にかけては，90年代前半の証券・金融不祥事，株価暴落などによりバブル経済が崩壊し，経営体質の改善，経営基盤を強化するため，リストラクチャリングやリエンジニアリングなどが展開された。その影響は企業内教育にも反映され，リストラクチャリングに対応しうる従業員の育成，専門職制度に対応しうる専門職の育成，長期的視点に立った能力開発への取り組みなどが実施された。

　以上，小山田らの研究を概観してきた。一部，経営人材の概念が明確でない点があるが，戦後の企業内教育の歴史的変遷を経済情勢，人事労務管理，労使関係など幅広い視点から分析・論究しており，戦後の企業内教育の歴史的変遷に多くの示唆を与える優れた先行研究といえよう。ただ，同書の刊行が1997年

ということもあり，時代的には1995年までの言及にとどまっており，現在に至るまでの人材育成は反映されていない。

(3) 江幡良平（2000）「勃興期の企業内教育―戦後における企業内教育の発展を中心として―」『産業教育学研究』30巻2号

江幡は，戦後の企業内教育を企業，国，経営者団体，業界団体，教育団体・教育機関といった5つのレベルから，他の研究に見られないユニークな視点で分析・考察しており，これまでにあまり見られない知見を提供している。本章では，これまで述べてきた先行する2つの研究と比較する観点から，企業レベルに焦点をあて，考察していく。

江幡は，戦後の企業内教育の形成と発展を，昭和20年代（1940年代後半－50年代前半），昭和30年代（1950年代後半－60年代前半），昭和40年代（1960年代後半－70年代前半），昭和50年代（1970年代後半－80年代前半），昭和60年代（1985年－93年），平成5年以降（1993年～）の6段階に分けて考察している。まず第1段階の昭和20年代であるが，江幡は日本産業訓練協会の『産業訓練百年史』を手掛かりに，生産復興への取り組みと並行して，職場秩序の回復と管理・監督層の指導力強化の観点から，TWI，MTP，CCSが導入されたことを論じている。

第2段階の昭和30年代は，TWI，MTPの定型訓練の自社版化の動きが指摘されるとともに，階層別教育の体系化が計れるようになったことが，産業訓練実態調査に基づき，明らかにされている。また，技術者不足への対応として，短大レベルの企業内学校が設立され，どのように技能者育成がはかられたかを具体的な企業を取り上げて，解説をしている。

第3段階の昭和40年代は，階層別研修の体系化と並行して，職能別教育が展開されるようになったことと，語学・コンピュータ教育の推進，OJTの組織化への取り組みが計れるようになったことを紹介している。

第4段階の昭和50年代は，オイルショックによる減量経営の下，経営合理化施策の推進と並行して，管理者教育，自己啓発の重視，中高齢者教育の推進，

42

さらには組織開発（OD）の推進が企業内教育の目的の1つとして取り上げられるようになったことを指摘している。昭和50年代に組織開発が推進されたことの指摘は，前述した小山田らの指摘と一致する。

　第5段階の昭和60年代は，円高が進み，海外での事業展開が本格化するなか，国際化要員の育成，男女雇用機会均等法の施行に伴い，女性社員の戦力化の推進が模索されたことが明らかにされている。また，これまでの先行研究においてあまり触れられることのなかった教育部門の分社化の動きが具体的な企業を挙げて紹介されている。たとえば，ソニーのキャリアデベロップメントインターナショナル，ブリヂストンのブリヂストン教育事業室，新日鉄の新日鉄ヒューマンディベロップメント，日本鋼管のNKマネジメントセンターなどが紹介されている。当然，受講者は社内・外の人間で，これまでコストセンターであった教育部門が分社化により，利益集団，つまりプロフィットセンター化することとなる。

　第6段階の平成5年以降は，エンプロイアビリティ，コア人材，コンピテンシー等，人材育成に関する新しい概念が登場してきたことと，個人の自律志向の高まりから個人主導型のキャリアが重視され始めたことが指摘されている。また，個人主導型のキャリア開発を促進する観点から選択型研修，メガ・コンピテンションを勝ち抜くことを牽引できる経営管理者の育成に向けた選抜型研修の導入の必要性が強調されている。こうした江幡の企業内教育における新たな方向性に関する指摘は，これまで述べてきた2つの先行研究には見られないもので，執筆時期の違いが反映されている。

　こうした江幡の研究は，小山田らの研究と発展段階も含めて相通ずるものがあり，戦後の企業内教育を概観するには，良質な研究と位置づけられよう。また，企業サイドからだけでなく，国や経営者団体，教育機関などからの考察も行っており，これまでの2つの先行研究に見られない新たな知見を提供してくれる。

⑷　全日本能率連盟人間能力開発センター『戦後企業内教育変遷史—階層別・職能別・テーマ別産業教育の発展—』（1981）

　本報告書は，全日本能率連盟人間能力開発センターが1979年に実施した「企業における能力開発の実態と新動向に関する調査」の結果をまとめたもので，調査内容は①企業内教育の変遷と現状，②今後の課題の２つから成り立っている。本報告書では，戦後の企業内教育の発展段階を大きく４段階に分けている。第１段階は，戦後復興期で，昭和20年代の企業内教育についてまとめている。これまでの先行研究と同じように，わが国の企業内教育は1945年頃からアメリカの教育技法であるTWI，MTP，CCSを相次いで導入してスタートしたことが明らかにされている。同報告書で注目すべき点は，MTPやTWIは日本版，自社版のMTP，TWIが完成するまでの"つなぎ"として導入している企業が多いことを指摘しており，さらに昭和20年代の企業内教育は組織的訓練の"はしり"，ないしは"パイロットスタディ"の時代であったと表現している点である。ここまで戦後復興期の企業内教育を明確に位置付けたのは同報告書が初めてである。

　第２段階は，昭和30年代の高度成長前期における企業内教育で，第１段階で指摘されたTWI，MTPの日本における不適合問題に対する取り組みがスタートしたことが論じられている。強調されたのは，品質管理や生産現場における職長の立場や役割に対する教育の必要性で，昭和30年に設立された日本産業訓練協会の開発した「職長訓練計画」が積極的に活用されたことが報告されている。MTPは昭和30年代に入り，４回改訂され，自社版コースとしての開発が進行していることが報告されている。また，大企業において教育訓練が制度的に進みつつあることが紹介されている。最後に，第２段階の企業内教育は，大幅に拡充されてきたが，知識教育に偏った教育であったと結論づけられている。

　第３段階は，昭和40年代からオイルショックまでの高度成長後期の企業内教育で，大企業を中心に，無駄な教育の中・廃止を進める一方で，教育体系が再編されたことが報告されている。30年代後半から40年代にかけて60％強の企業

が教育体系の大幅改正を行ったとされている。第3段階の企業内教育の特徴は，多くの教育が合宿方式の集中型になった点と研修技法においても講義方式に加えてケース・スタディ，小グループ討議，課題解決演習などの経験的・演習的技法が取り入れられるようになった点である。演習的技法には，KJ法やケプナー・トリゴー法などの創造性開発や問題解決技法が積極的に活用された。

　3段階の企業内教育のもう1つの特徴は，職場レベルでの教育が大きく前進した点である。QCサークル活動や小集団活動が積極的に展開され，職場をタテ割にした職場ぐるみ訓練や組織開発（OD）の導入が試みられたのも第3段階の企業内教育の大きな特徴である。

　最後の第4段階は，オイルショック以降の昭和50年代の低成長・高齢化時代の企業内教育で，教育や人事制度において従業員の総専門職化と職能教育の拡充・強化が追求された。また，全員参加型教育から選択的な履修体制への転換が試みられたのもこの時期である。報告書のなかで，日経連と日本産業訓練協会の合同調査において，選抜指名制の教育が40～50％であるのに対し，全員参加制の教育は20～40％（但し，新入社員を除く）に留まっている。また，第4段階の時期は，産業能率大学，日本産業訓練協会，日本生産性本部，日本能率協会など，外部の教育機関の教育のメニューも多様化し，通信教育も含め，多様な教育展開が可能となり始めたことが報告されている。そうした点から，同報告書では，50年代の企業内教育は，長期人材育成の個別化，一人ひとりの長期系統育成の時代と総括している。

　なお，同報告書のこれまでの先行研究に見られない特徴は，企業内教育の歴史的変遷のみならず，企業内教育の動向を階層別教育，職能別教育，テーマ別教育の3つに分類し，それぞれの動向についてまとめており，企業内教育の内容を見る上で多くの知見を提供してくれる点である。

2　第1段階：戦後復興期（1945～1959年）の 企業内教育[1]

　1945年の敗戦により，わが国の経済は壊滅状態に陥り，雇用が停滞する事態となった。GHQが労働組合の結成の自由を認めたことにより，労働組合運動が高揚し，多くの労働争議が発生することとなった。そうした環境下において，GHQはわが国の経済復興に向け，CCS（Civil Communication Section），TWI（Training Within Industry），MTP（Management Training Program）の導入を推奨し，1950年から本格的にスタートすることとなった。戦後の混乱と混沌が続く時期においては，企業内教育はほとんど行われる状況でなかったが，技能者養成と新入社員教育の2つは展開されていた。技能者養成は，47年に施行された労働基準法のなかに技能者養成の条文が盛り込まれ，同法74条に技能者養成規定が制定されたことにより，日本製鋼所，日本鋼管，住友金属，三菱電機，東京芝浦電気などの大企業を中心に単独で技能者養成を行う企業が増加した。指定技能職種も当初は15種であったが，規定改正により対象職種は拡大され，一時期は200職種を超えるまでに至った。こうした技能者養成の効果としては，作業能率の向上，無駄の排除・材料の節約・品質の向上，技能の基礎の形成，労働災害の減少などが挙げられており，生産現場に多くの効果をもたらした[2]。

　一方，新入社員教育は戦前からの継続も含め，大企業を中心に導入が進んでいった。その主な要因として考えられるのは，戦後再スタートした新規学卒定期採用といったわが国独特な雇用慣行が影響しているものと思われる。すでに，第1章の企業内教育の社会教育における位置づけでも述べたように，学校教育と職業教育，特に企業内教育との連続性がないため，学校卒業後に企業に入ったあとは企業が自らの手で教育訓練を実施することにより，従業員の大人への移行，職業人としての自立を促さざるをえなかった。新入社員教育が本格化するのは，経営管理体制が確立し始めた50年以降である。

　本節では，このあと，GHQにより導入されたCCS，TWI，MTPについて詳
説していきたい。CCSは，GHQの民間通信局がわが国の電気通信工業の経営
改善を目指して導入した経営者教育である。CCSは，東京，大阪で開催され，
三菱電機，古河電工，東京芝浦電気，沖電線，岩崎通信機など，通信機関係の
大小のメーカー19社の経営幹部が参加して実施された。50〜52年の3年間に30
回開催され，受講者は1,300名近くに及ぶことが報告されている[3]。教育は，
方針の明確化，職責・権限の明確化，経営管理の徹底，経営業務の運営管理に
重点が置かれており，わが国の経営者としての弱点の補強がなされた。

　しかし，一定の効果をあげたCCSであるが，53年以降は開催回数が減少し，
75年以降は実施されなくなった。その主な要因としては，オイルショックを契
機に外部環境に目を向けざるをえなかった点，MTPの受講者が経営者に育っ
た点，定型訓練が日本の経営風土に合わなかった点，などが考えられる[4]。

　次に，TWIであるが，Training Within Industryの略で，企業内の職場で訓
練することからこの名称が使われるようになった。旧労働省は，TWIの導入・
推進を行政支援するために，職業安定法第30条を改正し，TWI導入に向けた
国の責任を明らかにした。具体的には，職業安定法第30条に職場補導員規定を
制定し，TWIの導入と普及に努めることとなった。51年にアメリカからTWI
の専門家が来日し，8カ月間その指導を受けたのち，本格的実施段階へと進ん
だ。労働省安定局に監督者訓練課が新設され，TWI導入・推進に向けたバッ
クアップ体制がとられた。TWIは，工場事業場等における職長，組長，伍長，
班長などの第一線監督者（下級監督者）を対象に，その監督能力を発揮・活用
するために，特別に開発された定式化方式の訓練内容である。TWIは次のよ
うな3つの訓練プログラムから構成される。

　①　仕事の教え方（JI：Job Instruction）…作業指導を行う技能の修得

　②　改善の仕方（JM：Job Method）…作業方法改善の技能の修得

　③　人の扱い方（JR：Job Relation）…人の統率技能の修得

　①の仕事の教え方においては，習う準備をさせる，作業を説明する，やらせ
てみる，教えたあとを見るという教え方の4原則が教授される。TWIの実施

方法は，定型の討議方式で，1クラス10人程度，JI，JM，JRそれぞれ各10時間で修得する内容となっている。TWIの目的としては，第一線の監督者の監督能力の向上，能率的な作業方法導入よる生産力向上，効果的な人の扱い方によるモラール向上が考えられる。こうしたTWIを通じて，監督者による職場秩序の確立，職場の合理化が促進された。

　以上見てきたように，TWIは大企業を中心に数多くの企業で積極的に導入されてきたが，同様の動きは中小企業にまで及び，TWIがわが国において幅広く導入され，現場監督者の管理・監督能力の向上に大きく貢献した教育プログラムと評価することができる。

　しかし，大きな成果を上げたTWIであるが，徐々にその限界も見え始めた。その理由としては，2つあり，1つはTWIが極めてアメリカ的な教育手法で，温情や人間的な交流を重視するわが国の経営風土に馴染みにくい，もう1つは訓練方式が標準化された定型方式で，特定企業における教育ニーズと必ずしも適合しないことが挙げられる[5]。

　最後は，MTPであるが，TWIが現場第一線の監督者に対する教育訓練であるのに対し，MTPは管理者に対する教育訓練プログラムである。MTPとは，Management Training Programの略で，アメリカ極東軍で作られた監督者訓練方式であり，企業内教育のなかで極めて重要な位置を占める訓練プログラムである。プログラムは2時間単位，20会議，合計で40時間の定型の教育訓練である。教育内容は，次のような内容から構成されており，フェヨールの管理5機能とTWIのJI，JM，JRとを合体させたような内容となっている。

【MTPのカリキュラム】
①　管理の基礎：管理の基本的考え方／管理と人間行動／組織の運営など
②　仕事の改善：職務の割当の改善／仕事の方法の改善／仕事の遂行基準など
③　仕事の管理：計画／指令／統制／調整／会議の指導など
④　部下の訓練：育成の考え方／部下の育成／管理能力の育成など
⑤　人　間　関　係：良い態度の啓発／人事問題の処理／職場士気など

⑥　管理の展開：管理の展開／リーダーシップなど

　MTPは，当初はアメリカ極東軍の監督者訓練として取り入れられた教育訓練プログラムであるが，当時の通産省が産業界と協同して改良を加え，日本の企業に対しては管理者を対象とするミドル・マネジメント・コースとして紹介・導入された。これまでの現場の監督者を対象とするTWIでは，管理者としてのマネジメント・スキルを修得することは極めて難しく，管理5機能とTWIの要素を含んだMTPは，管理者育成に向けたいわば入門コースとしては非常に適していたと思われる。このような特徴を有したMTPは，日本の企業に徐々に浸透し，54年末には40時間コースの修了者は約4万6千人に及んだ。その後，数回のプログラム改定が加えられ，人間関係論や職務充実，カウンセリングやTAの理論[6]などが追加された。56年以降は日本産業訓練協会がMTPを担当することとなり，現在でも積極的に展開されている。このMTPを通じて100万人を超える管理者が育成されたといわれている。

　少し，企業内教育の歴史とは離れてしまうが，現在の日本産業訓練協会のMTPの内容を紹介すると，マネジメントの基礎，マネジメントプロセス，問題解決とリスクマネジメント，信頼関係の形成，育成と啓発，良いマネジメントの6部より構成されたプログラムで，28時間（7時間／日×4日）で修了するコースが展開されている。

　ところで，第1段階，すなわち1945−1959年における企業内教育で留意すべき点は，これまで詳説してきたCCS，TWI，MTP以外にもいくつかの特徴的な企業内教育が行われてきたということである。1つ目は，人事院が作成したJST（Jinjiin Supervisory Training）で，事務系等の監督者の指導監督能力を向上させるために開発された定型型の監督者訓練である。教育プログラムの導入は，52年4月で，官庁を中心に日経連を通じて産業界にも紹介された。訓練の内容は，仕事の管理，仕事の改善，部下の指導・扱い方などを2時間の会合を13回，計26時間で終える定型型訓練である。TWIが生産現場の監督者向け訓練とすると，JSTはいわば事務の監督者向け訓練といえよう。これもMTPと同様，現在でも公務員や事務系統の監督者訓練として実施されている。

2つ目は，社立学校の設立である。江幡（2000）は，日本経済の成長や重化学工業の発展に伴い，技術者不足が問題となり，その対策として大企業を中心に，短大レベルの企業内学校が設立されたことを指摘している。企業内学校では，学卒技術者を補助するテクニシャンエンジニアの育成が試みられ，その後職場に配置される方式が採られた。これらの企業内学校は，日本電気の技術専門学校，日立製作の京浜専門学校，東芝の東芝学園など，主に大企業を中心に展開され，若手技能職や高卒技術系社員のモチベーションアップ，さらには中・高卒の新卒採用支援にもつながったことが指摘されている[7]。

　3つ目は，QC（Quality Control：品質管理）教育の導入・展開である[8]。QC教育の指導機関である日本科学技術連盟（略称：日科技連）が1946年に設立され，49年には品質管理基礎コースがスタートした。50年にはデミング賞のデミング（Deming, W. E.）を招いて統計的品質管理（Statistical Quality Control：SQC）基礎コースがスタートした。製造業を中心とするものづくり立国のわが国においては，製品の品質は極めて重要な競争優位の源泉で，差別化戦略の根幹でもあり，QC教育やQC活動は，日本企業の近代化や競争力の向上に大きく貢献した。

　以上1945-1959年までの第1段階の企業内教育を見てきたが，TWIやMTPに代表されるように，アメリカより教育技法を導入し，現場監督者や管理者の育成に重点を置いた教育が展開された。TWIやMTPは，生産現場における第一線の監督者や管理者の管理能力を向上させ，敗戦で崩壊した職場秩序の確立と能率的な作業方法で生産力を高め，わが国の経済復興の基盤づくりを支えた。しかし，TWIやMTPは，アメリカ版の定型訓練で，導入当初は教育訓練のノウハウがない日本ではスムースに受け入れられたが，各企業の個別の教育ニーズや心情を重んずるわが国の経営風土になじみにくいといった問題も露呈し始め，改善が必要であることも判明した。こうした点を踏まえ，第1段階の企業内教育を特徴づけるなら，アメリカの教育技法の「模倣・導入期」と表現できよう。

3　第2段階：高度経済成長期（1960～1970年代前半）の企業内教育

　1960年代から70年代の初頭にかけて，日本の経済はいざなぎ景気（1965年11月－70年7月まで57カ月）に支えられ，猛烈なスピードで成長した。造船業を始めとする重化学工業は，日本経済の成長を牽引した産業の1つである。1973年当時，造船分野で，全世界で新たに進水した大型船舶の半分を日本が生産するほどに成長していた。

　また，産業界では，自動車産業の飛躍，電機産業の好調が特に目立ち，両産業は60年代から70年代にかけて輸出のリーディング産業としての役割を担うまでに成長していた。当時の日本では，技術革新の進展に伴い，量から質への転換が模索されており，知識集約型産業への移行がはかられつつあった。日本の知識集約化は，成長著しい自動車，電機の両産業において顕著に表れており，生産部門における加工技術・組立技術の高度化が進んでいた。

　急速な経済成長に伴う技術革新や加工・組立技術の高度化は，技術革新の進展に呼応できる若年労働者の不足をもたらし，若年労働者の確保・採用・定着が日本の企業の共通の課題となった。当時の日経連も61年から73年にかけて，わが国の成長する産業のために，労働力の供給と技術訓練を行うことを中心課題の1つに据えていた。70年の日経連定時総会において，人材不足と適正な労働力確保が再度議題にのぼり，経営に与える事態の深刻さが浮き彫りになった。総会における労働情勢報告によれば，今後7年間で約900万人の労働力が不足すると予想されており，その影響の大きさを窺い知ることができる（日経連30年史刊行会編，1981，535頁）。

　こうした労働力不足は，労働市場を売手市場へと転化させ，賃金水準の高騰をもたらし，企業経営を圧迫することとなる。企業各社は，初任給のつり上げや青田買いを行うことにより，若年労働者の確保に奔走した。人材確保が困難のなか，生産現場では，新技術や技術革新に対応していくために，現業部門へ

の配属を中卒から高卒者に切り換えることで苦難を乗り越えようとしていた。これには，技術革新への対応もあるが，高校への進学率の上昇で中卒者が減少し，採用が困難であったことが間接的に影響していると考えられる。若年労働力不足に対するもう1つの対策としては，主婦を中心としたパートタイマ―の採用である。主婦の職場進出は高度経済成長と比例して増加していったが，あくまで現業部門で不足する若年労働力の補充的存在であり，抜本的な労働力不足の解消には至っていない。

　日経連は，労働力不足に起因する人件費高騰に対して，新たな賃金政策として職務給導入の方針を打ち出した。61年に職務分析員コースを開設し，64年には日経連の事務局内に職務分析センターを設置し，傘下企業に職務給導入の動向や導入に向けての指導を行った。わが国における職務給の導入・普及は，日経連の動きと呼応するかのように，62年あたりから増加し始めた。欧米の職務給とは異なり，年功賃金の要素である定昇部分を採り入れ，日本的修正を施して導入された職務給は，技術革新による職場内における年功序列の崩壊，若年労働力の逼迫に伴う初任給の上昇，古い熟練の解体と新しい技術に対応しうる若い労働力への需要の増大を背景に，主に製紙，電機業，鉄鋼などの産業に導入されたが，期待したほどには普及することはなかった(9)。その主な要因としては，職務分析に必要な職務の標準化が困難である点，職務を変わるたびに賃金が不安定になる，つまり日本的雇用慣行であるジョブ・ローテーションに抵触する点，安定した生活ができるレベルまで賃金水準が到達していない点，などが考えられる。

　こうした職務給の欠点を補うべく日経連は，「能力主義管理」という新たな方針を打ち出した。これはわが国の人事制度や企業内教育に大きな影響をもたらすこととなっていく。日経連は65年の総会で，能力主義人事・労務管理の確立を決議し，翌年に能力主義管理研究会を設置し，研究報告書を発表した。その内容は，69年に『能力主義管理－その理論と実践』として刊行され，公表された。そのなかでは能力主義の概念として，「これは労働力不足，賃金水準の大幅上昇，技術革新，開放経済，労働者の意識変化など，経済発展段階の高度

化に伴うわが国企業経営をめぐる厳しい環境条件の変化に積極的に対応して，従業員の職務遂行能力を発見し，よりいっそう開発し，さらに有効活用することによって，労働効率を高める少数精鋭主義を追求する人事労務管理施策にほかならない」と規定した[10]。これ以降，わが国では能力主義が幅広く浸透することとなり，本格的な能力主義の幕開けとなった。

　能力主義は，わが国の人事制度にも大きな影響を及ぼし，70年代以降，日本的能力主義的人事制度ともいうべき職能資格制度が大企業を中心に導入され，普及することとなった。職能資格制度は，人事管理の中核をなすもので，企業に求められる職務遂行能力のガイドラインを示している。図表2-1に示すように，こうした能力のガイドラインがあるから，人事評価が可能になり，人事評価の結果は能力開発や配置・異動，賃金・賞与や昇進昇格に反映されることで効果的な人材マネジメントが可能となる。

図表2-1　トータル人事制度

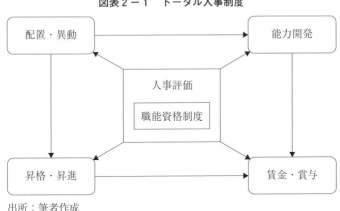

出所：筆者作成

　このようにして，人事制度である職能資格制度と能力開発，すなわち企業内教育が効果的に連動して，階層別教育の体系化が進められるようになっていった。また，こうした職能資格制度による能力主義管理が推進されることにより，目標管理制度の導入も増加した。目標管理制度は，一方で人事評価の客観性を向上させ，他方で個人の自己啓発の促進にも貢献した。企業内教育においても

評価者トレーニングのように，人事評価と企業内教育が連動することで，管理者の指導力向上が図られ，部下指導によい影響を与えることが期待されていた。さらに，能力主義管理の推進は，自己申告制度の導入にも拍車をかけた。自己申告制度は，60年代に入り，導入が徐々に進んだが，60年代後半から，能力主義の浸透とともに，その導入が目立って多くなった。自己申告の導入当初の目標は，配置・異動の円滑化であったが，能力主義管理が強まるなか，従業員のモラール向上や自己啓発の促進に向け，効果的な活用が模索され始めた[11]。自己申告を活用することにより，上司と部下のコミュニケーションの円滑化がもたらされ，相互理解が深まるとともに，目標管理制度の運用面でも目標に対する納得性を高めることに寄与することが期待された。

　ここで，もう少し高度経済成長期の企業内教育に深く立ち入って見てみたい。小山田らの研究において，能力主義を効果的に推進していくためには，従業員各人が自らの能力を向上させていく姿勢をもつことが肝要で，それを推進していくには，自己啓発の企業内教育における位置づけを明確にしていくことが重要であることが指摘されている[12]。

　また，この時期の企業内教育において，人事制度である職能資格制度と連動して階層別教育の体系化が進んだことはすでに指摘したが，研修のやり方にも大きな変化が出始めた。全日本能率連盟人間能力開発センターが，79年におこなった「企業における能力開発の実態と新動向に関する調査」によれば，階層別教育など多くの研修は合宿形式で集中的に実施されるようになったことが報告されている。それに合わせて，研修技法も従来の講義方式に加え，ケース・スタディ，グループディスカッション，問題解決演習など，経験的・演習的技法が広く取り入れられた。KJ法やケプナー・トリゴー[13]などの創造性開発や問題解決技法は，演習的方法による研修への転換を促進させる大きな要因となった[14]。同じようなことが，第1節の先行研究で紹介した江幡においても指摘されている。

　さらに，全日本能率連盟人間能力開発センターの報告において，企業内教育をめぐって，興味深い指摘が2つなされている。1つは，QC活動に関するも

54

ので，60年代の企業内教育において，職場をタテ割にした職場ぐるみ研修ない
しは小集団活動として展開された。こうした小集団活動と並行して組織開発
（OD）が，スタート当初は職場開発，いわゆるファミリートレーニングとし
て展開されていた。60年代の初めの頃は感受性訓練（ST：Sensitivity Training）[15]
をベースにしたOD展開であったが，後半はデータ・フィードバック方式の
ODが主流になってきたことが報告されている[16]。

　もう1つは，企業内教育を自前で展開できない企業向けに，次のような社外
の専門教育機関を活用した企業内教育が普及したことである[17]。

- ・　産業能率短大：マネジリアル・グリッドセミナー[18]，目標による管理
- ・　日本産業訓練協会：TWI，JS（職場の安全）コース
- ・　日本生産性本部：経営アカデミー（公開コース）
- ・　日本能率協会：ZD運動，女子能力開発コース
- ・　日本科学技術連盟：信頼性セミナー入門コース，QCサークル推進者
　　　コース

　しかし，こうして展開されてきた企業内教育も70年代初めに発生したオイル
ショックにより，これまでの教育のやり方や内容を大幅に見直さざるをえなく
なった。

　以上，第2段階の高度経済成長期（1960 - 1970年代前半）の企業内教育につ
いて，当時の日本が置かれた経済的状況を踏まえて考察してきたが，第1段階
のアメリカの教育技法の模倣・導入期と異なり，能力主義管理の導入・推進と
ともに，企業内教育が人事制度と連動をはかり，体系化され，さまざまな教育
技法を活用し積極的に展開された。こうした点を踏まえて，第2段階の企業内
教育を特徴づけるならば，企業内教育の「体系化・活性化期」と表すことがで
きよう。

4　第３段階：減量経営下（1973〜1985年）の 企業内教育

　前述したように，70年まではいざなぎ景気が持続し，わが国の経済は大きく成長することができた。GNP（国民総生産）で見ると，当時の池田内閣は61〜70年における年率平均7.2％の成長を目標にしていたが，65〜70年度にかけては平均伸び率が10％を超えるまでに至っている。これらの成長を支えたのは，重化学工業の進展と電機と自動車が牽引する輸出の飛躍的増大である。

　こうした著しい経済成長は，われわれの所得を大幅に増加させるとともに，カラーテレビ，カー，クーラーの３Ｃに象徴される新たな三種の神器がわれわれに豊かな生活と社会をもたらしたが，反面，行き過ぎた生産体制が公害を発生させ，訴訟にまで発展し，企業側が敗訴する事態となった。高度経済成長がもたらした負の遺産というものが，これまでの生産第一主義のあり方に警鐘を鳴らし始めたのが，70年代の前半である。

　もう１つの転機は，71年のニクソン・ショックの発表により，ドル・ショックが発生したことである。世界のGDPの半分を占めるアメリカ経済のリーダーシップ低下により，世界の経済秩序は大混乱に陥る。これにより，日本は変動相場制へと移行することとなり，その後の円高により，貿易依存度の高い日本経済は大打撃を受けることとなった。このニクソン・ショック発表に至るほど弱体化したアメリカ経済だが，その背景にはわが国の高度経済成長，アメリカへの貿易の急拡大が影響しているとされている。

　わが国のこのような経済状況に追い打ちをかけたのが，73年の第一次オイル・ショックである。物価は急騰し，トイレット・ペーパー騒動に見られるように，狂乱物価が現出し，74年の賃上げは32.9％にまで達した[19]。71〜73年のインフレブーム期を経て，いよいよ戦後最大の不況に直面することとなった。74年の実質GNPは前年対比0.2％減となり，戦後初めてのマイナス成長を記録した。さらに，79年には第二次オイル・ショックに直面した。

　こうした二度にわたるオイル・ショックに直面した日本の経済は，減量経営の時代へと突入していく。減量経営の影響は，大きく2つの側面に表れた。まず1つ目は，雇用調整の本格化である。服部（1997）は，減量経営による不況が次のような5つの場面に展開されたことを指摘している。

①　パートタイマー，臨時工，季節工の削減

　　74年当時の電機業界において東芝が大手の先頭を切って季節工の採用を中止。同様に，繊維業界でも，鐘紡，ユニチカ，東洋紡で臨時工や季節工の採用を中止。

②　新規学卒者・中途採用の抑制

　　中途採用は中止されたものの，若年労働力不足を背景に，新規学卒者採用は小幅に抑制。

③　配置転換，出向の実施

　　生産抑制に伴い，工場から販売店への派遣・出向が実施される。労働組合の対応も，賃金の減少が伴う一時帰休よりも派遣・出向の方を受け入れる。

④　一時帰休の導入

　　家電メーカーで3日間の一時帰休を実施。

⑤　希望退職者募集，人員整理

　　繊維不況の影響も重なり，繊維業界で希望退職者の募集や人員整理が進行。

　減量経営の影響が表れたもう1つの側面は，賃上げの抑制である。前述したように，74年の賃上げ率は32.9％と極めて高い水準であったが，減量経営下においては賃金の上昇は企業経営を大きく圧迫する。日経連の櫻田代表常務理事は，74年10月，欧米の経済事情視察を終えて帰国時の記者会見で，75年春の賃上げは1ケタが望ましいとの考えを示した。しかし，経過期間を考慮すれば，プラス・アルファが必要であろうと述べ，15％以下を賃上げ基準とするガイドラインを示唆した[20]。その結果，75年の賃上げは13.9％，76年は8.8％へと鎮静化した。

減量経営は，生産体制や企業内教育，人事制度にもさまざまな影響を与えた。まず生産体制に与えた影響から見ていきたい。70年代後半から80年代にかけて，生産現場ではNC（数値制御）旋盤や産業ロボットなど，マイクロエレクトロニクス（ME）技術を取り入れた生産設備・器具の導入（FA：ファクトリーオートメーション）が，減量経営下における生産向上を目指して導入された。また，事務部門では，コンピュータなどの情報機器の導入（OA：オフィスオートメーション）が70年代後半から急速に進んでいった。高度成長期における生産体制は，大量消費・大量生産を前提にベルトコンベアーなどを活用したものであったが，ME，FAを導入した生産体制は，多品種少量生産に対応するとともに，生産効率を高める点に大きな特徴がある。

　こうしたME化やFA化の進展は，生産効率を高めるとともに，生産工程における要員の削減やME機器の導入よる危険有害業務，重筋肉労働の代替を進め，労働災害の防止に至るなどの効果をもたらした。その反面，新たな問題を発生させる。1つは，高齢者の技術革新に対するテクノストレス問題である。高齢者にとっては，これまでの熟練が活用できず，タスク・アイデンティティを喪失し，自信を失いがちになる。当時の日本の企業においては，従業員の高齢化も進行しており，このようなテクノストレスに陥る高齢者に対し，メンタルヘルス対策を講じたり，新たな技術に対応できる高齢者向けの技能教育が企業内教育において必要とされていた。もう1つは，省力化が進んだ生産現場で発生する余剰人員の問題である。余剰人員には，配置転換が必要になり，配置転換に向けた転換教育が企業内教育において必要になる。70年代後半から80年代にかけては減量経営下であったので，比較的ゆとりをもって配置転換とそれに向けた教育が実施されることとなった。

　次に，減量経営が企業内教育や人事制度，人事管理に与えた影響について見ていく。まず注目したいのは，小集団活動の積極的な展開である。減量経営下においては，省力化やムダを排除する観点から，QCサークルやZD（Zero Defect：無欠点運動）運動，自主管理（JK）活動などが，職場の中で積極的に展開された。これらの小集団活動は，職場集団の自主管理体制や職場開発の

方法として活用されていくこととなった[21]。その動きは次に解説する組織開発（OD）へとつながっていく。

　60年代に日本に導入された組織開発（OD）は，その概念や手法が定着しないまま，70年代へと推移してきた。組織開発は，本来，行動科学の知見や技術を活用して計画的に組織体質の変革を行うものであるが，70年代に入って日本においては，先に述べた小集団活動と連動するような形で，いわば日本的な修正を施した形で組織開発が展開され，普及することとなった。服部は，小山田らとの共同研究の中で，松下電器と日本化薬の2社を取り上げ，わが国における組織開発の実際を解説している[22]。松下電器の組織開発は，組織変革に向け，管理者の能力構造を変革することに視点を置きながら，新しい組織風土の醸成と経営体質の強化を目指して展開された。一方，日本化薬では，長期計画達成のために組織開発が展開されたが，その目指すところは全員参加による問題解決と業績向上に置かれていた。こうした2社に代表されるように，減量経営下において組織開発が徐々に浸透していった。

　減量経営下においては，人事管理面でも大きな変化が見られた。70年代に入り，人事制度において専門職制度の導入が広がりを見せ始めた。専門職制度は60年代に導入されたものであるが，70年代に入りその導入が増え始めたのは，従業員の高齢化と減量経営下における組織のスクラップアンドビルドにより発生したポスト不足に対応するためと考えられる。しかし，専門職制度は高度な専門性を有した人材の育成・管理を目指す本来の姿とはかけ離れた，いわば管理職に就けない人のための受け皿的な専門職制度が多かったのも事実である。そうしたなか，西武百貨店の専門職制度に多くの注目が集まった。西武百貨店では，78年に専門職制度を導入し，全員専門職（オールプロフェッショナル）を目指し，セールスエキスパート職からマネジメント職に至るまで8種類の専門職としてのコースを設定した。西武百貨店に見られるように，ライン管理職との役割や機能を明確に分け，専門職としての本来あるべき姿を追求していく取組は，他の企業の専門職制度の導入に多くの示唆を与えた。

　減量経営が人事管理や企業内教育に与えた影響をもう1つ取り上げておきた

い。70年代のなかばを過ぎて，徐々に従業員の高齢化問題が大きな課題となり始めた。日経連も79年に，60歳雇用を当面の努力目標とする高齢化対策の指針を発表した。こうした高齢化問題は，定年延長や高齢者の処遇，能力開発に関するさまざまな問題を企業経営に投げかけた。その対策として採られたのが，中高年層を対象に展開されたエイジ教育とヒューマン・アセスメント（HA：Human Assessment）である。TDKでは，32歳を対象にしたイエロー・プラン，43歳を対象にしたスカイ・プラン，50歳を対象にしたグリーン・プランといったエイジ教育を企画し，自己の人生設計や仕事や会社に対する考え方・スタンスの確立，新時代のマネジメントのあり方などについて同世代の従業員を集めて，気づきによる企業内教育を展開した。これはこれまでの管理職を対象とする管理者教育とは異なり，同世代の人間の相互啓発による気づきに基づき，職業観や企業観を醸成するもので，極めてユニークな管理者教育として話題になった。もう1つのヒューマン・アセスメントは，減量経営下におけるポスト不足に対応するとともに，管理者の能力開発を目的に導入されたものである。管理職予備軍に対する管理者としての適性を判定するためのメソッドが教育メニューのなかに盛り込まれており，多くの管理職予備軍を抱える大企業を中心にその導入が進んでいった。

　以上，第3段階（1973－1985年）の減量経営下における企業内教育について，環境変化や経済情勢などを踏まえ，生産体制，人事管理への影響など，幅広い視点から分析・考察してきたが，企業内教育においては小集団活動や組織開発を除けば，多少停滞気味であった。しかし，中高年層の能力開発や活性化において新たな企業内教育が展開され，これまでの管理者教育や階層別教育とはやや趣を異にしており，企業内教育における転換の萌芽が見て取れる。こうした点を踏まえ，第3段階の企業内教育の特徴をとらまえるならば，企業内教育の「停滞・再検討期」と表すことができよう。

（注）

⑴　本節の記述は，拙稿「企業内教育の現状と今後の展望」文京学院大学『経営論集』
　　第12巻第1号を参考にしている。

⑵　小山田英一・服部治・梶原豊『経営人材形成史－』中央経済社，9－10頁。

⑶　全日本能率連盟に限能力開発センター編（1981）『戦後企業内教育変遷史－階層別・
　　職能別・テーマ別産業教育の発展－』4頁。

⑷　小山田・服部・梶原，前掲書，16頁。

⑸　小山田・服部・梶原，前掲書，20－21頁。

⑹　TAとは，Transactional Analysisの略で，日本語では交流分析と訳されている。精
　　神分析のフロイトの流れを汲むE.バーンが開発した新しい臨床心理的な分析のシス
　　テムで，口語体の精神分析とも呼ばれている。TAにおいては，自律性（self
　　control）を高めることが目標とされており，そのためには①自己理解と気づき，②自
　　発性，③親密さといった3つの能力を高めていくことが重要とされている。具体的に
　　は，職場における人と人とのやりとり，すなわち対話を分析し，対話がこじれる要因
　　を明らかにし，効果的な対話につながるようトレーニングをしていく。

⑺　江幡良平（2000）「勃興期の企業内教育－戦後における企業内教育の発展を中心と
　　して－」『産業教育学研究』第30巻第2号，6頁。

⑻　小松勝（1996）「第3章日本の企業内教育の現状と課題」高橋由明編『教育訓練の
　　日・独・韓比較』中央大学出版部，41－42頁。

⑼　吉村勵（1965）『職務給と横断賃率』日本評論社，76－84頁。

⑽　日本経営者団体連盟（1998）『日経連50年史本編』43－44頁。

⑾　小山田・服部・梶原，前掲書，84－86頁。

⑿　小山田・服部・梶原，前掲書，90－91頁。

⒀　ケプナー・トリゴー法とは，別名KT法とも呼ばれており，社会心理学者のチャー
　　ルズ・ケプナーと社会学者のベンジャミン・トリゴーの両名が提唱したもので，合理
　　的に分析や判断を行うプロセスを体系化することにより問題解決につなげる点に特徴
　　がある。研修では，主に問題解決トレーニングに使われる。

⒁　全日本能率連盟人間能力開発センター編，前掲書，12頁。

⒂　感受性訓練とは，1947年アメリカのメイン州で行われた全米教育協会の実験セミ
　　ナーの中から生まれたもので，レビンの場の理論が理論的背景になっている。この技
　　法は，組織開発の技法として使用される。一般的には，通常10名前後のメンバーで1
　　グループを編成し，1〜2名のトレーナーがつく。全体会合とTグループ（Training
　　Group）活動から成り立っており，全体会合が3回，Tグループ活動が15〜21会合と
　　なっている。1回のTグループは1時間半から2時間程度である。

⒃　全日本能率連盟に限能力開発センター編，前掲書，13頁。

⒄　全日本能率連盟に限能力開発センター編，前掲書，13頁。

⒅　マネジリアル・グリッドゼミナーとは，アメリカのテキサス大学のR.ブレークとJ.
　　ムートンによって開発されたリーダーシップ理論に基づき，リーダーシップ・トレーニ
　　ングを行うものである。マネジリアル・グリッド理論では，リーダーシップ・スタイル

を人への関心と生産への関心という2つの軸の組み合わせにより，1・1型（do nothing management），1・9型（country club management），9・1型（task management），5・5型（middle of the road），9・9型（team management）の5つのスタイルに分けており，人と生産への双方への関心が高い9・9型リーダーシップ・スタイルを理想とする。トレーニングでは，9・9型のリーダーシップ・スタイルが発揮できることを目指す。

⒆　日本経営者団体連盟，前掲書，56頁。
⒇　日本経営者団体連盟，前掲書，64頁。
㉑　小山田・服部・梶原，前掲書，137頁。
㉒　小山田・服部・梶原，前掲書，130－131頁。

第3章
戦後企業内教育の歴史的変遷
：後史（1986年～現在）

1　第4段階：国際化時代（1986～1990年代前半）の企業内教育

　わが国の経済は，1980年代に入ると，オイルショックによる低経済成長を経営合理化施策や産業の高度化，新技術・新分野の展開，エレクトロニクス技術の活用などをもとに，回復基調を見せ始めた。産業構造の面では，オイルショックの反省から，エネルギー構造に関しては，石油の安定供給確保，石油代替エネルギー開発，さらには産業構造の省エネルギー化，脱石油化を推進することが模索された。技術面の面では，新素材技術，バイオテクノロジー，新機能素子技術の3分野が重要基盤技術としてその重要性が指摘された。特に，新機能素子技術はトランジスタ，IC，LSI，超LSIなどの集積度の向上を中心とした半導体素子技術の進歩が大きく，情報化の進展，新製品開発の基礎になる技術として期待されていた[1]。

　こうした重要基礎技術の進歩は，ものづくり立国のわが国の加工組立産業や基礎資材産業などに大きな影響を与えた。なかでも，ME化の進展は生産現場にさまざまな影響をもたらした。すでに前章の第3段階の低成長時代の企業内教育でME化については言及したが，80年代半ばにおいても生産工程や労使関係に与える影響は小さくなく，第4段階の国際化時代の企業内教育においても言及することとする。ME化には，正と負の両面があることが指摘されている。正の面の効果としては，製造工程にロボット，NC旋盤（数値制御）などのマイクロエレクトロニクス技術を活用したFA（ファクトリーオートメーショ

ン）が導入されたことにより，業務や工程の省力化が進み，製造に携わる要員の削減を果たすことができた。さらに，FA化の促進は，危険有害業務や重筋肉労働の代替を進め，労働災害の発生を防止することにも大きく貢献した。

　しかしその反面，省力化により製造現場では余剰人員が発生するとともに，中高年層の新しい技術導入や作業方式に対するテクノ・ストレスを発生させることにつながった。また，ME化，FA化，OA化は眼精疲労，頸肩腕症などの一種の職業病を発生させ，労働安全衛生に対する関心を高める大きな契機となった。こうしたME化，FAの導入に伴い，省力化により発生した余剰人員に対しては，各企業は配置転換と配置転換に必要な企業内教育を実施することで対応した。中高年層のテクノ・ストレスに対しては，中高年層に対する階層別教育や製造部門を中心とした職能別教育で，新しい技術に対する心理的抵抗を減らし，段階的に順応できるような試みが実施された。

　MEの導入に関しては，労働組合もかつての大規模オートメーション技術の導入と同様にME技術革新を積極的に受容し，労使の事前協議によって対処していこうという姿勢を見せていた。労働組合のこのような対応の背景には，わが国では職務編成が柔軟に行われており，多能工の育成やジョブローテーションに見られるように，柔軟で幅広い技能形成が可能で，職務の再編成や配置転換，配置転換に伴う教育が実施しやすい環境にあったことと，もう1つ大きな理由としてはMEの導入においても終身雇用は堅持されるといった安心感があったことが考えられる。

　経営者サイドのME化に対する反応についても見ておく必要がある。日経連は1982年に「マイクロエレクトロニクスの企業経営と雇用に及ぼす影響検討小委員会」（ME小委員会）を設置し，ME化による急激な技術革新が企業経営や雇用に及ぼす影響と今後の個別企業の対応策について研究・討議を重ねて，その成果を発表している。それによれば，日本では欧米のような労働摩擦を引き起こすことなく，スムーズに導入が進んでいることが明らかになっている。その理由として，日経連は大きく2つの理由を挙げている(2)。1つは，わが国の終身雇用慣行と企業別組合組織の下では，配置転換が可能であり，ロボットの

導入が職場の喪失に連動しないことが挙げられる。もう１つは，導入分野が危険あるいはダーティな職場に限られ，労働組合もむしろ導入を歓迎していることが挙げられる。

　以上の点から，ME化に対して本書なりの結論を出してみたい。日経連の報告にもあるように，わが国のME化，FA化は危険な職場など特定された部門に限定的に導入され，労働組合との事前協議を通じて導入に向けた環境整備が整えられ，スムーズな導入に至った。また，日本の雇用システムは柔軟な職務編成，多能工の育成に向けたジョブローテーションなどから成り立っており，ME化により発生する配置転換，ME化導入に向けた技能研修制度などが実施できる環境にあるため，労働組合のME化の導入に対する抵抗を和らげたと考えられる。さらに，ME，FAの導入に際しても，企業サイドがこれまでの終身雇用慣行を維持したことが，労働組合のME導入の積極的受け入れにつながった最大の要因と思われる。

　加えて，これまであまり言及されることはなかったが，QC活動に代表される小集団活動もME化の推進・発展に貢献した。小集団活動は，生産現場での生産工の問題解決のスキルを向上させ，現場における教育を通じてME技術に対する理解を促進させる効果が期待できる。当時の日本においては，多くの企業の製造工程，組立工程においてQCを始めとする小集団活動が幅広く導入されており，ME化，FA化の推進に向けたインフラとしての役割を果たしていたといっても過言ではない。

　しかし，その一方でME化は，わが国におけるマイクロエレクトロニクスに関連したソフトウエア関連の要員不足と，中高年労働者の余剰といった労働需給のミスマッチを発生させる可能性があることが指摘されており，国のマクロ的視点にたった労働移動などの施策が必要となることを暗示している。

　ところで，第４段階の企業内教育を考える上で，最も重要な視点は，わが国の強い国際競争力を背景に，円高が進み，海外での事業展開や直接投資が急激に増加した点である。1985年，アメリカ・ニューヨーク州のプラザ・ホテルで開催された先進五か国蔵相・中央銀行総裁会議で，アメリカのドル高是正の政

策に対応して為替協調介入，ドイツの内需拡大の申し合わせが行われた。いわゆるプラザ合意である。プラザ合意以降，わが国の企業の国際化は急速に進展することとなった。日本企業の海外直接投資は89年が最も多く，675億ドルにも及んでいる。次に，国際化の発展段階から，日本の国際化の到達レベルを見てみたい。国際経営論の分野では，経営の国際化，グローバル化は図表3－1のように，大きく5段階に分けられている[3]。86年以降のわが国企業の国際化は，図表3－1における第Ⅲ段階である。急激な円高によるアメリカとの貿易摩擦が発生し，日本の輸出のリーディング産業である自動車産業や電機産業は，アメリカとの貿易摩擦を回避すべく，現地生産（ノックダウン）・現地販売に踏み切らざるをえなかった。現地生産に切り替えることで，アメリカでの生産要員を採用することが可能となり，貿易摩擦が緩和される。これまでの日本企業の国際化は，輸出や現地での販売を中心とした段階で，求められる人材や能

図表3－1　多国籍企業の発展段階（マッキンゼーモデル）

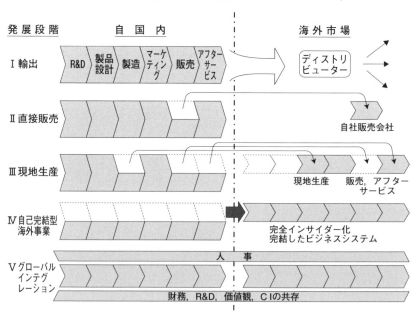

出所：大前研一（1987）『大前研一の日本企業の生き残り戦略』プレジデント社，208頁

力は，現地のバイヤーとの条件交渉や契約書の作成ができる程度の語学力，国
際ビジネスにおける商慣習や現地での販売網のネットワークづくりができる能
力が求められた。

　しかし，86年以降の国際化段階，すなわち現地生産の段階では，貿易摩擦を
回避する観点から現地での雇用が展開され，多くの日本人が海外子会社へ派遣
された。この段階では，単に英語ができるだけでなく，現地従業員を採用・管
理するために，異文化理解などが必要となる。そこで，多くの日本企業では，
「海外事業要員育成制度」を整備し，体系的かつ計画的な国際要員育成に取り
組み始めた。各企業の国際化のレベルに応じて教育制度もさまざまであるが，
基本的には語学研修，派遣先の文化に対する理解などがどうしても中心となり，
そこに国際感覚の涵養，国際政治・経済社会情勢，契約法務などが加わる（図
表3－2参照）。伊藤忠商事，住友商事などの総合商社においては，新入社員
として入社した段階から，徹底した英語教育を行い，英語その他の外国語能力
を社内検定制度によって評価し，海外派遣要員の資格として活用されている。
また，銀行などにおいては，海外のビジネス・スクールへの派遣制度を導入し
ている事例なども見られる[4]。

　ところで，興味深いのは，海外派遣要員に求められる能力で最も多いのは，
語学力ではないということである。社団法人企業研究会が1978年に行った「国
際事業の人材育成に関する調査」で，海外派遣要員に求められる基本的能力と
して最も多かったのは，「管理監督者としての能力と職務遂行能力」で，以下，
マネジメントに関しての専門知識・専門技能，仕事に積極的に取り組む人およ
び異文化社会に溶け込み現地の人々と折り合える人が続いている[5]。語学に堪
能であるは第4位である。派遣前教育では，図表3－2に見られるように，語
学教育が最も重視されているが，海外事業展開で経営の現地化を進めていくた
めには，語学力や異文化理解力も必要であるが，やはり管理監督者としてのマ
ネジメント能力や専門能力が必要であるということを再認識することができた。

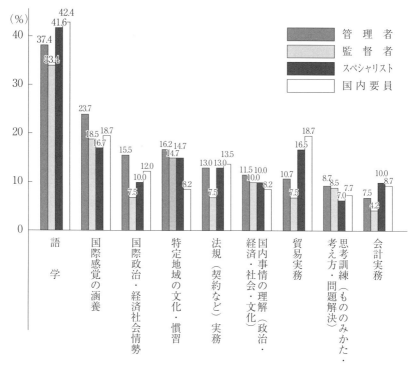

図表 3 − 2　国際化要員の育成・派遣前教育

凡例:
- 管　理　者
- 監　督　者
- スペシャリスト
- 国　内　要　員

語学: 37.4, 33.4, 41.6, 42.4

国際感覚の涵養: 23.7, 18.5, 16.7, 18.7

国際政治・経済社会情勢: 15.5, 7.5, 10.0, 12.0

特定地域の文化・慣習: 16.2, 14.7, 14.7, 8.2

法規（契約など）実務: 13.0, 7.5, 13.0, 13.5

国内事情の理解（政治・経済・社会・文化）: 11.5, 10.0, 10.0, 8.2

貿易実務: 10.7, 7.5, 16.5, 18.7

思考訓練（もののみかた・考え方・問題解決）: 8.7, 8.5, 7.0, 7.7

会計実務: 7.5, 4.2, 10.0, 8.7

注：重複回答（5つ以内）なので合計は100％を超える
出所：全日本能率連盟人間能力開発センター（1981）『戦後企業内教育変遷史』231頁
　　　（現資料：日経連・日産訓「環境変化に対応する教育訓練」（1980年12月）82頁）

　さらに，第4段階の企業内教育を見ていく上で，国際化への対応以外にも留意すべき点がいくつかある。まず1つ目は，従業員の高齢化への教育的対応である。86年に高年齢者雇用安定法が施行され，60歳定年制が普及し，急速な高齢化社会に突入する日本では，すでに90年代の後半には，65歳定年制の導入が検討され始めた。従業員の高齢化は，もちろん賃金制度としての対応も求められるが，戦略的活用に向けた対策も必要となる。高年齢者は，加齢とともに能力が陳腐化することが指摘されており，陳腐化抑制に向けた教育の展開や生涯能力開発の観点からの人材育成も必要となる。さらに，選択定年制や再就職支

援，出向・転籍などにも多くの企業が本格的に取り組み始めた。

　2つ目は，女子教育の強化の問題である。86年に，男女雇用機会均等が施行され，教育訓練において差別的取り扱いが禁止された。日本産業訓練協会（以下では日産訓と表記）と日経連が90年に行った「企業内教育に関する総合アンケート調査」においても，階層別教育の重点対象層として，女子の能力開発は第2位となっており，法施行の影響が色濃く反映されている。しかし，女性従業員に対する適切な職務割当，上司によるOJTなどが手探り状態で探求されており，女子教育の必要性は認識されつつも，その実態は新入社員教育を実施する程度にとどまっていた。

　3つ目は，管理職層に対する教育の強化である。管理職に対する教育については，50年代から重視されてきたが，企業活動の戦略的展開，職場の構成員の多様化，経営の国際化などを背景に，管理職層，とくに課長層や上級管理職である部長層の教育が重視されるようになった。先ほど述べた日産訓と日経連が90年に行った調査においても，階層別教育の重点対象層として課長層の能力開発が第1位となっている[6]。梶原（1997）は，部長クラスに対する能力開発施策として，社外セミナー，講習会，研究会への派遣，社内集合研修，ジョブローテーションなどが主たる手段であること，課長クラスに対しては，社内集合研修を中心に社外セミナー，研修会への派遣，ジョブローテーション，通信教育などが活用されていることを明らかにしている。

　4つ目は，教育部門の分社化の動きである[7]。江幡（2000）は，人材育成の経営ニーズに戦略的・機動的に対応するために，教育部門の分社化が進められるようになったことを指摘している。その背景には，教育部門の機能強化をはかる必要があること，企業グループとしての人材育成への取り組み強化，人材育成業務の事業としての成長可能性などが挙げられている。具体的には，ソニーのキャリアデベロップメントインターナショナル，ブリヂストンのブリヂストン教育事業室，新日鉄の新日鉄ヒューマンデベロップメント，信越化学のヒューマンクリエイト，日本鋼管のNKマネジメントセンターなどが紹介されている。

最後は，企業文化論の企業内教育に与えた影響である。アメリカにおける戦略論や組織文化論の影響を受けて，わが国においても戦略研修や企業文化の変革が教育のテーマとなった。ピーターズとウォーターマン（Peters, T. J. & Waterman, R. H. Jr.）の『エクセレント・カンパニー』（講談社，1983）が訳出されて以降，わが国においても企業文化が一大ブームとなり，戦略実現に向けた企業文化の変革に多くの企業が取り組み始めた。しかし，実際にはCI（Corporate Identity）の確立や職場の活性化運動と混同されている部分があり，その教育効果はあまり上がらなかったのが実情である。

　以上，第4段階（1986－1990年代前半）の国際化時代の企業内教育について見てきたが，これまでの考察からも明らかなように，第4段階の企業内教育は，経営の国際化に対応し，現地での直接生産，経営の現地化を可能ならしめる国際派遣要員の養成に向けた企業内教育が積極的に展開された。さらに，86年に施行された高年齢者雇用安定法と男女雇用機会均等法により，高齢者に対する教育や女子に対する教育にも着手し始めた。そうした点から，第4段階の企業内教育の特徴を概括的に述べるならば，企業内教育の「再活性化期」と位置づけることができよう。

2　第5段階：平成不況期（1990年代前半～2000年代前半）の企業内教育

　85年のプラザ合意による円高不況により，輸出に依存する日本経済は大打撃を被ることとなった。日本銀行は，この円高不況を打開すべく，金融緩和政策により公定歩合を引き下げ，87年2月には当時としては最低の2.5％となった。金利が下がり，銀行からお金を借りやすくなれば，企業は借入したお金で海外進出し，工場を建て，安価で良質な製品を作ることで国際競争力を高めていった。これはすでに前節で解説したように，低金利で調達した良質な資金を活用し，海外への直接投資を増やすことで，わが国の経済は立て直しがはかられ，「平成景気」と称されるようになった。

　このように，日本の経済は昭和から平成へと新しい年号に変わるなか（1989年），不況から脱却しつつあったが，低金利による金融緩和政策が採られ続けた。企業は，低金利で銀行から資金調達を維持することができる状態が続き，内部での余剰資金が発生することとなった。本来であれば，本業に投資すべきところを，余剰資金を土地や株式に投機目的でつぎ込み，それらを転売することで多くの利益を獲得していた。ソニーのコロンビアピクチャーズ買収，三菱地所のロックフェラービル買収，松下電器のMCA買収，などに代表されるように，ジャパン・マネーが世界を駆けめぐった。その結果，土地も株式も，さらには物価も大きく上昇し，企業の資産価値が大きく増えた。仮に，本業での利益が少なくとも，土地や株価の上昇による本業外の利益が増大し，従業員の賃金も大きく上昇した。こうした資産価値のバブル化から「バブル経済」と呼ばれるようになった。

　しかし，このような地価の急激な上昇は，さまざまな社会問題を発生させた。具体的には，不動産業者による大規模開発に向けた地上げの急増，地価の上昇により固定資産税や相続税を払えず，住んでいる住居から退去する事態が増加していることなどが挙げられる。

　そこで，日本銀行は公定歩合の引き上げによる金融引き締め政策を打ち出し，89年から段階的に引き上げ，90年8月には当時最高の6％にまで引き上げた。これと並行して，政府も89年に土地基本法を制定し，91年には土地保有に対する地価税を導入し，さらには土地の売買を目的とした金融の引き締め政策を打ち出した。これにより，地価や株価が暴落し，ついに91年にはバブル経済が崩壊する事態となった。91年の証券・金融不祥事件の発生，92年の地価下落，94年の1ドル＝100円突破，95年には公定歩合を1％，などバブル経済の崩壊を象徴する事例を挙げると枚挙にいとまがない。バブル経済崩壊後の約10年間は「失われた10年」と呼ばれ，平成不況の時代へと突入していく。

　平成不況は，企業経営にもさまざまな影響を及ぼしていく。日本経営者団体連盟・日本産業訓練協会が行った「第7回産業訓練実態調査・1990年度企業内教育に関する総合アンケート」（日本産業訓練協会，1990）によれば，90年代

時点における経営課題としては，従業員能力の質的向上，販売網拡充・営業の強化，新製品・新サービスの開発などが挙げられていたが，90年時点から95年を予想しての課題として，これまでの課題に加えて新事業・多角化・構造転換が挙げられている。長引く平成不況の時代になり，企業は生き残りをかけて，経営体質の改善や強化をはかることが喫緊の課題になっていることが，こうした調査結果から見えてくる。まさに，わが国における経営体質改善に向けたリストラクチャリングの幕開けである。リストラクチュアリングに関しては，一部，人員整理，解雇などと誤って理解がされるケースが多いので，本書では以下のように定義してみたい。リストラクチュアリングは，事業構造（structure）を再構築（re）することで，次のようなマネジメント・サイクルで展開される。

図表3－3　サイクリカル・マネジメントによるリストラクチュアリングの展開

出所：筆者作成

　図表3－3からも分かるように，リストラクチュアリングはまず本業の徹底強化で収益を確保し，次いで不採算事業からの撤退をし，そこから得られた余剰資金と本業での収益を新規事業の開発に投資する形で展開される。バブル経済の崩壊は，本業の徹底強化や不採算事業からの撤退が実施されることなく，株式や土地，企業の買収（M&A）に銀行から借り入れた資金を投入したことにより発生したものと考えられる。平成不況に入ってからのわが国の企業が行ったリストラクチュアリングは，まず本業の強化に向け，合理化と省力化を徹底して行うと同時に，不採算事業の縮小・整理・撤退を合わせて実施した。なかには，合理化，省力化を目指して工場の無人化，業種を超えての業務提携，

72

系列を超えての自動車部品供給の拡大などを探求した事例もある。

　また，低迷する国内景気と円高を背景に，自動車，電機，機械などの輸出の
リーディング産業では，前節でも述べたように，生産工場の海外移転が急増し，
その結果，国内での雇用が奪われるといった産業の空洞化と称される新たな問
題を発生させることとなった。

　さらに，平成不況の波は，金融業界にも大きな影響を与え，2002年には三井
住友銀行，東京三菱銀行に代表されるように，銀行の大型合併による業界再編
成などが行われた。

　日経連も，このようなリストラ対策に加え，産業の空洞化による過剰雇用の
対策として，95年に「円高進行に伴う雇用対策と新産業分野への取り組み」と
題する雇用特別委員会の報告書を発表し，新産業創出に向けた抜本的な対策が
必要であることを訴えたが，思ったように進まなかったようである[8]。

　こうした平成不況の波は，人事制度や企業内教育にも大きな影響を及ぼした。
まず人事制度に与えた影響から見ていきたい。日本では，すでに70年代に入り
能力主義人事が展開されていたが，80年代後半からは職能給のウエイトを高め
るなどにより一層能力主義を強化するなどの修正が施されてきた。バブル経済
崩壊後は，一転して成果主義制度に対する関心が高まり，93年に富士通が先駆
的に成果主義を導入したことが新聞等で発表されたことにより，多くの企業の
注目を浴びるようになった。95年には，日経連も『新時代の「日本的経営」』
のなかで，職能・業績重視の賃金制度の導入や年俸制の導入を推奨しており，
それ以降，90年代後半からは一気に成果主義ブームといわれるような現象が出
始めた。

　成果主義は，成果給，業績給，年俸制などさまざまな捉え方がされるが，奥
西（2001）は，成果主義を①賃金決定要因として成果を左右する諸変数（技能，
知識，努力など）よりも，結果としての成果を重視する，②長期的な成果より
も短期的な成果を重視する，③実際の賃金により大きな格差をつける，といっ
た3要素を挙げている。筆者自身は，成果主義には，集団としての生産性を向
上させるための「広義の成果主義」と，個人の報酬に格差を設ける「狭義の成

果主義」があると考えている。奥西の定義からも分かるように，わが国における成果主義は，個人のモチベーションにインセンティブを与える狭義の成果主義としての色彩が極めて強い。成果主義の導入に際しては，まずは組織の生産性を高めるべく，事業部制などを導入し，組織としての成果志向を高めるとともに，事業部長などの上位管理職を対象に年俸制などの成果主義賃金を導入し，次いで個人の業績を評価して報酬に反映させていくといったステップが必要である。つまり，広義の成果主義を導入し，段階を経て狭義の成果主義を導入するとともに，成果主義の対象者も上位管理職を対象に導入した上で，一般従業員に適用していく慎重さが求められる。

　狭義の成果主義としての色彩の強いわが国の成果主義には，さまざまな側面や功罪がある[9]。まずメリットから見ていくが，成果主義にはインセンティブ機能があると思われる。調査結果によっては，成果主義単独では労働意欲の向上につながらないとの見方もあるが，モチベーションの期待理論に照らし合わせれば，やはりインセンティブ機能はあると思われる。ポーターとローラー（Porter, L. W. & Lawler Ⅲ, E. E.）は修正版期待理論において，行為主体のパフォーマンスに対し魅力ある報酬を提供すれば，モチベーションが発揮されることを数量化モデルにて明らかにしている[10]。大切なのは，従業員の報酬に対する魅力を表す誘意性（valence）を高めるような報酬をいかに提供していくかである。成果主義には，こうしたインセンティブに加えて，企業業績と人件費の連動がはかられる，従業員の経営意識の高揚，従業員の意識改革につながるなどの効用が認められる。

　しかしその一方で，成果主義には負の側面があるのも事実である。その主なものを挙げると，短期業績に目を奪われ，視野狭窄に陥りやすい（結果として製品開発や改善活動がおろそかになる），個人主義を助長し，チームワークを阻害する，個人の点取り虫を増やし，組織内でのノウハウや技能の伝承が困難になる，などが考えられる。こうした成果主義の負の側面に加えて，成果主義を導入・展開する上で，特に留意すべき点が2つある。1つは，管理職の部下育成の軽視と組織全体がリスクテーキングを恐れる点である。成果主義が浸透

することで，管理職のプレイングマネジャー化が促進され，部下指導よりも自
己の目標達成に目を奪われて，部下指導がおろそかになってしまう。成果主義
への一番の近道は，部下が育つことであるにもかかわらず，管理職は自分の目
標達成に目を奪われ，部下育成を軽視してしまう傾向が出やすくなる。と同時
に，成果主義は年俸更改や賃金改定を希求するあまり，個人は低い目標を設定
しやすく，結果として組織全体が低い目標設定に留まってしまう危険性がある。
成果主義の運用を誤れば，組織の成果を高めるために導入された成果主義が，
組織全体の活力を削いでしまう危険性すらある。もう１つは，成果主義の導入
により，部門間での不公平感が発生する可能性がある点である。複数の事業部
がある企業の場合，事業のライフサイクルにより各事業部の収益構造が大きく
異なることが多い。現在の配属を前提に成果主義を導入すると，事業や製品の
ライフサイクルにより収益性の高い事業を展開している事業部とそうでない事
業部とでは，成果主義による賃金や年俸に大きな格差が生じ，従業員間で不公
平感が高まる危険性がある。これを放置すると，組織の一体感までもが損なわ
れかねない。成果主義の導入に際しては，個人の希望や適性を考慮にいれた配
置転換を実施した上で，制度を導入することが望ましい。

　こうした成果主義の導入に合わせて，注目されたのがコンピテンシーである。
コンピテンシーは，90年代後半，成果主義と並行して，その導入が進んだ。導
入の背景には，これまでの機能主義的人事から戦略と連動した戦略的人事への
移行の必要性が認識され始めたことが挙げられる。また，能力主義人事制度と
しての職能資格制度における能力が潜在能力としての色彩が強いため，年功的
運用に陥りやすいといった欠点を補う観点から導入されたことも理由として挙
げられる。こうした点から，コンピテンシーはポスト職能資格制度としての新
たな人事制度と称されることもある。さらに，人事システムのグローバルスタ
ンダード化の動きに対応すべく，コンピテンシーの導入を試みた企業もある[11]。
以上の分析を踏まえ，コンピテンシーをわが国の人事制度の歴史的変遷におい
て位置づけると，図表３−４のようになる。

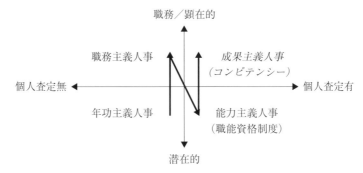

図表 3 － 4　N字軌跡を描くわが国の人事制度

出所：熊沢誠（1997）『能力主義と企業社会』岩波書店，12頁を参考に作成

　コンピテンシーは，70年代にアメリカの人事革新の施策として登場したものであるが，ハーバード大学のマクレランド（McClelland, D. C.）が国務省の委託研究のなかで見出した。マクレランドは，達成動機の高い人が高業績をあげていることに着目し，高業績者の行動特性をコンピテンシーと命名した。本書では，コンピテンシーを「継続的にその職務に求められる達成すべき最終成果責任（accountability）を生み出すために効果的な行動を選択し，実際に行動に結びつける行動にフォーカスした能力」（保田，1997）で，「しかも高業績者（high-performer）に共通にみられる顕在的で他者から観察しうる行動に顕われた能力」と定義したい。

　このように定義されるコンピテンシーであるが，人事制度としての活用の歴史も浅く，次のような課題を有しており，ポスト職能資格制度としての新たな人事制度として根付くことはなかった。課題の１つは，「職務から組織への分析焦点の移行の問題」である[12]。高業績者の行動を精査すればするほど，個別の職務に接近したものとなり，職務給と同様にコンピテンシーの適用範囲が狭く，硬直性を帯び，活用が難しくなる。

　課題の２つ目は，「分析中心から活用中心への移行の問題」である。コンピテンシーの抽出を個別の職務に接近すればするほどその分析は細かくなり，分析に多くの労力と時間を有する。大切なのは，分析よりもコンピテンシーをい

かに活用していくかということであり，運用レベルの柔軟性の確保が重要となる。

　課題の３つ目は，「コンピテンシーの寿命の短さ」である。コンピテンシーは，高業績者の行動特性を抽出したものであり，能力の特性としては，現在ないしは過去志向的である。技術革新が著しい現代において，高業績者より抽出したコンピテンシーが，これから先においても有効とはいえない状況にある。つまり，抽出したコンピテンシーの有効性は，極めて限定的にならざるをえない。

　最後の課題は，「コンピテンシーの適用範囲の狭さ」である。アメリカの研究において，コンピテンシーは，セールス職や自分の仕事を自己管理できる者，コンピテンシーの深さと広がりが求められる管理職や専門職，技術職に適用すべきことが指摘されている。従って，生産現場での協働的作業や管理職・監督職からの指示で作業する従業員には，適用できないこととなる。

　以上，見てきたように，ポスト職能資格制度として注目を浴びたコンピテンシーであるが，人事制度としての妥当性や信頼性に欠けるため，期待したほどには企業に普及することはなかった。しかし，コンピテンシーは高業績者の行動特性や能力を抽出しており，組織内での序列と直結する賃金との連動は難しいものの，図表３−５に見られるように，採用，能力開発，評価などに活用していくとは可能である。

図表３−５　コンピテンシーの活用領域

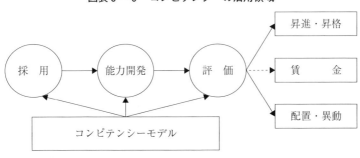

出所：筆者作成

最後に，平成不況による減速経済が，企業内教育に与えた影響について見て
いく。企業内教育は，第３段階の減量経営下における企業内教育で見てきたよ
うに，経済情勢や時の経営課題によって大きな影響を受ける。円高による平成
不況期における企業内教育も，リストラクチャリングに対応しうる従業員の育
成やリストラによる配置転換に向けた職種転換教育，さらに経営体質の強化に
向けた企業内教育が展開された。もう少し詳細な視点から企業内教育の実態を
見るために，95年に日本能率協会の人材育成編集部が人材育成に関して行った
調査[13]を手掛かりに，企業内教育の課題や重点項目について見ていく。調査結
果によれば，人材育成の現状における重点課題としては，「管理職の能力育成」，
「専門能力の育成」，「キャリア設計支援」，「個別ニーズへの対応」，「国際化教
育」の５つが挙げられている。そのなかでも特に注目したいのは「専門能力の
育成」である。専門能力の育成の課題としては，全職種の能力育成，若手・中
堅の専門能力の向上，職種転換，特定職務の能力育成の４つが挙げられている。
本節では，企業内教育に与える影響や重要性の観点から，４つのなかの２つに
焦点を当てて考察していく。まず，１つ目は全職種の能力育成であるが，複線
型人事制度に基づいた専門職の育成，ポスト不足による専門職の特化，社外で
も通用する専門能力の育成などが取り組むべき課題として挙げられている。そ
こから企業が従業員の専門能力を向上させ，少数精鋭化により平成不況をなん
とか乗り越えようとする姿が読み取れる。管理職育成に向けた単一のキャリ
ア・パスから成るこれまでの人事制度を，キャリア・オプションの多様化をは
かり複線化することで，競争優位の源泉を生み出す専門職を育成・輩出しよう
とする試みは，東レ，千代田化工を始めとする先進的大企業を中心に積極的に
展開された。東レでは，専門職掌を研究者や国家資格取得者を対象とする専門
職系とベテランやスタッフ職を対象とする専任職系の２系統に分類するととも
に，専門職系の選抜には，研究開発本部を対象に４次のアセスメントシステム
を導入し，厳格な審査と選抜を行っている。また，千代田化工やTDKでは，
専門職の任期を２年ないしは３年にするなど，純化した専門職制度が探求され
ていた。これら専門職の事例は，専門職制度の多くが，ポスト不足により管理

職になれない人たちの受け皿となっているという実態を鑑みれば，極めて先進
的な事例といえよう。

　ところで，挙げられている課題で注目したいのは，「社外で通用する専門能
力の育成」である。この日本能率協会の調査結果から導き出された指摘は，日
経連の主張にも相通じるものがある。日経連は，99年4月に，日経連教育特別
委員会が『エンプロアビリティの確立を目指して』を公表した。そこには，長
引く不況から脱却し，新たな構造改革に取り組むと同時に，従業員の自律を支
援していこうとする日経連の強い理念が掲げられている。エンプロイアビリ
ティは，80年代にアメリカを襲ったダウンサイジングへの対応策として生まれ
たものであるが，端的に表現するならば，雇用流動化のなかで組織の内外で雇
用されうる能力となる。日経連は，図表3−6に見られるような，「NED
（Nikkeiren Employability Development）モデル」を提唱し，外部で通用す
る専門能力の向上に向け，エンプロイアビリティの企業への普及に努めた。エ
ンプロアビリティは，図表3−6におけるA＋Bで表される。

図表3−6　NEDモデルの概念

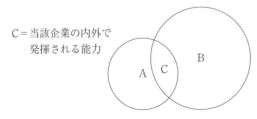

C＝当該企業の内外で
　　発揮される能力

B＝企業による支援，および
　　仕事を通じて修得した能力

A＝自助努力で身につけた能力
　　（労働移動を可能にする能力）

出所：日経連教育特別委員会『エンプロイアビリティの確立を目指して』13頁

　こうしたエンプロイアビリティを修得するためには，詳しくは次節で述べる
が，これまでの人事部や各職能部門で実施する階層別教育や職能別教育では修
得が難しい。企業内大学（CU：Corporate University）を設置し，大学等と連
携した高度な専門教育を実施することが望ましい。また，教育の場も企業内に

限定することなく，バウンダリーレスキャリアによる専門能力の修得を認めて
いくことも必要となってくる。

　専門能力の育成におけるもう1つの課題は，若手・中堅の専門能力育成であ
るが，これには多くの問題が含まれている。企業は，バブル期において，横並
び意識により大量の新入社員を採用した。ここでの新入社員の採用は，量的な
確保が至上命題となり，採用予定の社員の質や能力はあまり重視されていな
かった。こうして採用された新入社員は2000年代に入り中堅社員となり，バブ
ル経済の崩壊により能力や技術の面で劣っていることが，表面化し，企業内教
育における大きな課題となった。各企業はバブル期に採用した中堅社員の教育
に本腰を入れて取りくみ始めた。

　ところで，90年代から2000年代にかけての企業内教育において，これまでに
ない新しい教育のあり方が登場し始めた。1つ目の新しい動きは，従業員の自
律を支援するキャリア形成に取り組み始めたことである。これまでの企業の
キャリア形成は，企業主導型のキャリア開発が中心であったが，激変する環境
に順応するとともに，個人の主体性や創造性で将来に向けての事業や分野を開
拓していくためには，従業員個々のニーズや特性に応じた人材育成を行うこと
が重要となる。日経連もエンプロイアビリティの導入・推進にあって，個に焦
点を当てたキャリア形成に対する支援，従業員の自律に対する支援を積極的に
打ち出している。同様のことは，『新時代の「日本的経営」』のなかでも，人間
尊重，個の主体性の確立として謳われている。

　企業内教育をめぐる2つ目の新しい動きは，コア人材といった概念が企業内
教育のなかで認識され始めたことと，その育成に向けて選抜型教育や選択型教
育が導入されるようになった点である。これまでの企業内教育は，OJTを核に，
人事部主催の階層別教育により，人材育成を行ってきた。階層別教育は，各階
層の全体的な能力の底上げを目指すもので，次世代を担う人材や経営人材など
のコア人材の育成にはそれ程関心が向けられなかった。しかし，急速な経営の
グローバル化や地球規模でのナレッジ競争の本格化などの影響により，コア人
材の育成が企業内教育における喫緊の課題となりつつある。この時期において，

ようやくわが国にもコア人材，すなわちエリート人材の必要性が認識され始めた。

　コア人材の育成には，2つの新たな視点が必要となる。1つは，コア人材の候補者を早期に選抜し，経営者育成に向けた専門教育を施すとともに，学習したことを実践で応用するために，経験学習を合わせて実施することが重要である。2つ目の視点は，そのためには，こうした教育を実施できる教育機関，いわゆる企業内大学（CU）を社内で設置して，専門教育にあたる必要がある。これの詳細については，次節で解説をする。

　すでに，個人の主体性を尊重したキャリア形成の支援については解説したが，これを実現していくには，従業員個々人が自らのキャリアビジョン達成にむけ，教育内容を選択できる選択型教育も必要となる。

　以上，バブル経済崩壊後の平成不況期における経営課題や教育内容について考察してきたが，リストラクチャリングに象徴されるように，経営体質の強化に向けた教育や専門能力向上に向けた教育が展開されてきたことが明らかとなった。また，成果主義が強まるなかで，新たな能力概念としてコンピテンシーが登場し，人材育成においても外部で通用する能力としてエンプロイアビリティの導入，コア人材育成に向けた選抜型教育など，これまでの企業内教育で語られることがなかった新たな概念が登場した。こうした点から，第5段階の企業内教育の特徴をまとめるならば，企業内教育の「パラダイム転換期」と位置づけることができよう。

3　第6段階：新時代（2000年代前半〜現在）の　企業内教育

　2000年10月に協栄生命保険が，高利回りの長期運用商品の逆ザヤが累積し，会社更生特例法を申請した。千代田生命保険もこれに続き，90年代後半の金融危機の余震が続いた。また，地価上昇を前提に大規模な店舗展開をしていた百貨店のそごうや総合スーパーのマイカルが過剰な借入金を抱えて倒産に至った。

日本経済は戦後初めてデフレ経済に突入することとなった。

　01年に発足した小泉内閣は，構造改革を推進し，加速度的な不良債権処理を政府の重要課題とした。不良債権処理の加速は，金融機関の選別により企業の倒産を加速させ，リストラ断行による経営体質の強化が企業に求められた。東京商工リサーチの調べによれば，主な上場企業の希望・早期退職者募集は02年が最も多く39,732人で，その後減少し05年で15,062人となっている。

　しかし，08年にはアメリカのサブプライムローンの巨額損失で，アメリカの投資銀行のリーマン・ブラザーズ・ホールディングスが経営破綻し，リーマン・ショックの波が日本を襲った。その影響を受けて日本での倒産件数は，上場企業を含めて増加し，危機ラインといわれている１万５千件を超えてしまった。希望・早期退職者募集も09年に22,950人に増加した。このように，バブル崩壊→金融危機→リーマン・ショックに揺さぶられた日本経済は，窮地に追い込まれ，経済成長が低い水準でとどまってしまった。08年および09年の経済成長率はマイナスとなっている。

　こうした低成長の中で12年に誕生したのが，第２次安倍政権で，大胆な金融政策，機動的な財政政策，民間投資を喚起する成長戦略といった３本の矢から成るアベノミクスを展開した。アベノミクスによる景気拡張は，12年12月から18年10月まで71カ月に及び，戦後２番目の長さとなっている。この時期には，完全失業率の低下，有効求人倍率の上昇等，雇用面においては成果が見られたが，賃金上昇には至らず，実感なき景気回復と揶揄された。

　このような経済環境のなかで，2000年代前半から現在までにわが国でどのような企業内教育が展開されたかを，いくつかの調査結果や報告書を手掛かりに見ていきたい。まずリーマン・ショックが企業内教育に与えた影響から見ていく。労務行政研究所が2011年に行った「企業の教育研修に関する実態調査」[14]によれば，リーマン・ショックによる景気の低迷を受けて教育研修への影響は，「影響がなかった」が44.3％，「影響があった」が42.4％とほぼ拮抗している。影響があったと回答した企業を規模別にみると，1,000人以上の企業では50.9％と約半数が影響を受けているが，規模が小さい程その影響が低くなって

　いる。こうした影響の対策として，企業が行った見直しとして，「研修の実施回数を見直した」，「研修の実施内容を見直した」，「研修の内製化を進めた」が上位を占めており，なかには宿泊を伴う研修を減らした，研修への参加者を減らしたなどの具体的な教育費の削減に踏み込んだ企業などもある。

　次に，複数の調査を手掛かりに，05〜10年に実施された企業内教育の内容と動向について見ていく。日本能率協会グループHRM研究会が09年に行った「人づくり実態調査2009」によると，図表3−7からも分かるように，企業内教育における実施率の高いのは，第1位が新入社員教育，第2位が管理者教育，第3位が中堅社員教育，第4位が通信教育・e-ラーニング教育となっている。同様の傾向は，日本経営協会の『人材白書』（2011年），労務行政研究所の「企業における教育研修の最新実態」（労政時報第3800号，11.6 .24参照）においても見られる。一方，教育内容に関しては，興味深い結果が出ている。産業能率大学総合研究所が10年に行った「経済危機下の人材開発に関する実態調査」[15]によると，若手，中堅・リーダー層に実施している教育内容は，「役割意識」，「リーダーシップ」，「コミュニケーション」が上位を占めており，以下後輩育成，問題解決，コンプライアンスが続いている。中堅・リーダー層には，自分たちの役割を認識させ，コミュニケーションをとりながら後輩指導に効果的にリーダーシップを発揮させることを目的に教育展開が実施されていることが読み取れる。

　管理職に対する教育内容については，新任の課長と部長とで違いがでている。新任の課長では，教育内容として「部下育成」が最も高く，以下「目標管理」，「労務管理」，「人事考課」が続いており，部下の育成・管理と組織の管理責任を認識させる教育内容となっている。一方，新任の部長では，「ビジョン形成と課題設定」と「コンプライアンス」が同率で第1位となっており，以下戦略的思考，部下育成が続いている。このことから部長職に対しては，担当部署の運営に向け，戦略的思考でビジョンを明確にするとともに，統括責任者として法令や企業倫理の遵守を認識させる教育が展開されていることが読み取れる。

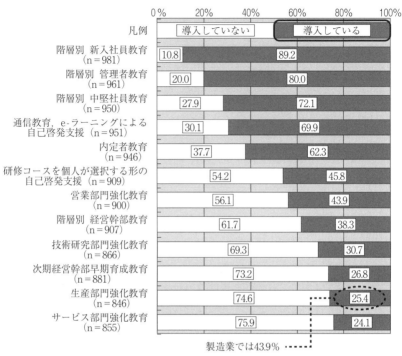

図表 3 － 7　人材育成に関して導入している施策

	導入していない	導入している
階層別 新入社員教育（n＝981）	10.8	89.2
階層別 管理者教育（n＝961）	20.0	80.0
階層別 中堅社員教育（n＝950）	27.9	72.1
通信教育，e‐ラーニングによる自己啓発支援（n＝951）	30.1	69.9
内定者教育（n＝946）	37.7	62.3
研修コースを個人が選択する形の自己啓発支援（n＝909）	54.2	45.8
営業部門強化教育（n＝900）	56.1	43.9
階層別 経営幹部教育（n＝907）	61.7	38.3
技術研究部門強化教育（n＝866）	69.3	30.7
次期経営幹部早期育成教育（n＝881）	73.2	26.8
生産部門強化教育（n＝846）	74.6	25.4
サービス部門強化教育（n＝855）	75.9	24.1

製造業では43.9％

出所：日本能率協会グループHRM研究会（2009）『人づくり実態調査2009』123頁

　ところで，こうした調査結果や報告書のデータの読み方で注意を要するのは，「次期経営幹部早期育成」である。図表 3 － 7 を見ると，次世代経営者の育成を実施している企業は，わずか26.8％とかなり低い数字となっている。しかし，これはわが国における企業内教育における次世代経営者の育成の実態を的確に反映しているのであろうか。そこで，もう 1 つ企業内教育に関する経年の実態調査で定評のある日本産業訓練の調査結果を見ていく。日本産業訓練協会は，5 年ごとに企業内教育に関する総合アンケート調査を実施しており，企業内教育の実態を把握する上で，極めて貴重な調査となっている。同協会の05年の第10回『産業訓練実態調査報告書』によれば，経営の重点課題および人事の重点課題のいずれにおいても「次世代リーダーの育成」は，経営の重点課題では僅

差で第２位，人事の重点課題では第１位となっている。しかも，次世代リーダーの育成の重要性の認識については，従業員規模において大きな格差があり，3,000人以上の大企業では，次世代リーダーの育成を重要とする回答が69％にも及んでいるが，100〜300人規模ではその数値が40％台まで下がる[16]。同様の結果は，先述した日本経営協会の『人材白書2011』にも表れている。図表３−８からも分かるように，経営幹部候補に対する教育は32.5％でその実施率は低くなっているが，5,000人以上の大企業においては65.0％とかなり高くなっている。このように，次世代経営者の育成は，その必要性の認識や導入の実態については，大企業と中小企業との間では大きな違いがあり，大企業においてその必要性が強く認識されている実態が読み取れる。

図表３−８　実施している教育・研修プログラムの対象＜ＭＡ＞

選択肢 企業人員別・業種別	企業・団体数	新入社員	若手社員	中堅社員	中高年社員	専門職	中間管理職	経営幹部候補	経営幹部	営業職	研究・開発職	現業職	その他	無回答
１〜100人	47	27	14	13	3	6	11	6	3	9	6	2	1	5
101〜300人	32	29	15	22	1	1	16	9	7	2	1	2	0	1
301〜500人	25	24	23	22	8	7	19	8	7	4	0	4	1	0
501〜1500人	98	96	77	87	29	24	85	32	36	14	4	15	7	0
1501〜3000人	43	41	37	34	18	12	39	19	18	8	2	16	2	1
3001〜5000人	13	12	10	12	5	2	11	5	5	0	0	3	2	0
5001〜10000人	17	17	15	16	8	6	16	10	11	4	3	5	0	0
10001〜20000人	1	1	1	1	1	1	1	1	1	1	1	1	0	0
20001人以上	2	2	2	2	1	1	2	2	2	0	0	0	0	0
無　記　入	5	4	4	3	0	0	3	0	0	0	0	0	0	0
合　　計	283	253	198	217	73	60	202	92	90	42	17	48	13	7
民間合計	151	125	83	88	25	25	86	49	25	42	15	17	7	7
民間比率（％）		82.8%	55.0%	58.3%	16.6%	16.6%	57.0%	32.5%	16.6%	27.8%	9.9%	11.3%	4.6%	4.6%
行政・自治体	132	128	115	129	48	35	116	43	65	0	2	31	6	0
行政・自治体比率(%)		97.0%	87.1%	97.7%	36.4%	26.5%	87.9%	32.6%	49.2%	0.0%	1.5%	23.5%	4.5%	0.0%
全体合計	283	253	198	217	73	60	202	92	90	42	17	48	13	7
全体比率（％）		89.4%	70.0%	76.7%	25.8%	21.2%	71.4%	32.5%	31.8%	14.8%	6.0%	17.0%	4.6%	2.5%

出所：日本経営協会『人材白書2011』９頁

最後に，2000年代前半から現在に至るまでの企業内教育を考察するにあたっ
て，日本経済団体連合会（以下では経団連と表記）の提言を見てみたい。経団
連は，10年5月に『経営環境の変化にともなう企業と従業員のあり方〜新たな
人事労務マネジメント上の課題と対応策〜』を発表した。提言は，5つの視点
からなされているが[17]，それに対する対策として，旭化成，アサヒビール，花
王，キャノン，資生堂，凸版印刷，トヨタ自動車などの企業における事例を参
考に具体的な対策が提言されている。そのなかで，「教育訓練体制の強化」の
部分が本書の企業内教育と関連すると思われるので，その内容について言及し
たい。教育訓練体制の強化は，4つの提言から構成されている[18]。1つ目は，
教育訓練の体系が中期経営計画と連動する形で人材育成方針が策定されて，そ
れに基づいてOJTとOff-JTの両面で訓練が実施されており，なかには企業内
大学が設置されている企業もある。経団連の企業事例では，人材育成を重視し
ている姿勢を経営者の「本気」度を従業員に見える形で示すことにより，従業
員の教育訓練に対する信頼度を高める効果があることが報告されている。
　教育訓練体制の強化の2点目は，「OJTを補完する仕組みの導入」である。
経団連の課題認識のなかで，OJTをベースにした教育訓練機能の低下が大き
な問題として挙げられている。こうした点を踏まえ，経団連の企業事例では，
OJTを制度的に支援するために，中堅社員が新入社員の教育係としてマンツー
マンで育成するメンタリング制度を導入している企業が多い。企業事例では，
こうしたメンタリング制度を効果的に実施するために，会社としてメンターと
メンティーへのバックアップとしてフォロー体制が整備され，メンタリング活
動を評価する仕組みなどが導入されていることが報告されている。今後の課題
としては，メンターの業務の負担を軽減する措置の検討があげられている。
　教育訓練体制の強化の3点目は，「従業員の主体的なキャリア形成の支援」
である。すでに，第5段階の企業内教育のところで，個人のキャリア自律を支
援する新たな動きがあることは指摘したが，経団連の提言にも個人の主体性に
基づくキャリア開発の支援が重要になっていることが指摘されている。企業事
例においては，個人の主体的なキャリア形成に向け，年間の人事異動の約7割

が社内公募制で運用されている事例も報告されている。また，目標管理制度における目標設定や達成度評価に際しては，個人のキャリア形成についての計画を立てさせ，進捗状況を確認するなどの工夫を行っている企業も見受けられる。さらに，個人が自主的に選択できる集合研修や多彩な自己啓発を支援するため，外部有識者によるオープンセミナーなどが準備されている。

　教育訓練体制の強化に関する提言の最後は，「円滑な技能伝承に向けた取り組み」である。経団連によるこの提言がまとめられたのが，10年である点からみると納得性があるが，提言の中で団塊の世代の保有する技能，技術，ノウハウを若手従業員に伝承する仕組みや制度を作ることが強調されている。10年に作成された提言である点を考慮に入れると，日本の高度経済成長を支えた大量の団塊世代が10年以内に定年を控え，ものづくりの技能が日本から消えてしまうことに対して，経営者サイドがなんらかの対策が必要であることを痛感している様子が伺える。企業事例のなかに，誰がどのようなレベルの技能を保有しているかをデータベース化して一元管理している企業もある。また，事例企業の中には，高いレベルの技能保有者を「マイスター（匠）」と認定するとともに，技能の伝承を目指す「匠塾」を開設し，マイスターがマンツーマンで指導する体制をとっている企業もある。こうした点から，経団連の企業事例においては，単に技能のみを伝承するのではなく，「ものづくり職人」としての心構えや精神までを伝授していこうとする姿勢が読み取れる。

　ところで，経団連の５つの提言には，「ミドルマネジャーをめぐる問題の解決」が挙げられているが，その対策も企業内教育と関連するので，どのような対策が企業事例で取り上げられているかを見ていく。提言の内容は「組織の中核を担うミドルマネジャーの支援・育成」[19]である。企業事例のなかでは，階層別研修を通じて，ミドルマネジャーに求められる役割や心構え，知識，スキル，リーダーシップに関する考え方などを新任管理者研修，中堅管理者研修といった具合に段階的に学ぶ機会を与えるとともに，学んだことを職場で実践できているかどうかを把握するために，定期的なヒアリングやフォローを行っている事例が報告されている。また，部下指導力の強化に関しては，コーチング

技術に加えて，コミュニケーションスキルの習得に重点を置く企業の事例が紹介されている。さらに，管理職の人事評価の評価項目に部下の指導育成や組織のマネジメントを盛り込み，考課査定のウエイトを高めることで，ミドルマネジャーに部下指導の重要性を認識させる企業の事例が挙げられている。加えて，ミドルマネジャーの課題解決能力の向上をはかるべく職場における問題解決に関する支援ツールをパソコンで常時閲覧できる仕組みを取り入れたり，ミドルマネジャーの業務負担軽減に向け無駄な会議・打ち合わせの廃止に取り組む事例まで紹介されている。

　以上，2000年代前半から現在に至るまでの第6段階の企業内教育の展開について見てきたが，一部，リーマン・ショックなどの影響で企業内教育の内容や回数を見直すなどの影響を受けたものの，新入社員教育，中堅社員教育，管理者教育などはこれまでと同様に展開された。教育内容に関しても，それほど大きな差は見受けられないが，階層別教育においては部長層などの上級管理者には，戦略的思考やビジョン構築力などの新たな視点が教育内容に加わった点が，これまでとは異なる点である。また，次世代経営者の育成は，全体的には導入率は低いものの，従業員規模の大きい大企業では，かなり高い確率で導入されている実態が見て取れた。いよいよわが国でも大企業を中心に本格的な次世代経営者の育成に対する取り組みが始まった。こうした点から，第6段階の企業内教育の特徴をまとめるならば，企業内教育の「新たな展開期」と位置づけることができよう。

（注）
(1) 小山田・服部・梶原，前掲書，164－168頁。
(2) 日本経営者団体連盟，前掲書，117－118頁。
(3) 外資系のコンサルティング・ファームであるマッキンゼー社は，多国籍企業への発展段階を大きく5段階に分けている。第1段階は「輸出」で，開発から販売までの一連の機能を有する企業が，自社の製品をディストリビューターを使って輸出する段階である。この段階では，日本本社の国際業務部門の担当者が現地のバイヤーと条件の交渉や契約書の作成，貿易実務ができる程度の語学力が必要となる。第2段階は，海外に直接の販売会社を設置し，流通チャネルやブランド管理を行う「直接販売・マー

ケティング」の段階である。ここでは国際ビジネスにおける商慣習や現地での販売網の構築などに精通した人材が必要となる。第3段階は，本文で解説した「直接生産」の段階であり，本文中で解説をしているのでここでは割愛する。第4段階は，「自己完結型海外事業」の段階で，現地の経営資源を活用し，開発からアフターサービスまで一連のビジネス展開を海外子会社で行う。海外子会社の統括やグローバルマーケティングの展開，さらにはサプライチェーンの構築などができる人材が求められる。最後の第段階は「グローバル・インテグレーション」の段階で，世界市場を1つにとらえ，グローバルな視点から最適な経営資源の調達・配分・運用ができる人材が必要となる。この段階では，日本の本社がmotherとなり，海外子会社がdaughterとなるような垂直的な関係ではなく，1つの企業文化により連携した世界3極ないしは4極体制の本社機能となり，日本人，外国人の区分はなく，公用語も英語となる（詳しくは大前研一（1987）『大前研一の日本企業の生き残り戦略』プレジデント社を参照のこと）。

(4)　小山田ら，前掲書，196頁。

(5)　全日本能率連盟人間能力開発センター編，前掲書，238−239頁。

(6)　江幡，前掲書，9頁。

(7)　江幡，前掲書，10頁。

(8)　日本経営者団体連盟，前掲書，194頁。

(9)　詳しくは，谷内篤博（2016）『個性を活かす人材マネジメント』勁草書房，66−75頁を参照のこと。

(10)　ポーターとローラー（Porter, L. W. & LawlerⅢ, E. E.）は，修正版期待理論において人間のモチベーションを以下のような数量化モデルで表しており，モチベーションの見える化を試みている。

$$M = \Sigma\,[(E \rightarrow P) \times \Sigma\,\{(P \rightarrow O) \times V\}\,]$$

　　※　M：Motivation　E：Effort（努力）　P：Performance（業績）　O：Outcomes（報酬）　V：Valence（誘意性＝行為主体からみた報酬の魅力）

　　※　E→Pは0〜1　P→Oは0〜1　Vは−1〜1

　　この公式に従えば，われわれは努力をして（E）何かを達成できる（P）と思えば思うほど，何かを達成して（P）報酬をもらえると（O）思えば思うほど，また報酬が自分にとって魅力が（V）があればあるほど，人間のモチベーションは強く発揮されることとなる。誘意性（V）のスコアが−1〜1になっているのは，売上を達成しても，金銭的報酬だけでなく，周囲や同僚からのやっかみや批判があった場合には，誘意性は−になる場合があることを意味している。

(11)　詳しくは，谷内，前掲書，76−85頁を参照のこと。

(12)　根本孝（1998）『ラーニング・シフト』同文舘出版，86−87頁。

(13)　日本能率協会の専門誌『人材教育』の編集部は，1994年10月に企業の人材育成の現状を踏まえ，今後の方向を探ることを目的に人材育成課題に関するアンケート調査を実施した。対象は，同編集部が人材育成に積極的に取り組んでいると考えられる100社を有意にピックアップし，アンケートを送付した。32社（製造業15社，非製造業17

社）より回答が得られている。

⒁　労務行政研究所は，2011年 2 月から 3 月にかけて，自社で刊行している『労政時報』の労政時報クラブに登録している人事担当者5,072人を対象に，ウェブによる「企業の教育研修に関する実態調査」を実施した。回答は203社より得られた。調査結果は『労政時報』第3800号（2011.6 .24）に掲載されている。

⒂　産業能率大学総合研究所は，2010年 2 月から 3 月にかけて，従業員300人以上の企業4,231社を対象に，「経済危機の人材開発に関する実態調査」を実施。回収件数は200件で，回収率は4.7％。

⒃　日本産業訓練協会（2006）『第10回産業訓練実態調査』15頁。

⒄　経団連は，職場における 5 つの課題に対し，①組織・職場における一体感の醸成に向けた取り組み，②教育訓練体制の強化，③ミドルマネジャーの支援・育成，④従業員個々人の意思を踏まえた人事諸施策の実施，⑤海外拠点および外国人労働者のマネジメントの充実の 5 つの対策を提言としてまとめている。

⒅　日本経営団体連合会（2010）『経営環境の変化にともなう企業と従業員のあり方〜新たな人事労務マネジメント上の課題と対応〜』18−21頁。

⒆　日本経営団体連合会，同上書，21−23頁。

第4章
現行企業内教育の特徴と今後の動向

1 わが国の企業内教育の特徴と課題[1]

　すでに第1章で述べたように，わが国の企業内教育はOJTを核に，Off-JT，SD（自己啓発）が連動する形で展開されてきた。Off-JTは，人事部がつかさどる階層別教育と営業や生産などの各職能部門がつかさどる職能（専門）別教育の2つから構成される（17頁図表1－2参照）。こうした3つの体系から成る企業内教育には，いくつかの点で大きな特徴がある。まず特徴の1つ目は，集合教育は人事部が主催する階層別教育を中心としているため，すでに序章でも述べたように，次世代経営者やグローバルリーダー，プロフェッショナルが育たないような教育になっている。階層別教育の内容は，MTPに代表されるように，部下指導や仕事の管理，組織運営などに焦点があてられた教育になりやすく，グローバルな視点から経営ビジョンを策定し，グローバル経営や本格化しつつあるグループ経営を牽引できる経営人材や次世代経営者を育成することが極めて難しい。階層別教育は，企業内部における各階層の全体的な底上げをはかる目的で展開されるもので，人事制度と連動し，人事制度における期待される能力の修得に重点が置かれている。階層別教育は，高度経済成長期や企業が創業から成長する時期においては，職場を管理し，部下を統率し，効果的に組織を運営する管理職は必要不可欠な存在で，階層別教育はその育成に注力してきた。しかも，同期入社に基づく同年次管理による昇進管理を展開してきた日本においては，階層別教育による底上げ教育と日本的雇用システムの特徴の1つである年功昇進は親和的であった。しかし，これから求められるのは，未来に向かってグローバルな市場で新たな競争優位を獲得して経営を牽引でき

る経営人材である。いよいよ，わが国においても，従業員の底上げ教育から脱却した“エリート教育”が必要な時代に入ってきたといえよう。

　現行の企業内教育の特徴の2点目は，個人のキャリア形成の視点が欠落している点である。わが国の企業内教育は，OJTを中心にそれを補う形でOff-JT，なかでも階層別教育を中心に展開される。OJTは職務遂行に必要な知識や技能の修得を中心に，階層別教育は人事制度において求められる能力や階層ごとに求められる役割を修得すべく実施される。従って，両者の教育には，職業生活における個人のキャリア形成という視点が欠落してしまいがちになる。すでに，序章でも述べたように，バブル経済崩壊後は，われわれの生き方も企業に依存する他力本願的な生き方ではなく，自助努力で自らの手で自分の人生を切り拓くとともにキャリア形成においても個人の主体性による自律的キャリア形成へと変化しつつある。さらに，若年層中心に組織観や職業観が変化し，組織への帰属意識が低下し，仕事志向が高まりつつある。こうした仕事志向に裏打ちされた若年層は，スペシャリスト志向やプロフェッショナル志向が強く，昇進の多様化を希求するとともに，これまでのようなゼネラリスト育成に向けた単一のキャリア形成を望んでいない。今後は，個人のキャリア自律を促進させるような新たなキャリア形成のあり方が必要となってこよう。

　現行の企業内教育の特徴の3点目は，経営戦略との連動性に欠けている点である。現行の企業内教育は，短期的な視点から職務遂行の修得や組織・職位に求められる役割を果たすことに主眼が置かれて展開されている。本来，企業内教育とは長期的な視点に立ち，組織の経営戦略を達成するために展開されるもので，場当たり的に展開されてはならない。しかし，多くの企業では，実施してきた企業内教育の効果測定を受講者から提出されたアンケート調査の結果を分析するのみの安易な効果測定にととどまり，教育の経済的効果や費用対効果まで精査しないまま，従来の教育が踏襲されている。教育部門スタッフの戦略思考や自社の経営戦略に対する理解力が極めて重要となる。

　現行の企業内教育の特徴の4点目は，教育の場が企業内に限定されている点である。現行の企業内教育は，終身雇用を前提に企業固有の技能（firm-

specific-skill）の修得をはかるべく，定年までの長い時間をかけて展開される。
修得した技能や能力は，特殊性が強く，外部の企業では応用できない非汎用的
な技能，能力であるため，企業は教育した人材の外部流出を心配することなく，
安心して教育投資を行うことができる。また，終身雇用を前提としているため，
教育に要した費用を従業員の能力向上，それに伴う生産性向上により回収する
ことができる。そうした点においては，現行の企業内教育は，終身雇用と親和
的であると同時に，経済合理性の高いものといえる。しかし，序章やこれまで
に述べてきたように，若年層における仕事志向の高まりにより，雇用の流動化
や"job hopping"が本格化しつつある。また，前章で述べたように，社外で
通用する専門能力の育成に向け，エンプロイアビリティの確立を目指すことを
提言した日経連の主張のごとく，わが国の企業内教育には，企業の枠を超えた
新たなキャリア形成や高度な専門性の修得に向けた新たな仕組みや制度が必要
となっている。

　現行の企業内教育の特徴の5点目は，個人の行動環境に配慮がなされていな
い点である。企業内教育で重要なことは，修得した知識や専門性，スキルなど
を教育終了後に各職場に戻りそれらを実際の業務や職場にいかに適用し，実践
していくかということである。しかし，企業内教育においてよく耳にする言葉
が，"教育は今日行く（きょういく）"，つまり，会社から指名され教育に参加
したことを，"教育をただ受けに行く"といった消極的学習態度で受講するこ
とを意味しており，教育が終わった後に修得したものを実際に仕事や職場に適
用することなく，元の木阿弥状態に戻ったことを表している。企業内教育にお
いては，修得したものを実際の仕事に適用すると同時に，修得したスキルを行
動に転化していくことが強く求められる。そのためには，教育の受講者が修得
したものを行動転化できるような環境づくりが必要となる。われわれ人間は，
動物と同様に，周囲の環境と共存しながら生きていく。行動科学者のレビン
（Lewin, K.）は，人間の行動原理を $B = f(P, E)$ で表している。この公式の
意味するところは，人間の行動（Behavior：B）は，個人（Person：P）と行動
環境（Environment：E）である職場環境や組織風土との関数（function：f），

つまり相乗効果で引き起こされることとなる。レビンは人間の行動における環境の重要性を指摘している。レビンのこうした考え方を，リーダーシップの研究者であるフィードラー（Fiedler, F.E.）は，図表4－1のような4つのスクリーンの概念を援用して説明している。

図表4－1　4つのスクリーン

出所：筆者作成

　この図の意味するところは，企業内教育の目的は，個人の業績（performance）を最大限に発揮させるために，前提となる職務遂行能力（task ability）および状況によって能力を使いこなす理性・知性（intelligence）を修得させるとともに，第1スクリーン，第2スクリーンに見られるように，個人のやる気を引き出し，やる気が持続できるような経験をさせることにある。さらに，個人の業績を達成させるには，第3スクリーンに見られる職場の人間関係を円滑にし，第4スクリーンに見られる上司との関係，つまり上司が発揮するリーダーシップを効果的なものにしていくことが必要となる。レビンが主張する環境とは，図表4－1における第3および第4スクリーンを表している。企業内教育では，図表4－1における前提となる能力および第1スクリーン，第2スクリーンに記載された内容を向上させるべく展開される。つまり，企業内教育はレビンの行動原理における個人（P）に対する能力向上ややる気を喚起するもので，行動環境（E）である職場環境や組織風土に対する教育は含まれていない。企業内教育の教育効果を高めるためには，個人のディベロップメントのみならず，その行動環境ともいうべき組織風土や職場環境に対する改善も必要となってく

る。組織風土や職場環境の改善は，個人に対する能力開発がHRD（Human Resource Development）と呼ばれているのに対し，OD（Organization Development）と呼ばれており，HRMにおいても重要性が指摘されている。

　現行の企業内教育の特徴の6点目は，知識や能力の修得に偏った教育になっている点である。Off-JTにおける階層別教育や職能別教育は，各階層や各職能に求められる知識や能力の修得に重点が置かれている。教育技法としては，座学による講義を中心に必要な教育内容を受講者に刷り込んでいくアウトサイド・イン（Outside-In）型教育方式が中心で，受講者は受動的な学習プロセスにより教育内容を受け入れていく。いわば，知識の詰込み型の教育になっており，修得したものを仕事の場面や職場へ適用しにくいと同時に，態度変容や行動転化につながりにくい。前章のコンピテンシーに関して述べたように，能力を保有させるだけでなく，行動に結びつけて結果を導き出していけるような教育が求められている。今後は，講義形式で修得した知識や能力を実際に仕事や職場に適用していく経験学習との融合が必要となってこよう。

　現行の企業内教育の特徴の7点目は，教育のメンテナンスを軽視している点である。実施した教育効果の測定に関しては，これまでも述べてきたように，多くの場合，受講者に対するアンケートを実施する形で行われている。しかも，アンケートは教育終了時に行われることが多く，提出先が人事部となっており，受講者は研修内容に率直な気持ちで回答しにくい状況となっている。その結果，受講した教育内容を的確に評価できず，高く評価してしまう傾向に陥りやすい。教育部門のスタッフは，このような傾向に陥ったアンケート結果を鵜呑みにしてこれまでの教育を盲目的に継続してしまいがちになる。当然，教育内容の見直しやメンテナンスも施されることは少ない。教育効果を教育内容や生産性の向上，費用対効果などの経済的側面からも的確に評価し，その分析を踏まえると同時に，戦略達成に必要な教育ニーズを捉えて教育内容のメンテナンスを実施することが強く望まれる（教育効果の測定については第1章第3節集合教育の効果測定を参照のこと）。

　現行の企業内教育の特徴の8点目は，教育の実施が外部依存型で展開されて

いる点である。企業内教育の実施・展開は，多くの場合，外部の教育専門会社やコンサルティング会社の講師に大きく依存して実施されている。教育内容は会社の個別ニーズに照らし，自社版の教育プログラムになっているはずであるが，その実態は汎用的な教育プログラムであるケースが多いのが実情である。教育部門のスタッフが，教育内容の策定において主導的役割を果たしていないのは問題であり，企業内教育が自社の抱える固有問題に対する解決に寄与できなくなる危険性がある。教育部門のスタッフも教育に係る専門的知識や研修技法に関する知識を深めるとともに，教育内容の策定においても主導的役割を果たしていくことが必要となる。

　現行の企業内教育の特徴の最後は，OJTを企業内教育の実施の言い訳に使う点である。多くの企業では，"御社の企業内教育はどこに力点を置いて実施していますか"といった質問に対し，異口同音，"わが社はOJTを中心に教育を展開しています"と答える。確かに，企業内教育の中核はOJTであることには間違いがないが，第1章で述べたように，OJTには教える側の上司や先輩社員の能力や経験，さらには教育に取り組む熱意により，教育効果が大きく左右されてしまう。その欠点を補うべく，Off-JTが必要となり，階層別教育等でOJTにより発生した教育効果の格差を埋めていく必要がある。わが国では，成果主義の傾向が強まるとともに，管理職のプレイングマネジャー化が進み，部下指導に充てる時間が大きく制約され，OJTの形骸化が発生しつつある。OJTは，その功罪を十分踏まえ，Off-JTとの効果的連動をはかる形で展開することが望ましいと思われる。

2　企業内教育の今後の動向[2]

　このようなわが国の企業内教育の特徴と課題を踏まえ，企業内教育の今後の動向を見ていきたい。今後の企業内教育の方向性は，大きく分けると，次のようになる。

(1)　階層別・指名方式の教育から自律型・選択型教育への転換

　前述したように，バブル経済崩壊後は会社に依存する生き方を転換し，自らの主体性で人生を切り拓いていくと同時に，キャリア形成においても自律的なキャリア形成が必要となりつつある。また，若年層を中心に組織観や職業観が変化し，仕事志向が強まり，将来のキャリア設計においてもスペシャリストやプロフェッショナルとしての働き方を希求するようになっている。

　このような個人の主体性による自律的なキャリア形成や仕事志向に裏打ちされたスペシャリスト，プロフェッショナルという働き方を希求する若年層には，これまでのような会社が必要とする能力の修得に向けた画一的で全体底上げをはかる階層別教育では，彼らの教育ニーズに応えていくことはできない。個人のキャリア形成をベースに，従業員の自律性を高め，組織の成果に貢献できる高度な専門性を修得できるような教育機会を与えていくことが必要となる。そのためには，会社から指名されて参加する階層別教育に加えて，個人主導のキャリア開発が可能となるような教育内容を選べる「選択型教育」の導入・展開が必要となる。

　選択型教育の設計にあたっては，まず従業員が望む教育ニーズと企業が戦略達成に必要となる能力の両面から教育ニーズを拾い上げることが必要となる。その際，留意すべき点はただ単に専門能力開発の視点のみではなく，技術，営業，製造，管理などの職種横断的に，全社員として共通に保有しておくべき汎用能力も視野に入れて，教育ニーズを拾い上げることである。実際に選択型教育を導入している横河電機では，選択型教育は全職種横断的に必要な課題対応力開発と人間対応力開発から成る「汎用能力開発」と，事業別，機能別，職種別の「専門能力開発」の2つから構成されている（詳しくは『労政時報』第3693号参照）。次に，重要なことは拾い上げた教育ニーズに対応した教育コースおよび教育内容を設計することである。コースや教育内容によっては，外部講師の招聘も必要となる。最後は，こうした選択型教育を従業員に対しどのような形で告知していくかである。階層別教育は人事部の強制力で教育を受講さ

せることができるが，選択型教育は個人の自己責任で教育内容を選択するため，選択型教育の内容の見せ方や告知の仕方を誤った場合，受講者を集めることができず，教育の実施すらできなくなる。

　ところで，選択型教育を効果的に導入・展開していくためには，少なくとも2つのサブ・システムが必要となる。1つは個人のキャリア自律を支援するキャリアカウンセリングシステムの導入やキャリアデザイン教育の実施である。企業のなかに自分の描くキャリアビジョンの参考となるロール・モデルが存在していない場合は，自らのキャリアゴールを具体的にイメージすることができない。これまでの自己のキャリアの棚卸を行い，有能感を伴う自分らしさが醸成できるようなキャリア形成をはかっていくには，客観的な視点からキャリアアドバイスができる専門的なキャリアカウンセリングが必要になる。合わせて，自らが自律的にキャリア選択できるようなコース別人事制度や仕事を選択できるフリーエージェント（FA）制度などの導入の検討も必要となってこよう。

　もう1つは，e-learningをベースにしたオンライン教育の展開である。選択型教育を実効あるものにしていくためには，集合教育だけでなく，個人が自己のキャリアプランに合わせて好きな時間に自由に学習することができるオンデマンドなオンライン研修も必要不可欠となる。e-learningは，導入に向けた初期コストは発生するものの，将来的な教育コストの削減や教育機会の均等化など，企業，個人双方にとってメリットが大きく，教育効果も大いに期待される。

(2)　企業固有技能の修得からエンプロイアビリティの修得への転換

　グローバルレベルでのナレッジ競争の激化，DXを活用した経営イノベーションの展開，さらには若年層に見られるスペシャリスト，プロフェッショナル志向の高まりなどの環境変化に応えていくためには，高度専門人材の養成に向けた教育が必要となり，これまでの企業内教育のあり方にも大きな変革が必要となる。すでに何度も述べて来たように，これまでの企業内教育は新卒採用で入社してきた従業員に，終身雇用を前提にOJTや階層別教育，職能別教育を通じてその企業固有の技能を修得させてきた。こうして修得した技能は，非

汎用的な技能であるため，勤めている会社のみという狭い範囲での通用性しか
なく，また，その専門性のレベルも市場性を反映した高度なものではなく，企
業内部での評価による限定的なものとなる。今後求められるのは，外部でも通
用する高度な専門能力である。

　このような外部でも通用する高度専門能力を表すものとしてエンプロイアビ
リティに関心が高まっている。エンプロイアビリティに関する説明はすでに前
章で行っているので，ここではその育成の仕方について見ていく。エンプロイ
アビリティは，1990年代に欧米を中心に失業率の高まりに対する懸念や内部労
働市場を中心とした雇用慣行の優位性の低下などを背景に登場したものである
が[3]，端的に表現するならば労働市場価値を含んだ職業能力である。つまり，
内外の労働市場で通用する職業能力である。従って，エンプロイアビリティに
は，現在勤めている企業内で継続的に雇用されうる内的エンプロイアビリティ
と，外部の他の企業でも雇用されうる外的エンプロイアビリティの二面性があ
る（79頁図表3－6参照）。こうした他の企業でも雇用され，転職が可能とな
るエンプロイアビリティを修得していくには，2つの点が重要となる。1つは，
教育の場を企業内に狭く拘泥することなく，学びの場を企業の外部にも広げて
いくバウンダリーレスキャリアを認めていくことである。つまり，組織を超え
た越境学習を認めていくことである。高度な専門能力はこのような越境学習を
通じて可能となる。バウンダリーレスキャリアは第7章で詳しく述べるので，
ここではバウンダリーレスキャリアの運用上の留意点を挙げておく。バウンダ
リーレスキャリアは，企業から外部に派遣されてキャリア形成をはかる外部ト
レーニー制度とは異なり，主に個人のネットワークを活用して新しい知や最先
端の情報に触れて学習するもので，いわばコミュニティ・ベースド・キャリア
とも呼ばれている[4]。個人のネットワークを活用するということは，単に専門
性を高めるための場のみならず，それは次の新たな仕事を見つける場でもある。
従って，エンプロイアビリティの修得に向け，バウンダリーレスキャリアを展
開する場合は，「個人が所属する組織の境界を往還しつつ，自分の仕事や業務
に関する内容について，学習・内省する」ことが重要となる（中原，2012）。

99

加えて，個人のなかで往還と内省をするだけでなく，個人が修得したものを個人の暗黙知から組織知・形式知に置換すること，すなわち職場における組織学習につなげることまでを考慮にいれておく必要があると思われる。

　もう1つは，エンプロイアビリティの修得のために，新たな教育機関として企業内大学（CU）を設置し，高度専門能力習得に向けた教育を展開することが求められる点である。企業内大学の設置はグローバル企業である電気メーカーや自動車メーカーなどにおいてその設置が進んでいるが，広告代理店の博報堂や損害保険会社の損保ジャパンなど製造業以外においても設置されている。企業内大学については第6章で詳しく解説をするが，重要なポイントは，教育内容や教育コースなどを策定する際には，大学や外部の専門教育機関などと連携して進めることである。

(3)　場当たり的教育からCDPに基づく長期的・系統的教育への転換

　企業内教育は，本来，経営戦略や事業戦略を達成するために求められる能力や技能などを修得するために実施されるものであるが，多くの場合，人事部や教育スタッフが企業の戦略策定のプロセスに参画できていないためか，人事部や教育スタッフの思い付きや独りよがりな視点で企業内教育が展開されてしまい，戦略との連動性に欠けた場当たり的な教育に陥りやすい。企業内教育の展開で重要なのは，経営戦略や事業戦略の展開に求められる教育ニーズと個人のキャリアニーズを図表4－2のようにすり合わせていくことである。そのためには，CDP（Career Development Program）に基づく長期的かつ系統的な人材育成を行っていく必要がある。

　CDPには，経験すべき職種を表す「キャリア・パス」（career path），経験すべき職種や役割の難易度を表す「キャリア・レベル」（career level），期待する人材群に必要となる職種分野を表す「キャリア・フィールド」（career field）の3つの要素が必要である。こうしたCDPの3要素に基づいて，戦略達成に向け長期的な視点から系統だった人材育成が展開される。CDPの具体

図表4－2　CDPをベースにしたキャリア形成

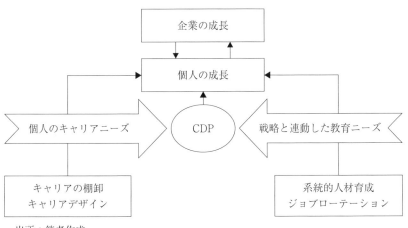

出所：筆者作成

　的展開をイメージするために，シャイン（Schein, E. H., 1978）の「組織の3
次元モデル」を援用してCDPの展開を見ていきたい（図表4－3参照）。キャ
リア形成の第1次元は，「階層の次元」（図表では職階と表記）で，昇格・昇進
を通じて組織の偉さを表す階層を登っていくことを意味している。これはいわ
ば“タテの移動”を通したキャリア形成ともいうべきもので，管理職に昇進す
ると求められる能力や役割が大きく変わり，さらにはこれまで見てきたマネジ
メントの視界とは異なる新たな視界が見えるようになり，個人を大きく成長さ
せることにつながる。これは，CDPの3要素でたとえるならば，キャリア・
レベルに相当する。
　第2次元は，「職能の次元」で，個人のキャリア形成の幅を広げることを意
味している。たとえば，生産現場でものづくりを担当している人は，顧客の顔
が見えないまま製造業務に奔走しており，自社製品のメインユーザーの特徴を
知るために営業部門を経験した後に，再び製造部門に戻れば，ものづくりに対
するアイデンティティや責任感などが醸成される。それがひいては改善や製造
工程の見直しなどにつながることも期待される。同じように，営業業務に従事
している人も，生産部門を経験し，自社製品の品質や製品の良さを確認できる

と，顧客に対する営業の仕方も変わる可能性がある。このように，各職能分野の従業員のキャリアの幅を広げることにより，担当する職能に対する専門性を深化させることが，第2次元に期待されることで，これはいわば“ヨコの移動”を表しており，CDPの3要素のキャリア・パス，キャリア・フィールドに相当する。

図表4－3　シャインの組織の3次元モデル

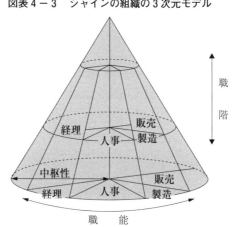

出所：Schein, E.H., *Organizational psychology*, 3rd ed.Englewood Cliffs, NJ；Prentice-Hall, 1980.（松井賚夫（訳）『組織心理学』岩波書店，1981，19頁）

　最後の次元は「中心化の次元」で，図表4－3においては中枢性と表記されている。これが意味するところは，ラインからスタッフへの移動に見られるように，組織におけるより重要な部門へのキャリア移動を表している。組織の外縁（マージナル）から中枢への移動を通じて重要な意思決定に参画がすることが，個人の成長を促すことにつながる。CDPの3要素に当てはめるならば，キャリア・パス，キャリア・レベルに相当する。シャインの組織の3次元モデルを活用していくには，これら3次元をバラバラに運用するのではなく，この3要素を相互に関連させて個人のキャリア形成につなげていくことが重要となる。

⑷　個人の能力開発（HRD）から組織開発（OD）への転換

　すでに言及したように，わが国の企業内教育は個人の能力向上に重点が置か
れ展開されてきた。人材育成を効果的に推進する場合，レビンが主張するよう
に，個人に対する教育と並行して個人の行動環境ともいうべき職場環境や組織
風土に対する開発，いわゆる組織開発（OD）を行うことが極めて重要となる。
企業内教育において重要なことは，個人が教育を通じて修得した知識や能力，
スキル，専門性などを実際の仕事や職場に適用することができてこそ，教育効
果があったとみなされるので，個人と個人の行動環境である組織風土の双方に
対する開発は企業内教育のテーマとすべきものと考えられる。これまで人的資
源管理（HRM）や人材開発（HRD）の領域では，組織開発は論じられること
は少なく，もっぱら組織行動論（OB：Organizational Behavior）や行動科学，
組織心理学などの分野で論じられることが多かった。今後，ODはHRMの領
域に含まれてくるものと思われる。

　ところで，個人の行動環境ともいうべき組織風土は，経営トップのリーダー
シップや会社の方針，ビジョンなどによって醸成されるマクロ的組織風土と，
個々の管理職が自己のマネジメント・スタイルやリーダーシップの発揮などを
通じて作り上げる職場風土，すなわちミクロの組織風土の二面性がある。わが
国における組織開発は，特に生産部門などを対象に展開されたQC活動と連動
した小集団活動としての色彩が強い。生産部門の従業員に対する教育的要素と
品質向上を目指した小集団的活動は，組織全体の活性化をはかる組織開発とは
趣を異にしており，職場開発的な組織開発に留まってしまい，組織開発として
の効果の波及は限定的とならざるをえない。組織開発を組織全体の活性化にむ
け，効果的な形で展開していくには，変革に向けた旗振り役としての経営トッ
プの巻き込みや変革推進者としてのミドルの意識改革，さらには変革に向けた
手法，技法の修得などが必要不可欠となる。

　組織開発に関する詳しい解説は控えるが，ここではその具体的方法について
概説しておきたい[5]。組織開発の具体的方法は，大きく2つに区分される。1

つは，個人の行動環境に対するアプローチである。主な対策としては，分権
化・統合化，職務の専門性，指揮命令系統，統制の幅（span of control）など
の多角的な視点からの「組織構造の見直し・再設計」，個人の貢献と会社が提
供する誘因（報酬）の公平性が保たれる「新たな報酬制度の導入」，行動環境
ともいうべき「組織風土の変革」，個人の自律性や創造性が発揮できるような
「職務の再設計」などが考えられる。

　もう1つは，個人に対するアプローチである。この対策としては，個人の役
割知覚（role perception）や対人感受性，自己洞察力を高める「センシティビ
ティ・トレーニング（ST）」，組織開発に向けた改革活動の推進母体となるべ
きチームづくりに向けた「チーム・ビルディング」などが考えられる。

(5)　潜在能力（ability）の向上から顕在能力（competency）の向上への転換

　根本（1998）によれば，図表4-4に見られるように，組織に必要な能力は
4つに分類される[6]。わが国の企業内教育は，1970年代以降，職能資格制度が
普及するのにともない，図表4-4における職務遂行能力（job ability）の修
得をはかることに重点をおいて展開されてきた。企業内教育において強化され
てきた職務遂行能力であるが，能力としては潜在的要素が強い能力であるため，
勤続年数とともに能力が向上してしまい，能力主義的人事制度であるにもかか
わらず，職能資格制度は年功的運用に陥ってしまった。そこに，90年代初頭に
バブル経済が崩壊し，成果主義が強まるなか，企業内教育においても，保有能
力であるabilityよりも，成果や業績と結びついた行動に表れた能力である
competencyに関心が移っていった（図表4-4参照）。コンピテンシーについ
ては，すでに前章の第2節で解説したように，高業績者（high-performer）に
共通に見られる行動に示された能力であるが，能力の特性として一部不安定さ
があるため賃金との連動は難しいものの，能力開発に活用していくことは望ま
しい（図表3-5参照）。成果主義が普及しつつある環境下においては，企業
内教育の重点もこれまでの潜在能力であるabilityよりも顕在能力であるcompe-

tencyへと移っていくものと思われる。重要なのは，competencyの対象となる高業績者の特定とその行動や能力，態度などを抽出し，コンピテンシー・ディクショナリーとしてまとめ，いかにして企業内教育につなげていくかということである。さらに，こうした個人レベルのコンピテンシーを他社への競争優位につながるコア・コンピテンス（core competence）とどう連動させていくかということも重要な課題となってこよう。

図表 4 － 4　　能力マップ

出所：根本孝（1998）『ラーニング・シフト』同文舘，78頁に加筆修正

(6)　アウトサイド・イン型教育からインサイド・アウト型教育への転換

　従来の企業内教育は，OJTや階層別教育を中心に展開されており，職務に必要な知識や能力，スキルなどを講義方式の詰込み型の教育で修得するアウトサイド・イン型教育が中心となっている。こうしたアウトサイド・イン型の教育は，知識やスキルの修得が中心となるため，受講者から見ると受動的学習スタイルとなり，訓練としての色彩が強く，修得したものを実際の職務やマネジメントの場面等で活用することが難しい。

　このような詰込み型の教育のやり方では，従業員個々人のキャリアの自律を促すことにもつながらず，受講者の主体性や創造性を引き出すことは極めて難しい。今，求められているのは，グローバル競争が激化するなか，競争優位の

源泉となる新たな価値やナレッジを生み出すことができる人材の育成・輩出である。そのためには，これまでのような詰込み型教育で何かを覚える，学ぶといった教育スタイルから脱却し，従業員の主体的，能動的学習を促すとともに，実践や応用を重視した教育スタイルに変更していかなければならない。実践や応用を重視した教育スタイルは，インサイド・アウト型教育[7]と呼ばれており，学んだことを実際の業務や状況に当てはめて実践してみる点に特徴がある。つまり，学んだ知識やスキルを実際に活用して体得していく教育スタイルである。たとえば，分かりやすい事例を挙げるならば，グローバル経営者の育成プログラムの受講者に，教育終了後，実際に海外の子会社の経営トップを経験させて，グローバル経営のあり方，グローバルマーケティングの展開，さらには異文化理解，異文化間コミュニケーションのあり方を体得してもらうケースなどが考えられる。この事例からもわかるように，インサイド・アウト型教育は，講義方式の理論学習と経験学習とを融合させた混合型の教育とみなすことができる。

　インサイド・アウト型の教育を実際に展開していくには，経営課題と直結したケーススタディやシミュレーションを取り入れた教育，異業種交流への参加，外部企業へのトレーニー派遣など，教育内容にも工夫が必要である。さらに，経験学習も含む点を考慮にいれると，アウトサイド・イン型教育のような短期間の教育ではなく，長い教育期間の設定なども必要となってくる。

(7)　管理者育成の教育から経営人材育成の教育への転換

　わが国の人事管理は，集団主義に基づき全員を包摂した一元的な管理が展開されており，キャリア・パスも管理職になるための単一のキャリア・パスが設定されている。従って，自ずと企業内教育も階層別教育を中心に管理職育成に向けた教育が積極的に展開されてきた。序章においても述べたように，これからの時代において求められているのは，グローバルな視点で事業を創造し，イノベーションを通じて企業価値を高めることができる経営人材で，次世代リーダー，グローバルリーダーなどさまざまな呼び方がされている。

　このような経営人材を育成・輩出していくには，これまでの人材マネジメン

トや人材育成とは異なる新たなやり方が求められる。まず必要となるのは，経営人材の候補となる人材の「早期選抜」とその育成に向けた「選抜教育」の実施，さらには経営人材に育つような「一皮むけた経験」といったサイクルで経営人材の育成を展開することである（図表 4 - 5 参照）。早期選抜と経営人材の育成は，第 5 章で詳しく解説をするので，ここでは，選抜教育を中心に解説をする。経営人材の育成に向けた選抜研修は，エンプロイアビリティのところでも述べたように，企業内大学を設置した先進的な教育展開が必要となる。企業内大学についても第 6 章で詳しく解説をするが，トヨタはグローバル・リーダー育成に向けた「トヨタインスティテュート」を設置し，トヨタウェイの共有を通して真のグローバル化を推進しようとしている。教育内容としては，トヨタウェイに基づく指導力の向上，経営知識，スキルの強化，グローバル人脈の形成などが盛り込まれている[8]。CU を通じた選抜研修の実施にあたっては，社外の一流の研究者や国内外の一流大学などと連携し，教育プログラムを策定することが重要である。

　経営人材の育成においてもう 1 つ重要なことは，図表 4 - 5 における一皮むけた経験である。これは，CU で学んだことを実践する場として一皮むけた経験をすることを意味しており，経営人材として育つための経験学習である。金井（2001, 2002）は，こうした一皮むけた経験として，全社プロジェクトへの参画，プロジェクトや新規事業の立ち上げ，海外子会社での経験，異業種交流などの他流試合への参加，社外トレーニーとしての派遣などを挙げている。選

図表 4 - 5　経営人材育成のサイクル

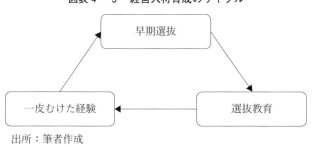

出所：筆者作成

抜教育と一皮むけた経験学習により経営人材の育成が現実味を帯びてくる。

3　人事部および教育部門スタッフの役割

　第1節の現行の企業内教育の問題点として教育展開が外部依存型になっている点，教育が戦略との連動性に欠けた場当たり的展開になっている点を指摘した。この主な原因と考えられるのは，人事部や教育部門が単に採用から退職までの一連の流れを管理する一職能部門と位置づけられ，企業の戦略策定や重要な意思決定に参加できていない点と教育部門のスタッフの教育に関する専門的知識が不足している点の2つが大きく影響しているものと思われる。そこで，企業内教育を効果的に展開していくために求められる人事部の役割と教育部門のスタッフの役割について見ていきたい。

(1)　人事部に求められる新たな役割・機能[9]

　一般的に，人事部には，要員計画に基づき労働市場から人材を調達する「人的資源確保機能」，従業員の能力向上と質的転換をはかる「人的資源育成機能」，従業員の能力や適性に応じて配置・異動をはかる「人的資源活用機能」，従業員の能力や業績を評価し，その結果を公正に処遇に反映する「人的資源評価・処遇機能」，企業と労働組合との協調的な労使関係を目指す「労使関係の安定・維持機能」の5つの機能が必要とされている。

　こうした機能を担う人事部は，企業経営に必要な職能部門で重要な位置づけを占めているが，ジャコービィ（Jacoby, S. M.）が指摘するように，組織志向的で，人事異動や管理職の選抜などに強い権力を有している中央集権的な組織となっている[10]。このような硬直性を帯びた人事部に対し，八代（1998）は批判的視点から人事部不要論を主張する[11]。

　人事部に今求められるのは，採用，配置・異動，人材育成，賃金管理などの人事部に求められる機能を重視した従来の「機能主義型人事部」から，企画部門と連動し，経営管理機能を強化した「戦略型人事部」へと転換していくこと

である。ウルリッチ（Ulrich. D.）は，人事部の役割を図表4－6におけるような4つで表している[12]。

図表4－6　競争力ある組織を築く人事部の役割

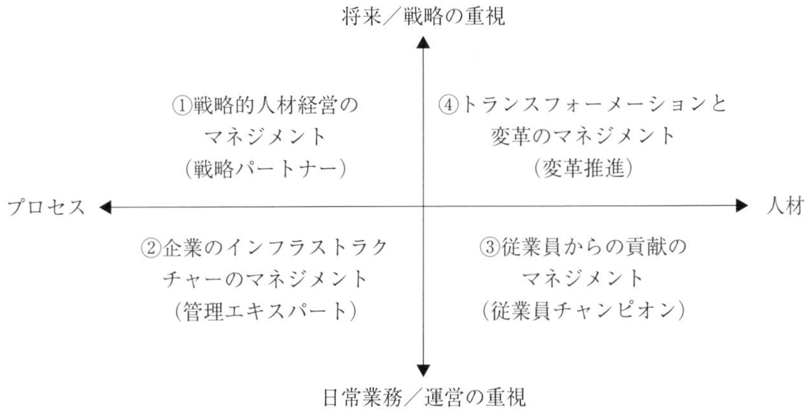

将来／戦略の重視

①戦略的人材経営の
マネジメント
（戦略パートナー）

④トランスフォーメーションと
変革のマネジメント
（変革推進）

プロセス ←　　　　　　　　　　　　　　　　　　　　　→ 人材

②企業のインフラストラク
チャーのマネジメント
（管理エキスパート）

③従業員からの貢献の
マネジメント
（従業員チャンピオン）

日常業務／運営の重視

出所：ディビット・ウルリッチ（梅津祐良訳）『MBAの人材戦略』日本能率協会マネジメントセンター，1997，34頁に加筆修正

　図表4－6における②企業のインフラストラクチャーのマネジメントおよび③従業員からの貢献のマネジメントは，生産性向上に向けたインフラストラクチャーを築いたり，従業員の能力やコミットメントを向上させるなど，日常業務やオペレーションを重視しており，前述した人事部に求められる5つの機能と同様の役割・機能を担っていると考えられる。②および③の人事部の役割は，ルーチン性が強く，オペレーションに重点をおいており，戦略との連動性に欠けている。

　それに対し，①戦略的人材マネジメントおよび④トランスフォーメーションと変革のマネジメントの2つの役割・機能は，これまでの人事部に欠けていたもので，今後の人事部に求められる新たな役割・機能である。1つ目は「戦略パートナー」としての役割機能で，戦略実現に向け，人事部が全社の事業戦略を企画・推進する経営企画部門とともに，まさに「戦略パートナー」としての役割を果たすことを意味している。これこそ人事に求められる機能を重視して

109

きた機能主義的人事が看過してきた機能・役割で，まさに人事部が経営と一体となって戦略人事を展開する部門へと昇華していくことを指している。最近，人材マネジメントの分野で，CHRO（Chief Human Resource Officer）に対する関心が高まりつつある。CHROとは，経営戦略の策定にも参加すると同時に，経営戦略に基づき人事部門を統括する人事部門の統括責任者で，人事部が戦略人事を実行可能なものにしていくためには，CHROは必要不可欠な存在となる。わが国では，まだその普及率はそれほど高くないが，サイバーエージェントはかなり早い時期からCHROを導入している。CHROのポジション・イメージは，経営戦略に応じて人的資源の再配置，報酬などを決定していくため，相当の権限やパワーが必要となり，ポジション的には副社長（vice president）ないしは専務，筆頭常務クラスが妥当と思われる。さらに，最近では，こうした戦略パートナーとしての役割に加えて，各事業部に事業戦略に沿ったHR（Human Resource）の目標を立て，各事業を推進するビジネスリーダーを支援する役割としてHRBP（Human Resource Business Partner）としての役割も注目されている。

　もう1つは，④の「変革推進者」としての役割・機能である。前節で今後の企業内教育の方向性で組織開発の重要性を述べたが，人事部は変化のチェンジ・エージェント，つまり変革推進者として，古い企業体質や伝統的慣習，さらには組織文化・風土などを変革させていく現場の旗頭として組織メンバーを率先垂範していかなければならない。

　ところで，こうした戦略パートナー，変革推進者という新たな役割・機能以外に，人事部に期待される役割・機能がある。序章でも述べたように，持株会社の普及や新規事業等の別会社化，M&Aによる経営の多角化などにより，大企業を中心にグループ経営が本格化しつつある。グループ経営の進展により，人事部が有する権限や機能を事業会社に委譲する人事機能の分権化が必要になる。各グループ会社では，それぞれの会社の特性を活かして事業展開を行っていく必要があり，当然，各会社に必要な個別の人事制度や教育制度などが必要になる。こうしたグループ会社ごとの人事制度や報酬制度，教育制度の設計は，

各社の人事部のスタッフの人数や専門能力にもよるが，各社自前で行うのは難しいと思われる。本社の人事部は，ある意味で人事コンサルタントの立場で，各社の制度設計を支援していく必要がある。もちろん，人事機能を統合して分社化するシェアードサービス会社の設置等も視野にいれてアドバイスすることが求められる。別の表現をするならば，こうした「コンサルティング機能」を有した人事部は，グループ各社に対する「サーバント・リーダーとしての人事部」[13]と位置づけることができよう。

　人事部に期待されるさらなる役割・機能は「キャリア形成支援機能」である。これまで述べてきたように，キャリア形成においては若年層を中心に仕事志向が高まるとともに，これまでのような企業主導のキャリア形成ではなく，個人の主体性や自律性を重視したキャリア形成が主流になりつつある。これは個人の責任のみでキャリア形成を行うことを意味するものではなく，キャリア形成においては個人の自律性や主体性は尊重するが，必要なものは企業が支援していくことを意味している。個人のキャリア形成においては，キャリアの節目（career transition）においてキャリアアドバイスを行うキャリアコンサルティングが必要なる。そのためには，人事部のスタッフは，キャリアコンサルティングに関する国家資格などを取得することが望ましい。さらに，組織内のワークキャリアだけでなく，人生80年を想定したライフキャリアも視野にいれた支援体制を考えていくことが望ましい。これからの人事部には，EAP（Employee Assistance Program）の導入をはかり，キャリアやメンタルヘルスに対するアドバイス，ライフプランのアドバイスなどを行っていく必要がある。本節の冒頭に述べた人事部の5つの機能に，今回新たに追加した役割・機能を加えた人事部の新たな役割・機能の全体像を示すと図表4－7のようになる。

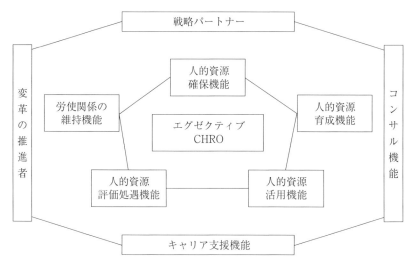

図表 4 − 7　人事部に求められる新たな役割・機能

戦略パートナー

変革の推進者

人的資源
確保機能

労使関係の
維持機能

エグゼクティブ
CHRO

人的資源
育成機能

コンサル機能

人的資源
評価処遇機能

人的資源
活用機能

キャリア支援機能

出所：谷内篤博（2016）『個性を活かす人材マネジメント』勁草書房，149頁

(2)　教育部門のスタッフに求められる役割

　企業内教育は，企業の経営戦略や事業計画を達成するために必要となる能力や専門性，スキルなどを修得させるために実施されるものである。従って，教育部門のスタッフも教育プログラムの策定や教育の実施にあたっては，企業の経営戦略や事業計画を十分理解する必要がある。前節で人事部に求められる新たな役割・機能として，人事部が経営と一体となって戦略を実現していく「戦略パートナー」としての役割を挙げたが，同様のことは教育部門のスタッフにも求められる。教育部門の分社化を行っていない企業では，教育部門は人事部のなかの１つの部署となるので，CHROより会社の経営戦略や事業計画について詳しい説明を聞いた上で，教育計画や教育内容の策定に入らなければならない。

　また，教育計画や教育内容の策定にあたっては，現場やラインの責任者にヒアリングやアンケートなどを実施して，現場の教育ニーズを把握しておくこと

が求められる。

　さらに，これまで実施した企業内教育の受講アンケートや教育に対する感想
などを分析するとともに，費用対効果，教育の経済的効果などROIの視点か
ら教育効果の分析を実施しておくことが必要となる。

　このような教育部門のスタッフには，次のような役割が期待される。

①　人材育成の専門スタッフとしての役割

　教育部門のスタッフは，企業内教育の体系づくり，教育推進組織の設計，教
育内容の策定，教育に関する諸制度，諸規定の制定，教育予算の策定と配分，
ラインの教育計画の精査とフォローなど，教育展開に必要なるコア業務を遂行
しなければならない。加えて，各職能部門で主催される職能別教育に対し，教
育プログラム作りや外部講師，教育専門会社の紹介・斡旋などの業務も加わっ
てくる。それと並行して，外部講師や教育専門会社との協議を通じて，教育プ
ログラムを策定しなければならない。そのためには，人材育成に関する専門性
が必要となり，修得した専門性で外部講師や教育専門会社の選定を行わなけれ
ばならない。さらに，付け加えるならば，教育技法にも精通し，新入社員教育
や会社固有のテーマや問題解決などの教育には，自らが社内講師として講義を
担当できることが望ましい。

　ところで，教育部門のスタッフとして最も留意すべきは，企業内教育を展開
するにあたり，人材育成に対する経営トップの考え方，方針，期待される人材
像などを事前に必ず確認しておくことである。

②　企業内教育の方向づけをするディレクターとしての役割

　教育部門のスタッフは，教育ニーズを正確に把握し，企業内教育の方向づけ
をしていかなければならない。そのために，企業における教育ニーズを正確に
把握する必要がある。教育ニーズには，経営トップからの教育ニーズ，事業計
画達成に求められる教育ニーズ，ライン管理者や現場からの教育ニーズ，研修
アンケートからの教育ニーズ，人事制度から見た教育ニーズなど，多様な教育

ニーズが存在している。教育部門のスタッフは，これらの教育ニーズを全社的な視点からまとめ，整理し，重要性，緊急性，相互関連性などを考慮しプライオリティをつけ，具体的な教育課題に結びつけていかなければならない。

③ 教育の専門家として助言，援助をする役割

　教育部門のスタッフとしての助言，援助は，大きく2つに分けられる。1つは，ライン管理者に対するOJTの知識や技法，OJTマニュアルなどを提供するとともに，個別の相談にアドバイスないしは助言を行うことである。OJTの展開にあたっては，OJT担当者を集めて人事部主催でOJTトレーナー研修の企画・実施も担当していかなければならない。

　もう1つは，各職能部門が主催する職能別教育の実施に際して，教育内容や教育手法のアドバイス，外部講師や教育専門会社の紹介・斡旋を行うことである。各職能部門は教育の専門家ではないので，教育部門のスタッフのアドバイスは極めて重要になる。

　さらに，もう1つ付け加えるなら，人事部の新たな役割でも言及したように，グループ各社の教育スタッフに対する制度設計のコンサルティングや助言，彼らを巻き込んでグループ全体の教育計画を策定することなども必要となってこよう。

④ Off-JTのトータル・プロデューサーとしての役割

　教育スタッフは，階層別教育や職能別教育などのOff-JTの教育内容を外部講師や教育専門会社と協議し，自社教育スタッフと外部講師との役割分担を決定するプロデューサー的な役割を担っている。職能別教育の場合は，その協議に職能部門の担当者が加わることとなる。特に，職能別教育の場合は，各職能部門が教育を主催することになるので，教育部門のスタッフは，日頃から各職能部門の教育担当者とコミュニケーションをとり，各職能部門の教育ニーズを十分把握しておくことが必要となる。

⑤　企業内教育に関する啓蒙活動推進の役割

　教育は自己啓発が基本である。教育スタッフは，従業員の一人ひとりが自らの能力やスキルを向上させようとする自己啓発意欲の促進をはかる啓蒙活動を推進する役割を担っている。具体的には，社内報などを通じて実施した教育内容を広報するとともに，受講者や資格取得者を社内報で広報していくことも従業員の自己啓発意欲を促進させる効果があると思われる。啓蒙活動の手段として最も活用されているのは，自己啓発を援助する視点から通信教育の告知・募集を行う際に，通信教育の必要性や教育メニューなどを募集リーフレットを通じて従業員の間に浸透させていくことが多くの企業で実施されている。

（注）

⑴　本節の記述は，拙稿「企業内教育の現状と今後の展望」文京学院大学総合研究所『経営論集』第12巻第1号，61-76頁および拙稿「第4章能力開発管理」岩出博編（2020）『従業員満足のための人的資源管理』中央経済社，49-62頁を参考に記述。

⑵　谷内，同上書を参考に記述。

⑶　諏訪康雄（2002）「エンプロイアビリティは何を意味するのか？」『季刊労働法』労働開発研究会，No. 199，81-85頁。

⑷　三輪卓己（2011）『知識労働者のキャリア発達』中央経済社，54頁。

⑸　詳しくは服部治・谷内篤博編（2000）『人的資源管理要論』晃洋書房，158-162頁参照。

⑹　根本は，図表4-4のように，能力を4つに分けて説明している。core competenceはスキルや技術を束ね，個々の枠をこえた学習を積み重ねたもので，競合に対して競争優位を生む出す能力で，組織レベルの顕在的能力である。capabilityは組織能力あるいは組織の潜在的知力で，組織レベルの潜在的保有能力を意味している。残りの2つについては本文で解説をしている（詳しくは根本孝（1998）『ラーニング・シフト』同文舘，78-79頁参照）。

⑺　根本，同上書，223-224頁。

⑻　DIAMONDハーバード・ビジネス・レビューDecember　2002年12月号の特集「企業内大学「Aクラス人材」の生産工場」64頁のトヨタ自動車の事例紹介を参照。

⑼　人事部の役割については，谷内篤博（2016）『個性を活かす人材マネジメント』勁草書房，135-151頁を参考に記述。

⑽　ジャコービィは，人事部を経営トップ選抜の際の影の実力者（キングメーカー）としてその影響力の大きさを指摘している（詳しくはジャコービィ，S. M.（鈴木良治・伊藤健市・堀龍二訳）『日本の人事部・アメリカの人事部』東洋経済新報社，2005年，43-44頁参照）。

⑾　八代尚宏（1998）『人事部はもういらない』講談社，１－２頁。

⑿　ディビッド・ウルリッチ（梅津祐良訳）『MBAの人材戦略』日本能率協会マネジメ
　　ントセンター，1997年，33－34頁。

⒀　金井壽宏・守島基博編（2004）『CHO最高人事責任者が会社を変える』東洋経済新
　　報社，27頁。

第5章
経営人材育成の本格化と育成の実際

1　経営人材育成の背景

　次世代リーダーや経営人材の育成に関しては，これまでに守島（2008）や大嶋（2018）らが言及しているように，さらには産業能率大学総合研究所（2008）が「企業の人材開発に関する実態調査」を通じて指摘しているように，ブーム（流行）は大きく3回あったと考えられている。第1回のブームは2000年前後で，一部の製造業を中心にアメリカの人材育成の新しいトレンドを模倣することから始まり，第2回のブームは2006年前後で，育成プログラムに企業の独自性がみられるようになり，第3回のブームは2015年前後で，導入企業がさまざまな業種にまで広がり，日本においても次世代リーダーや経営人材の育成が本格化するかに思えた。

　しかし，こうした次世代リーダーや経営人材の育成の必要性が企業において強く認識されていくなかで，これまでとは質の異なる環境変化が発生しつつある。環境変化を精査した上で，新たな次世代リーダーや経営人材の育成を図っていくことが強く求められる。

　そこで，以下では企業を取り巻く環境の変化について詳細に見ていくこととする。なお，今後の記述を展開にするにあたって，次世代リーダーと経営人材を同義語として捉え，経営人材という用語を統一用語として使っていきたい。経営人材の役割や能力については，次節で詳しく解説をする。

　バブル景気により瞬間的に経済成長を果たしたかに見えた日本の企業も，1990年代初頭のバブル経済崩壊後，平成不況と称されるように，経済成長の低迷が続いている。かつては輸出産業の象徴的存在であった電機産業もその成長

に陰りが見え始めている。

　こうした減速経済下において，90年代以降，日本の企業を取り巻く環境は大きく変化し，複雑化・高度化している。すでに序章でも述べたように，経営のグローバル化がこれまで経験していないようなスピードと規模で起きており，日本の本社が研究開発（R&D）や財務，マーケティングにおいて主導的立場で意思決定するこれまでの経営のやり方は通用しなくなっている。世界3極ないしは4極体制で，世界に散在するナレッジを集積し，グローバルイノベーションにつなげていくグローバル経営が必要不可欠である。終身雇用を前提にしたメンバーシップ型雇用において，ゼネラリスト育成に向けた階層別教育やジョブローテーションを通じて時間をかけて教育を受けた事業部長や経営陣，さらには経営トップにより指名されて就任した経営者では，グローバル化による先行き不透明なボーダレスエコノミー（国境なき経済）やネットワーク経済を牽引することは極めて難しい。

　2つめの環境変化は，生産中心の経営から知識創造型経営への転換である。従来の日本的経営は工業化社会を前提に展開されており，暗黙知の技術的側面と呼ばれる生産現場の手の技を中核に，安価で高品質の製品を生産し，世界市場に送り出してきた。従って，人材の中核もスキルワーカーに置かれ，彼らを中心とする工場でのQC活動やカイゼン活動などを通じて生産現場で生み出され，蓄積されたナレッジが企業の重要な資産であり，競争優位の源泉であった。こうしたものづくり中心の経営は，プロダクト，つまり何を生産するのかというよりも，いかに効率的に生産するのかという生産プロセスに経営の焦点が当てられていた。

　しかし，これからの産業社会はIT技術やIoT（Internet of Things），さらにはAI（人工知能）の急速な進展を背景に，情報化社会，知識基盤社会へと大きく変化しつつある。このような社会の変化はこれまでの企業経営のあり方にも大きな影響を及ぼす。経営資源の重点は，金，土地，モノから人間が生み出すナレッジ（知）へと変化するとともに，競争優位の源泉もいかに効率的に生産するかという労働生産性よりも，他の企業が模倣できない技術や製品を生み

出す知識生産性へと移りつつある。これから本格化する知識基盤社会では，こ
れまでのようなタスクや課題を正確かつ効率的に処理すること（doing things
right）よりも，顧客や社会の潜在的・顕在的ニーズを満たすことができるナ
レッジやビジネスモデルを生み出していくこと（doing the right things）がよ
り一層求められる。

　3つ目の環境変化はデジタルトランスフォーメーション（Digital Transfor-
mation：DX（以下ではDXと表記））の本格化である。これは2つ目の環境変
化である知識創造型経営を展開していくこととも深く関わってくる。むしろ，
DXの推進が知識創造型経営の成否を左右するといっても過言ではない。DX
とは，提唱者のスイスのウメオ大学教授のエリック・ストルターマンによれば，
「進化し続けるデジタル技術を使い，人々の暮らしを豊かにする」という意味
であるが，企業が国境なきグローバル経済化やナレッジを核とする知識基盤社
会において，持続的に成長していくには，DXは必要不可欠となっている。経
済産業省では，DXを「将来の成長，競争力強化のために，デジタル技術を活
用して新たなビジネスモデルを創出・柔軟に改変する」ものと定義し，日本に
おいて遅れているDXの積極的な推進を産業界に呼びかけている。その背景に
は，「2025年の崖」がある。経済産業省は，2018年に「DXレポート」を発表し，
多くの企業の基幹システムが老朽化するとともに，ベンダーシステムのサポー
トが終了すると，セキュリティリスクや不具合などが生じて，多くの企業は経
済損失を被ると予測している。加えて，日本におけるデジタル人材不足がDX
の進展を阻害することとなる。こうした2025年の崖を克服することが，DXの
進展を促進させるとともに，日本経済の発展にもつながっていく。経済産業省
の心の底からの焦りが2025年の崖宣言に強く表れている。日本が目指す将来の
形として掲げられている「Society 5.0」では，IoTによってモノとヒトがつな
がり，AIやロボットなどの技術で生産性が向上する社会が想定されており，
そこでは企業や行政を含め，あらゆる面でDXが必要不可欠となっている。

　こうしたDXを日本の企業が成功させるためには，経営トップの巻き込みと
コミットメントが必要となる。コンサルティング・ファームのマッキンゼーは，

2020年9月に「デジタル革命の本質−日本のリーダーへのメッセージ−」という緊急宣言を発出し，そのなかでDX成功の要諦として，経営トップをDXのオーナーまたはスポンサーに据え，DX戦略のビジョンを具体化することの重要性を強調している。DX推進には，ヒト・モノ・カネの大胆な投資が必要となるだけでなく，ぬるま湯的な企業体質や企業文化を刷新せざるをえず，トップの巻き込みやスポンサードは極めて重要である。経済産業省の産業界におけるDXの推進施策においても，DXに向けたビジョンづくりと経営トップのコミットメントが推進の枠組みとして掲げられている。

　このように，DX推進には経営トップの巻き込みが必要不可欠であるにも拘わらず，日本の社長の年齢と在任期間は，アメリカが46.8歳で在任期間は13.4年であるのに対し，57.5歳で5.1年と，アメリカに比べて年齢が高い[1]。50歳代後半の経営トップやその取り巻きの経営陣に，DXを理解しその促進にむけてリーダーシップを発揮することを期待しても無理であると思われる。日本においてDXが進展しない大きな理由はこの点にあると思われる。日本の企業のDXを活用したさらなる成長には，経営トップを含めた経営陣の若返りや将来にむけた新たな経営人材や次世代リーダーが必要になりつつある。このような環境変化に加えて，エネルギー問題，地球環境問題，金融技術の革新，国内市場の縮小・成熟化など，企業が取り組んでいかなければならない困難な課題が山積している。

　ところで，企業を取り巻く環境変化で留意しなければならないのは，これまでの環境変化と質的に大きく異なっている点である。これまでの環境変化は，成長を前提に市場そのものが拡大していく緩やかな環境変化であり，図5−1に見られるように，環境−戦略的な推進力−風土−責任者グループの能力−ロジスティックの能力が並列関係になりやすく，環境適応が比較的容易であった。アンゾフが主張する「環境貢献企業」（Environment Serving Organization：ESO）の実現が可能であった。しかし，現在は，環境変化がこれまでのような規則性や法則性のなかで起こるのではなく，AIやDXの登場に見られるように，乱気流が増大し，非連続的に発生するために，環境適応が極めて難しくなって

いる。乱気流が吹き荒れる非連続的な環境に企業が適応していくには，非連続な組織変革が必要となる（田中，2021）。非連続な組織変革の必要性を指摘した伊丹・加護野（1989）は，経営トップを起点とした組織変革の有効性を示唆している。伊丹・加護野が示唆するように，非連続的な乱気流に包み込まれた環境に適応していくには，経営トップによる経営改革の断行が必要となる。

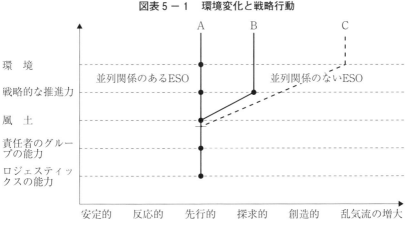

図表 5 － 1　環境変化と戦略行動

出所：アンゾフ，H. I.（中村元一訳）（1980）『戦略経営論』産業能率大学出版，239頁

　以上，企業を取り巻く経営環境の変化ならびに，環境変化の質的な変化について述べてきたが，それぞれの環境変化のところでも触れたように，グローバルなボーダレスエコノミーを牽引し，本格化しつつある知識基盤社会においてDXを活用して新たなナレッジやビジネスモデルを創出して競争優位の源泉を生み出していくためには，経営人材，しかも次世代を担うことができる経営人材の育成・輩出が企業経営の喫緊の課題となっている。

　こうした経営人材育成の必要性は先行調査においても明らかにされている。まず1つ目の調査は，日本能率協会（JMA）が行った2021年度（42回）「当面する企業経営課題に関する調査」で，JMAの加盟法人会員ならびにサンプル抽出した全国主要企業，計5,000社が主な対象である。同調査における組織・人事領域で重視する課題として，「次世代経営層の発掘・育成」が「管理職層

（ミドル）のマネジメント能力向上」とともに，上位3位以内に入っている。前年度調査よりも＋4.9％で，調査対象企業の3割を超える企業で重視すべきものとして挙げられている。

　2つ目の調査は，2017年にワークス研究所が東証一部上場企業およびその主要事業会社2,200社を対象に，5年後，10年後の人材マネジメントの探索・創造を目的に行った「Works人材マネジメント調査」である。同調査における人事課題・制度の部分で，「次世代リーダー」が重要だとしている企業の割合は，86.8％と高く，中でも特に重要な課題と認識している企業の割合が49.7％と約半数に及ぶ（図表5－2参照）。これは大企業を対象とした調査であることを考慮に入れるならば当然至極な結果と思われる。

　3つ目は，リクルートマネジメントソリューージョンズ（RMS（以下ではRMSと表記））が2021年に行った「人材マネジメント実態調査2021」である。これはRMSが現在人事業務に携わっている管理職491名に対してインターネットで調査を行ったものであるが，図表5－3からも明らかなように，「次世代の経営を担う人材が育っていない」が55.2％で，「ミドルマネジメント層の負担が過重になっている」（55.2％）と並んで最も高くなっている。RMSが約10年前の2012年に行った「経営人材育成実態調査2012」[2]においても，「経営人材育成に求められるスピードが速まっている」を選ぶ企業の割合が最も多く，97.1％に及んでいる。

　最後に，これまでの経営環境と大きくことなるのは，企業の持続的な成長と中長期的な企業価値の向上を目的として，2015年にコーポレートガバナンス・コード（以下ではCGと表記）が導入されたことである。CGが適用開始されて以降，役員報酬の見直しや指名・報酬委員会の設置などが各企業において進められてきた。その一環で，CEOサクセッションの取り組みが加速しつつある。企業価値を中長期的な視点から向上していくためには，CEOのサクセッションプラン，すなわち後継者計画は極めて重要である。こうしたCEOサクセッションプランの延長線上に，本章のテーマである次世代や次々世代の経営人材の育成があることを念頭に入れておかなければならない。特に，2018年6月に

図表5－2　5年後10年後の人事課題

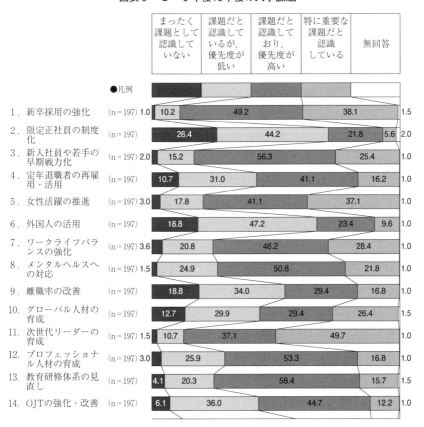

		まったく課題として認識していない	課題だと認識しているが，優先度が低い	課題だと認識しており，優先度が高い	特に重要な課題だと認識している	無回答
	●凡例					
1.	新卒採用の強化 (n＝197)	1.0 10.2	49.2		38.1	1.5
2.	限定正社員の制度化 (n＝197)	26.4	44.2		21.8 5.6	2.0
3.	新入社員や若手の早期戦力化 (n＝197)	2.0 15.2	56.3		25.4	1.0
4.	定年退職者の再雇用・活用 (n＝197)	10.7	31.0	41.1	16.2	1.0
5.	女性活躍の推進 (n＝197)	3.0 17.8	41.1		37.1	1.0
6.	外国人の活用 (n＝197)	18.8	47.2		23.4	9.6 1.0
7.	ワークライフバランスの強化 (n＝197)	3.6 20.8	46.2		28.4	1.0
8.	メンタルヘルスへの対応 (n＝197)	1.5 24.9	50.8		21.8	1.0
9.	離職率の改善 (n＝197)	18.8	34.0	29.4	16.8	1.0
10.	グローバル人材の育成 (n＝197)	12.7	29.9	29.4	26.4	1.5
11.	次世代リーダーの育成 (n＝197)	1.5 10.7	37.1		49.7	1.0
12.	プロフェッショナル人材の育成 (n＝197)	3.0 25.9	53.3		16.8	1.0
13.	教育研修体系の見直し (n＝197)	4.1 20.3	58.4		15.7	1.0
14.	OJTの強化・改善 (n＝197)	6.1 36.0	44.7		12.2	1.0

出所：ワークス研究所「Works人材マネジメント調査2017基本報告書」26頁

公表された「改訂版コーポレートガバナンス・コード」では，上場企業の取締役会がCEO等の後継者計画の策定・運用に主体的に関与するとともに，後継者候補の育成に十分な時間と資源をかけ，計画的に実施されていくよう，適切に監督を行うべきであるとの補充原則が整備された。これまでのような現経営陣の意向が強く反映された経営トップや経営人材の登用はガバナンス強化の視点から難しくなる。とりわけ，株式公開企業においては，経営トップ，経営人材の登用・選抜基準やサクセッションプラン（後継者計画）が極めて重要と

なってこよう。

図表 5 － 3　組織・人材マネジメント課題

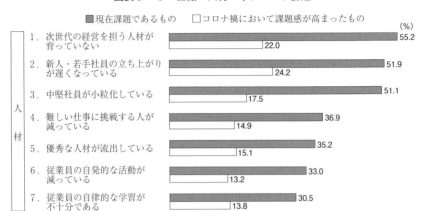

出所：リクルートマネジメントソリューションズ「人材マネジメント実態調査2021」に
　　　関するPress Release（2021年 8 月 3 日）より引用

2　経営人材の定義と求められる能力・役割

　前節で経営人材育成の必要性が高まりつつある背景について見てきたが，本
節では経営人材とは一体どのような人材を指すのか，またその役割や求められ
る能力とはどのようなものなのかを明らかにしていきたい。

　まず経営人材をイメージするために，先行調査における職位イメージから見
ていきたい。経済産業省産業人材政策室が，2017年に上場企業の経営人材育成
責任者および代表者・CEOに行った「経営人材育成に関する調査」において，
経営人材とは，CEO・COO／社長，副社長・専務・常務，CFO（財務最高責
任者），事業責任者を指すとの回答が上位を占めている（図表 5 － 4 参照）。

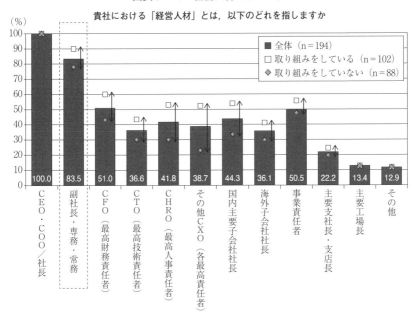

図表 5 - 4　経営人材のイメージ

貴社における「経営人材」とは，以下のどれを指しますか

出所：経済産業省「経営人材育成に関する調査結果報告書」15頁

　一般に，経営人材とは企業のトップとして経営管理全般を担う者，ボードメンバーとして経営に携わる者，事業部門の執行責任者，海外および国内の子会社の経営トップなどをイメージするが，経済産業省の調査結果もほぼこうしたイメージと一致する。『経営者能力論』を著している清水（1983）は，経営者，すなわち経営人材の特性として2つの態度を指摘している。1つは企業家的態度で，新規事業や組織変革に挑戦する経営人材を意味する。2つ目は管理者的態度で，目標達成に向け，組織全体を効率的にコントロールする経営人材を意味する。本書では，経済産業省の調査結果や清水（1983）が指摘する経営人材の特性から，経営人材とは次のような2つの概念から構成されるものと考える。

経営人材の特性 ┤ 全社経営人材：CEO／COO，副社長／専務・常務など
　　　　　　　　└ 事業経営人材：執行役員，事業経営者（本部長・部長）など

こうした全社経営人材，事業経営人材の概念は，RMSが行った「経営人材育成実態調査2012」に対する結果の考察において入江（2012）も指摘している。

次に，経営人材に求められる役割・機能について見ていく。RMSが行った「経営人材育成実態調査2012」において，全社経営人材と事業経営人材に求められる機能に関する調査結果が明らかにされている。図表5－5からも分かるように，全社経営人材，事業経営人材の双方にとって求められる機能で最も高いのは，「ビジョンを描く」である。両者で差があるのは，全社経営人材は「社会的責任を果たす」，「将来の経営人材を育てる」，「企業風土を変革する」，「事業ドメインを設定する」，「最適な組織構造を作る」など全社的なテーマにおいて事業経営人材よりも高く，逆に事業経営人材においては，「収益性を高める」，「売上を拡大する」，「現場を動機づける」が高く，全社経営人材よりも事業経営者としての役割が求められていることが読み取れる。

そこで次に，全社経営人材，事業経営人材の双方に求められる役割・機能で最も高くなっている「ビジョンを描く」に焦点を当ててみていく。ドラッカー（Drucker, P.F.）は，ポスト資本主義社会におけるプロフェッショナル組織には，諸所の独立した伝統を共有の価値への献身，卓越性の追求，相互の尊重へとまとめ上げる求心力を果たすのが経営トップ，いわゆる経営人材で，そうした共有の価値となるべきものが経営ビジョンであり，まさに組織の求心力となるものであると述べている[3]。

ところで，組織の求心力となる経営ビジョンとはどのようなものなのか，またどう定義できるのであろうか[4]。ブランチャード（Blanchard, K）らは，ビジョンとは，「自分の存在意義を示すもので，会社や組織の目的や使命を表し，進むべき方向を示すもの」であるとし，次のような3つの要素を挙げている[5]。

① 有意義な目的＝what（why）

　組織の存在意義や使命を明らかにしたもので，組織メンバーの意欲をかき立て，やる気を起こさせるような有意義な目的にすることが重要である。

　目的：何を，なぜ，を表している

図表5－5　経営人材に求められる機能

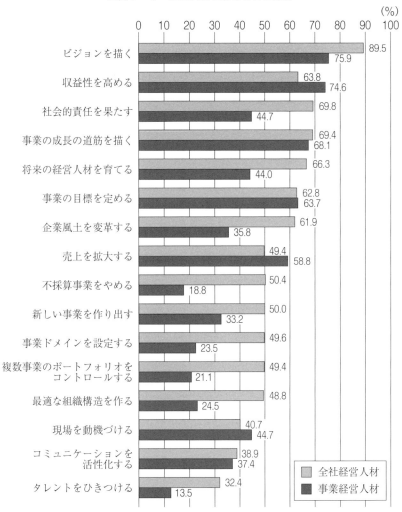

注：調査では，全社経営人材，事業経営人材のそれぞれについて，16個の項目につい
　　て求められる程度を「強く求められる，求められる，ほとんど求められない，全
　　く求められない」の4段階で質問を行った。本報告では，「強く求められる」の
　　選択率について，両者の比較を行った。
出所：入江崇介「経営環境の激しさごとに見る経営人材育成の課題」RMSmessage vol.28.
　　2012.08.　24頁

② 明確な価値観＝how

　　目的を達成する過程で，どう行動していくべきかを示すガイドラインで，いわば行動規範（信念・思想）となるものである。

　　価値観：いかに，を表している
③ 未来のイメージ＝grand map

　　はっきりとした最終結果・最終ゴールのイメージである。

　　なくしたいものではなく，つくりだしたいものに焦点をあてる。

　ブランチャードらは，こうしたビジョンは絵にかいた餅にしないで，実現していくものであることを強調しており，次のように述べている。

　「看板を掲げるだけでは，ビジョンにならない。ほんもののビジョンとは，額にいれて飾っておくものではなく，現実のなかで体験されていくものである」(6)

　さらに，ブランチャードらはビジョンを現実に移しかえていくためのポイントとして次のような3つのプロセスを明らかにしている(7)。

① ビジョンを創造するプロセス

　　ビジョンとは，経営トップ，経営人材の夢であり，会社の方向性を示すものである。

　　大切なのは，その夢が組織メンバーに受け入れられることである。

　　経営トップ：夢の語り部
② ビジョンを伝えるプロセス

　　ビジョンは現在進行形のプロセスで，絶えずそれについて語り合っていくことが重要である。

　　ビジョン：our vision化，共通の価値（shared value）
③ ビジョンを実現するプロセス

　　ビジョンの実現に向けた慣習化や行動転化が必要である。ビジョンから目をそらさず，一身を投げ出す勇気をもつことが重要である。

　このような会社や組織の方向性を示すビジョンを策定するためには，経営トップや経営人材には，図表5－6のような資質や能力が必要となる(8)。まず

図表 5 － 6　経営トップ，経営人材に求められる資質と能力

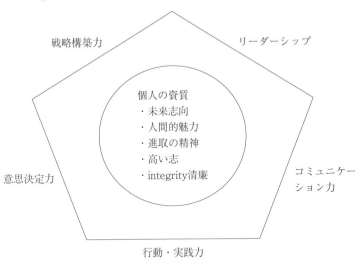

戦略構築力　　　　　　　　　　リーダーシップ

個人の資質
・未来志向
・人間的魅力
・進取の精神
・高い志
・integrity清廉

意思決定力　　　　　　　　　コミュニケー
　　　　　　　　　　　　　　ション力

行動・実践力

出所：谷内篤博（2016）『個性を活かす人材マネジメント』勁草書房，245頁に加筆修正

　経営トップ，経営人材に求められる資質から見ていきたい。前述したビジョン
とは，会社や組織が進むべき方向性を示しており，そこには経営者や経営人材
の強い意志が反映されており，いわば経営トップの夢でもある。従って，ビ
ジョン策定には，経営トップや経営人材の経営目標達成に対する「高い志」が
前提となるが，こうした高い志を「われわれのビジョン」，すなわち「our
vision」に昇華させていかなければならない。そのためには，自らが語り部と
して高い志であるビジョンを組織のメンバーに浸透させていく必要がある。と
同時に，our visionとするためには，経営トップ，経営人材としてリーダー
シップを発揮するとともに，組織メンバーがフォロワーシップを発揮してつい
てくるような「人間的魅力」や人望が必要となる。分かりやすく言えば，“あ
の人に付いていきたい，あの人のためなら一肌脱ぎたい”といった人間的魅力
である。加えて，時代を先取りしたビジョンを掲げ，組織全体を牽引していく
には，経営トップや経営人材は「未来志向」的で，かつエッジの効いた「進取
の精神」で夢とロマンを持ち続け，組織内に知的興奮を与え，組織の活力を維

持していかなければならない。最後に，もう１つ付け加えるならばintegrity（清廉）である。外資系企業においては，CSRの視点で不正に関与しないという意味から経営トップのみならず，社員においてもintegrityが遵守すべき行動規範として明記されている。日本の企業の昨今の不正事件が多発している点を考慮に入れると，経営トップや経営人材としての資質には，integrityは是非とも必要と思われる。

　次いで，経営トップ，経営人材に求められる能力について見ていく。少し古いが，産労総合研究所が，2011年に任意に抽出した3,200社に対して行った「選抜型の経営幹部育成に関する実態調査」によれば，経営幹部に求められる資質・能力で最も多かったのが「戦略・ビジョン構築力」で79.4％，２位が「決断・実行力」，「経営管理能力」で47.6％，以下「組織統率力」（34.9％），「問題発見・解決力」（22.2％）が続いている[9]。また，デロイトトーマツコンサルティング合同会社のコンサルタントである村中，浅井（2018）は，インタビューを踏まえた分析結果から，これからのCEOに求められる要件として，①誠実性，聡明さ，気力・体力，②チャレンジ精神・使命感，③優れたリーダーシップ，④コミュニケーション力，⑤先見性，⑥イノベーション経験，⑦デジタル技術への興味・理解の７つを挙げている[10]。なかでもユニークなのは，デジタル技術への興味と理解で，これからの経営人材はDX推進の旗振り役を担っていかなければならない点から至極的確な指摘である。

　こうした先行調査等を踏まえ，本書では，図表５−６からも分かるように，経営トップや経営人材に求められる能力は５つの要素から構成されていると考える。まず１つ目は「戦略構築力」であるが，経営トップや経営人材は時代を先取りし，新たなビジネスチャンスを嗅ぎ取り，それを事業戦略に落とし込んで新たなビジネスモデルや事業開発につなげていく戦略構築力が最も重要と思われる。常に自己の五感を研ぎ澄まして時代や市場の風を読み取り，戦略構築につなげていくことが強く求められる。前述の産労総合研究所の調査においても経営幹部に求められる資質・能力で，戦略構築力は断トツの第１位となっている。

　経営人材に求められる能力の2つ目は「リーダーシップ」である。経営トップや経営人材に求められるリーダーシップには，2つの要素が必要である。1つは変革型リーダーシップで，ティーシとデェバナ（Tichy, N. M. & Devanna, M. A., 1986）が提唱しているように，組織変革に向け，改革の必要性を強調するとともに，新しいビジョンを創造し，その達成に向け，組織メンバーを統率していくリーダーシップである。ビジョナリーリーダーシップや組織統率力に近い概念である。もう1つは創造的リーダーシップで，これは環境変化に応じて組織の存在意義を問い直したり，創造的破壊により危機意識を醸成し，組織イノベーションを起こして組織としての新たな価値創造につなげていくリーダーシップである。

　求められる3つ目の能力は「コミュニケーション力」である。策定したビジョンを組織メンバーに伝播させ，"our vision" にしていくためには，経営トップや経営人材は語り部としてビジョンを自分の言葉で伝え，価値を共有（shared value）していかなければならない。すでにビジョンの解説のところで触れたように，ビジョンは経営トップや経営人材の個人の思い，いわゆる「我」を超えるもの（＝超我）に昇華させていくことが求められる。

　求められる4つ目の能力は「行動・実践力」である。これもすでにビジョンのところで解説したように，ビジョンとは額に入れて飾っておくものではなく，現実のなかで日々実践・体現されていくものである。経営トップや経営人材は，策定したビジョンの実現・体現者として率先垂範することが強く求められる。経営トップや経営人材のこうしたビジョン実現に向けた行動が，ビジョンを"our vision" へと導いていく。

　経営トップ，経営人材に求められる能力の最後は，「意思決定力」である。環境変化が不透明で，しかも不連続な状況下において，地球規模で展開されるボーダレスエコノミーを勝ち抜いていくには，先見性で時代や市場の風，経済動向を読み取ると同時に，集めた情報やナレッジを分析し，戦略的意思決定につなげていかなければならない。意思決定において大切なことは，過去の慣習や成功体験から離れ，今何をしなければならないのか，それは正しいことなの

かを自問することである。とかく，大企業や成功している企業ほど過去の成功やビジネス展開の仕方に固執し，正しい意思決定ができなくなる傾向が強い。正しい意思決定には，unlearning（学習棄却），すなわちゼロベース・シンキングが必要となる。意思決定においてもう1つ留意すべき点がある。それは意思決定においてデータ集積と分析は極めて重要であるが，過度にそれに依存しすぎないということである。MBA的思考による経営，データ・分析ベースの経営に対して批判的なミンツバーグ（Mintzberg, H.）は，“経営とは，アートである”と提唱し，経験を通して実践するものであるとしている[11]。まさにその通りで，経営とはデータで行うものではなく，経営トップ，経営人材のこれまで培ってきた“勘”に基づく意思決定も重要であることを忘れてはならない。経営トップや経営人材に求められるのは，“KKD”，すなわち勘（K）と経験（K）と度胸（D）である。

3　経営人材の育成の仕方とタレントマネジメント

　前節で示した次なる世代の経営トップや経営人材に求められる能力を育成していくには，クリアしなければならない問題がいくつかある。まず1つ目の問題は，経営人材を外部から選ぶのか，それとも育成するのかという問題である。日本の企業は，育成することを基本としてきたが，グローバル競争の激化や製品・事業のライフサイクルの短縮化により，育成に固執することなく状況により外部調達を含めて検討していく必要がある。つまり，経営人材は内部育成を原則とするが，必要に応じて外部調達も視野にいれて育成計画を策定することが重要である。

　2つ目の問題は，経営人材を誰がどのように育てるのかという問題である。これまで日本の企業は，第1章や第4章で見てきたように，人材育成をOJTと階層別教育を中心に行ってきた。OJTは業務に必要なスキルや能力の修得を短期的視点から行うもので，自分の後任を育てるには適しているが，経営に関する専門的知識や戦略的意思決定力の修得には適していない。また，階層別

教育は全員を包摂し，階層ごとに求められる能力やスキルの修得を目指して実施されるものであるが，教育効果としては階層の全体的底上げに主眼を置いた教育で，経営に係る専門的知識や組織全体を牽引できるリーダーシップを修得することは難しい。階層別教育は，各階層に求められる基礎的な知識やスキルの修得に重点が置かれており，次世代の経営人材を担う先進的なエリート教育には適さない。

　もう１つの経営人材を誰が育てるのかという問題であるが，階層別教育や従業員に対する教育を担ってきた人事部や人材開発担当だけで教育を展開することは難しいと思われる。最新の経営知識やリーダーシップ理論，ケーススタディなどが必要とされる経営人材の教育には，社内に高度専門教育が担当できる組織や部門の設置，大学などの外部の専門教育機関との連携が必要不可欠になるものと思われる。

　さらに，次世代の経営トップや経営人材を育成するのには，思い付きや場当たり的な教育や汎用的な教育プログラムでは，到底育成することは難しい。会社のビジョンや事業戦略との連動をはかり，期待される経営人材像を明らかにした上で，現状の社員の能力や，専門性などをきちんとアセスメント（棚卸し）して長期的な視点に立った計画的な教育が必要となる。

　こうした点を考慮に入れ，経営人材の育成を展開していくためには，タレントマネジメントが有効と思われる。タレントマネジメントは，アメリカのコンサルティング・ファームのマッキンゼー社が，1997年のレポートにおいてウォー・フォー・タレント（War for Talent），つまり有能な能力（talent）をもった人材の獲得をめぐる戦いに勝利したものが，競争優位のポジションを得ると提唱したことが出発点とされる。日本でも，2002年に翔泳社より『ウォー・フォー・タレント』が出版され，広く関心を集めるようになった。日本では，行き過ぎたエリート主義である，ボトムアップ型の遅い昇進モードの日本の昇進システムには合わない，などのとらえ方がされてあまり普及しなかった（石原，2013）。しかし，第１節の経営人材の育成を必要とする背景で述べたように，ボーダレスエコノミーを牽引できるグローバル人材，DX推進に向けたデ

ジタル人材に対するニーズの高まりから，再び脚光を浴びつつある。

　ところで，タレントマネジメントとはどのような概念で，どう定義できるのであろうか。全米人材開発機構（America Society for Training Development：ASTD，現ATD：The Association for Talent Development）は，タレントマネジメントを「ビジネス目標と整合した総合的なタレントの獲得，開発，配置のプロセスを通じて，企業文化，エンゲージメント，労働力の質と量を確立することによって，人々を導く組織的なアプローチ」と定義しており，組織開発，後継者育成，パフォーマンスマネジメント，獲得，能力開発，能力評価，キャリア計画，リテンション（人材定着）の8つの要素から構成されるとしている（ASTD，2009，石山，2020）。日本におけるタレントマネジメントの研究動向を概観すると，これまでの理論的系譜を整理し，理論化を試みるもの（守屋，2014，柿沼，2018など），外資系企業における実践事例から理論化を試みるもの（石原，2013），欧米の研究と日本の研究を精査し，理論的体系化を試みるもの（石山，2020）など，いまだ理論的進化の段階にある（柿沼，2015）。

　本書では，タレントマネジメントの理論の体系化を試みた石山の研究成果を手掛かりにして，タレントマネジメントにおける経営人材育成の位置づけを明らかにしていきたい。石山（2020）は，マッコール（McCall, M.）の適者開発と適者生存という概念を援用してタレントマネジメントの位置づけを明らかにしている。適者開発とは，個人の可能性をリーダーシップ開発の学習などの経験を経て伸ばしていくもので，事業戦略と密接に関連している。他方，適者生存とは，適者が勝ち残り，勝ち残った者が適者という考え方を示している⑿。本章では，タレントマネジメントにおける経営人材の位置づけを図表5－7のように位置づけるとともに，タレントマネジメントを次のように定義したい。タレントマネジメントとは，「企業経営を事業戦略に基づき展開し，未来に向け会社を持続的に発展させることができる経営人材を選抜・育成・登用する仕組みで，人材マネジメントの考え方を適者生存から適者開発へと転換させるもの」である。

図表5－7　経営人材のタレントマネジメントにおける位置づけ

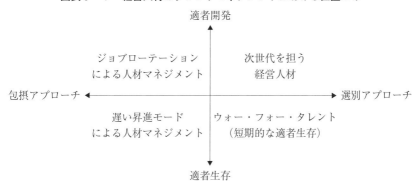

出所：石山恒貴（2020）『日本企業のタレントマネジメント』中央経済社，205頁に加筆修正

　図表5－7からも分かるように，次世代を担う経営人材は，全員を包摂した同年次管理や勤続年数に基づく遅い昇進モードによる従来の人材マネジメントでは育成することができず，選別アプローチにより意図的に，計画的に育成していかなければならない。こうしたタレントマネジメントを活用した経営人材育成のステップを示すと図表5－8のようになる。

図表5－8　タレントマネジメントを活用した経営人材育成のステップ

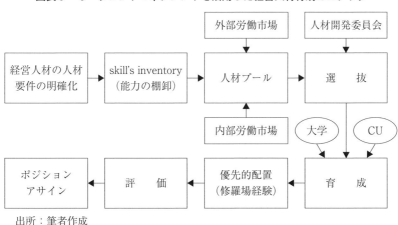

出所：筆者作成

図表 5 − 8 からも分かるように，タレントマネジメントを活用した経営人材の育成は，大きく 8 つのステップから成り立つ。ステップ 1 は，「経営人材の人材要件の明確化」である。経営人材の育成は，キーポジションを特定し，それを担う経営人材に求められる能力スペックを明確にすることからスタートする。第 2 節において，経営人材に求められる能力として，戦略構築力，リーダーシップ，コミュニケーション力，行動・実践力，意思決定力の 5 つを，経営人材に求められる資質として，未来志向，人間的魅力，進取の精神，高い志，integrity（清廉）の 5 つをあげたが，これらは経営人材の全般的な能力と資質を記述したもので，キーポジションが特定されれば，自ずと能力のスペックは変わってくる。自社にあったものを作成することが重要である。能力スペックを明確にする際に，キーポジションに応じた専門的知識・スキルや必要とされる経験も明確にしておくことが望ましい。さらに，経営人材に求められるアカウンタビリティ，すなわち役割や責任の明確化をはかることも必要となる。経営人材の人材要件を明確にする際に，measurable（測定可能）で，actionable（実用的なもの）にすることにも留意する必要がある。

　ステップ 2 は「skill's inventory」で，ステップ 1 で明らかになった経営人材に求められる能力スペックに対し，社内人材の能力やスキルの棚卸をはかることを意味している。棚卸しは，いろいろなやり方があると思われるが，たとえばキーポジション毎に縦軸に能力の市場価値（market value），横軸に能力修得の難易度をとり，社内人材の能力をマッピングし，人材ポートフォリオを作成してみると，自社の現状の能力やスキル状況が把握できる。こうした能力・スキルの棚卸がステップ 3 の経営人材候補群となる「人材プール」につながっていく。

　ステップ 3 は「人材プール」で，経営人材候補を選抜する際の母集団（タレントプール）になるものである。人材プールは，skill's inventory を通じて選定されたキーポジションにおける経営人材候補群で，各事業部門やコーポレート部門から推薦される。人材プールに選ばれたことは公表の必要も本人への通知も必要がない。プールに入る人材は，毎年洗い替えするとともに，次世代な

のか，次々世代なのかの分類をしておくことも必要となる。図表5－8におい
ては，人材プールには内部労働市場，すなわち社内だけでなく，外部労働市場
からの流入が可能な表記となっている。これは，グローバル競争やデジタル人
材の獲得競争の激化で，競争に打ち勝つためには，経営人材の外部調達も視野
に入れざるを得ないことを意味する。外部のヘッドハンティング機関の活用や
外部の人材を対象とした「人材登録制度」などの活用が必要になると思われる。
　ステップ4は，経営人材候補の「選抜」である。前述したように，2015年に
ガバナンス・コード（GC）の適用が開始され，経営人材候補を選ぶ場合は，
対外的に説明できるプロセスや選抜基準が必要となりつつある。場合によって
は，経営コンサルタントや外部の経営者などの第三者の目を入れて，アセスメ
ントすることも必要になる。経営人材候補の選抜にあたって，留意すべき点が
3つある。1つ目は，選抜にあたってハイパフォーマンス人材（高業績者）と
ハイポテンシャル人材とを混在させ，ハイパフォーマンス人材の選抜を優先し
ないことである。成果主義の傾向が強まるなかで，業績を重視することは重要
であるが，経営人材の育成は将来の可能性を重視することが主たる目的である
ので，業績や成果ではなく「能力」，しかも将来の能力を基準にしてハイポテ
ンシャル人材を選抜することが重要である。全社共通の基準に基づく能力評価
制度やコンピテンシー評価制度が必要不可欠になる。選抜の留意点の2つ目は，
選抜は「早期選抜」を実施するということである。グローバルな視点からグ
ローバル経営を牽引したり，DX推進のスポンサー役を担っていくには，60代
では無理である。少なくとも，30代半ばから40代後半あたりの人材に焦点をあ
て，早期に選抜して育成を行っていくことが必要である。選抜の留意点の最後
は，図表5－8に記載されているように，選抜に際しては，全社横断的な「人
材開発委員会」を通じて選抜を実施するということである。組織には，パワー
ポリティクスが働き，影響の強さで優秀な人材の抱え込み現象が発生したり，
ライバル組織のスター人材をつぶしたりすることが度々発生することがある。
こうした組織に起因する問題を克服していくには，CHRO（Chief Human
Resource Officer）を中心に，経営トップや役員を構成メンバーとする人材開

発委員会で，戦略との連動，事業部門との連携を図りながら，経営人材候補を選抜していくことが求められる。なお，デロイトトーマツコンサルティング合同会社が，経営人材（CEO）の人材要件として図表5－9のような興味深いチェックリストを提示している。

図表5－9　経営人材（CEO）として選抜基準

あるべき人材要件			コア要素		ノックアウト要件
区　　分	要　　素	選任基準の例	Must要件	Want要件	
（高い成果を生み出すための）基盤は十分か	知識・経験（のタイプ・質）	複数事業・機能経験，PL責任の経験	✓		
	能力・コンピテンシー	戦略思考・リーダーシップはあるか	✓	✓	
	意欲・態度	高いモチベーション・情熱はあるか	✓		
	語学力・グローバル対応力	グローバルで事業をけん引できるか	✓	✓	
	心身の健康状態	CEOの激務に耐えられるか			✓
高い成果を出しているか（今後も出せそうか）	実績・パフォーマンス	過去のパフォーマンスはどうか	✓		
	人格・見識・人望	周囲から人望はあるか	✓		
	企業理念の理解・体現	企業理念を体現・実践しているか			✓
CEOのポジションにマッチするか	パーソナリティ（性格・資質）	高圧的・衝動的になることはないか		✓	✓
	価値観・動機	CEOとして実現したいことがあるか		✓	

Must要件：経営トップとして最低限必要となる要件
Want要件：企業価値を伸ばす上で，あると望ましい要件，ポテンシャル
ノックアウト要件：（該当する場合）経営トップにはふさわしくないとみなされる要件
出所：労務行政研究所『労務時報』第3956号／18.8.10／8.24，118頁

ステップ5は，経営人材候補の「育成」である。経営人材候補の育成は，早

138

期選抜型の研修で，次世代経営者・リーダーに必要となる経営の基礎的知識の修得やリーダーシップの強化，さらには経営者としてのマインドや意識の醸成を図ることが主たる内容となる。経営の基礎知識は，内容的にはMBAエッセンス，すなわち，経営戦略，マーケティング，アカウンティング，ファイナンス，人的資源管理（HRM）が主な内容で，座学を中心とした講義だけでなく，ケーススタディや演習などを交えて実施することが望ましい。リーダーシップトレーニングも理論学習にケーススタディやロールプレイングなどを加えた体験型のアクティブラーニングとすることが望ましい。こうした内容の研修を展開するには，これまでの人材育成を担当してきた人事部ないしは教育スタッフでは，知識やスキル，教育メソッド等の面で限界があるため，大学（ビジネススクール）や専門の教育機関などと連携して実施することが強く望まれる。加えて，図表5－8に見られるように，CU（企業内大学）を設置し，経営人材育成に向けた高度な専門教育を施していくことが望ましい。プラザ合意以降，いち早く海外進出を果たした電機，自動車産業等では，富士通の「FUJITSUユニバーシティ」やトヨタ自動車の「トヨタインスティチュート」が2000年代初頭に設置され，プロフェッショナル人材や経営人材の育成に着手し始めた⒀。さらに，経営人材候補として，経営者マインドや経営者意識を醸成していくことも経営人材育成においては極めて重要であると考えられる。もちろん，大学との連携で企業倫理（business ethics）などを教育で教えることができるが，極めて表層的な学習となりやく，マインドや意識の醸成には至らない。そこで，必要となるのが，現在の経営トップが中心となり，自社の企業理念やビジネスポリシーなどを座学で経営人材候補者に刷り込んでいく「社長塾」ないしは「経営塾」で，その教育効果は極めて高いものと思われる。経営のグローバル化が進めば進むほど，組織の求心力となるべき会社のアイデンティティや経営理念といったものが必要不可欠となる。これらはこのような経営トップによる社内塾で育成していかざるをえない。経営人材候補の育成にあたって，もう1つ留意すべき点がある。それは，経営人材の育成においては，自社の経営課題を解決するようなテーマや新規事業の提案など，研修成果として見えるアウト

プットを出すよう受講者に指示し，それを経営トップや経営陣の前でプレゼンテーションさせることが強く望まれることを付言しておきたい。

　ステップ6は，経営人材候補に研修終了後，修羅場の経験をさせる「優先的配置」である。これは学んだことを実践する場を与え，経験による学習を促進させ，理論学習と経験学習の融合を図るものである。金井（2001, 2002）は，こうした修羅場の経験を「一皮むける経験」（quantum leap experiences）とし，その内容として全社プロジェクトへの参画，プロジェクトや新規事業の立ち上げ，海外子会社での勤務，異業種交流などの他流試合への参加，社外トレーニーとしての派遣などを挙げている。守島（2005）は，修羅場の経験（守島は良質の経験と表記）の要素として，①本人の今の能力より少し高いレベルの仕事であること（ストレッチ），②未知の経験であること（チャレンジ），③周りが成果について過度なリスク感を持つこと（リスク感）の3つを挙げている。経営人材育成を単に座学による教育に終わらせないためには，こうした修羅場経験による体験的学習は極めて有効と思われる。

　ステップ7は，「評価」で，これまでの研修成果を候補者の変化を定期的にモニタリングしながら測定・評価し，候補者としての適格性や登用の可否，候補者の入れ替えを判断することを意味している。この評価は，前述した人材開発委員会において実施されることが望ましい。場合によっては，経営コンサルタントなどの第三者のアドバイスやアセスメントなども必要となる。

　経営人材育成の最後のステップは「ポジションアサイン」で，ステップ7での評価の結果を踏まえて，次世代の経営人材としてキーポジションに就くことを意味している。

4　先進的事例を通して見る経営人材育成の実際
—ヒアリング調査を踏まえて—

　本節では，経営人材の育成や次世代リーダーの育成を早期選抜型で実施している先進的企業3社に対するヒアリング調査を通してその実態を明らかにして

いきたい。ヒアリング対象企業は，人材マネジメントにおいて専門誌等に色々と話題を提供したり，先進的な人材マネジメントの展開企業として事例紹介されている企業などを，筆者の個人的ネットワークを通じて有意に抽出した。ヒアリング対象企業の 3 社はいずれもそれぞれの事業分野におけるリーディングカンパニー的存在である。

(1)　A社における次世代リーダーの育成

　A社は，創業の歴史も古く，グループ企業が200社を超え，従業員数もグループ全体で 5 万人を超える業界を代表するリーディングカンパニーである。2021年 3 月期のグループ全体の連結売上高は1.4兆円の巨大企業である。

　また，A社は創業以来，人間尊重の基本理念に基づき，従業員が心身ともに健康で，個性や能力を最大限に発揮することが同社の発展につながるとの考えで，健康経営の宣言をしている。

　こうした従業員に対する考えや理念が同社の人材育成にも反映されている。A社の人材育成は，10年前にコーポレート・ユニバーシティを設置し，人材育成のブランディング化を意識して体系的かつ系統的に展開されている。基本的な体系は，図 5 － 10のA社の人財開発体系に見られるように，OJTを核に，全社員対象の「基礎・専門研修プログラム」と営業，技術などの担当者を対象とする「職種別研修プログラム」，通信教育・e‐ラーニング，外部ビジネススクールへの派遣などから成る「自己啓発」の 3 つの柱から構成されている。同社の人材育成は，コーポレート・ユニバーシティが単独の教育プログラムを有してそれをベースにして教育展開を図るといった形はとらず，研修担当部門が企画・立案した教育プログラムに基づき，研修が実施されている。基礎・専門研修プログラムは，全社員が対象で，新入社員から本部長まで新任時の階層別研修が積極的に展開されている。

　一方，職種別研修プログラムは，営業においては営業部門基盤強化プログラム，生産においては生産管理部門研修，購買・技術などの職種においては部門別個別研修が実施されている。職種別研修に関しては，同社の営業は得意先の

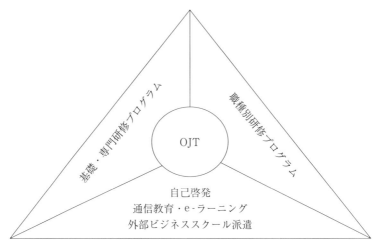

図表 5 － 10　A社の人材開発の体系

OJT

基礎・専門研修プログラム

職種別研修プログラム

自己啓発
通信教育・e-ラーニング
外部ビジネススクール派遣

出所：A社に対するヒアリングにより筆者作成

要望に応じて個別の提案をするという形式を採っており，コンサルティング的な企画提案力が求められ，求められる能力やスキルもかなり独自性が強い。従って，汎用的な教育プログラムや一般的な教育プログラムは職種別研修の展開においては活用しづらく，どうしても営業や生産，技術などの各部門におけるOJTに依存せざるをえないといった事情がある。現在は職種別研修のブラッシュアップを図るべく，望ましい研修プログラムを探求しているところである。

　また，自己啓発の援助に関しては，通信教育とe-ラーニングが活用されているが，同社の通信教育は自社版の通信教育を展開するという形式はとらず，教育会社の汎用版通信教育メニューを複数活用して社員の自己啓発を援助しており，3,000名近い社員が受講している。e-ラーニングの方は，主にセキュリティ，コンプライアンス，安全などの全社員向けの基礎教育に活用されている。

　さらに，A社のOJTに関しても，他社に見られない工夫がなされている。多くの企業では，OJTに割く時間が取れない，担当者の意欲と能力により教育格差が生まれる，育成のノウハウがないなど，OJTに関してさまざまな問題が指摘されている。A社では，こうした問題を克服すべく，OJTトレーナー

142

への研修を導入し，OJTの教育担当者の教育スキルの向上やOJTに取り組む意欲を喚起し，OJTを効果的に展開している。

　ところで，同社の人材育成で特徴的なのは，全社員対象のこうした研修以外に，選抜型の研修が積極的に展開されている点である。選抜型研修は，主任・係長の監督者を対象とするプログラムと課長層を対象とするプログラムの2つから構成されている。

　まず監督者層を対象にしたプログラムから見ていきたい。監督者層は，階層的には主任・係長クラスで，年齢的には30〜35歳の管理者より前を指している。A社の将来はどうあるべきかという事業構想を練ったり，経営マインドを早い時期から醸成していくという人材育成方針に基づき，教育プログラムが展開されている。監督者層を対象にしたプログラムは，選抜方式が採られ，業績や人事評価の結果を参考に，各本部からの本部長推薦により決定される。選抜には，ラインにおける顔が見えることを前提に，つまりラインにおける人物本位による選抜が実施されている。いわば“顔の見える”化による選抜方式である。プログラムは，A社のなかでやっていきたいこと，実現したいことを，1泊2日の研修を複数回実施することでアウトプットを出していく形で実施される。教育プログラムの実施・展開は，外部のコンサルティングファームと連携して実施される。コロナ禍のなかで，2021年度は対面からオンラインに変更して研修が実施された。オンラインによる研修は，自宅，会社といった場所や時間を選ばずに実施できる点では受講者にとってメリットがあったようである。

　もう1つの選抜研修は，課長層が対象で，年齢的には35〜45歳が主な対象となり，受講者は監督者層と同様に，選抜で決まる。本社より各事業本部に次世代リーダー候補者の枠を設定し，将来の部長候補ということを明示して候補者選定を行うよう依頼する形で実施されている。ここでも，監督者層の選抜と同様に，各事業本部内で研修候補者の顔の見える化，すなわち人材アセスメントが進んでおり，各本部長は候補者を選抜するのにそれ程苦労はしないようである。ここから，A社においては，各事業本部におけるライン人事が効果的に実施されており，人材の見える化やキャリア，能力の棚卸（アセスメント）がラ

インでできているものと思われる。

　2021年度の課長層対象のプログラムは，“2031年にＡ社はどうあるべきか”といったテーマに基づき，外部講師の指導の下，シナリオプランニングといった形式で展開された。対象者は24名で，チームによりＡ社の10年後のあるべき姿をグループワークにより以下のようなステップで展開された。

《シナリオプランニングのステップ》

ステップ１：情報収集

　　　　　Ａ社を取り巻く内外の経営環境の変化に関する情報を収集し，分析する

ステップ２：シナリオの作成

　　　　　ステップ１の情報収集およびその分析により，Ａ社の将来の姿を楽観説・悲観説・現状維持説などの視点から分析し，Ａ社の10年後のシナリオを策定する

ステップ３：戦略的示唆

　　　　　ステップ２で策定したシナリオに対し，外部コンサルタントから戦略的示唆を受ける

ステップ４：ビジネスプランニングの策定

　　　　　外部コンサルタントからの戦略的示唆を受けてチームで2031年に向けた具体的なビジネスプランニングを策定する

ステップ５：戦略的コーチング

　　　　　策定したビジネスプランの実現に向けたコーチングを外部コンサルタントより受ける

　このステップで展開されたビジネスプランニングは，経営陣の前でプレゼンテーションを行い，経営陣の評価を受けることでプログラムは終了する。

　Ａ社のプログラムに関して，もう１つ注目すべき点がある。それは監督者層を対象に社長塾が開講されている点である。同社の社長塾は，10年後のＡ社をどういう企業にしたいのか，その実現に向けリーダーシップを発揮できる人材を早いうちに選抜して育成するという社長の指針に基づき実施されている。

　対象者は各本部長推薦により選抜された15名が候補者となり，10カ月におよぶ長期の研修を受講している。研修内容は，主に経営教育，リーダーシップを中心としており，外部研修会社と連携して企画運営されている。プログラム内容としては，MOT，DX（デジタルトランスフォーメーション），経営戦略論，ファイナンスなど，企業経営に求められる専門的知識の修得に重点が置かれている。さらに，座学を中心とする講義形式だけではなく，アウトプットに関する講義も実施されている。これは，A社の10年後のビジョンを策定し，その実現に向けたアクションプランを外部の大学ビジネススクールの教授の指導を受けて，ゼミナール形式でブラッシュアップしていくことに重点が置かれている。これは座学により理論学習で学んだものを実際のビジネスプランにつなげるという意味ではいわば経験学習としての要素が加わり，理論と実践の融合が探求された教育プログラムとなっている。

　以上，A社における次世代の経営人材育成のあり方をヒアリング調査に基づき解説してきたが，最後にA社の次世代の経営人材育成の特徴を要約するならば，以下の4点になる。

①　次世代の経営人材育成に向けた経営トップの明確な人材育成方針の存在

　次世代の経営人材の育成には，経営トップの巻き込みと明確な人材育成方針が存在しないと，人事部門が主催する単なる階層別研修の1つとしてしか認識されず，育成プログラムとしては長続きしないばかりでなく，参加者の研修への参加意欲も高まらない危険性がある。次世代の経営人材の育成には，経営トップの巻き込みと経営トップによる人材育成に関する指針が必要不可欠となる。

②　次世代の経営人材育成プログラムを会社の事業展開や経営ビジョンと関連づけている

　次世代の経営人材の育成には，もちろん経営に係る専門的知識を修得させることは重要であるが，さらに重要なのは単なる理論学習に狭く拘泥することな

く，修得した専門的知識を活用する場としてビジネスプランや事業戦略の構築につなげていく実践教育が必要不可欠となる。まさに，理論学習と経験学習の融合の探求である。

③　社長塾を活用した次世代経営人材の育成

　次世代の経営人材に必要な専門的知識は，大学や外部の専門教育機関などを活用すれば教育することはそれ程難しくはないが，経営哲学や経営理念，経営者としての経営マインドを教育・醸成することは極めて難しい。こうした経営マインドや経営哲学は経営トップが自ら語り部として次世代の経営人材に肉声で刷り込んでいくしか方法はない。ましてや，経営のグローバル化が進展すればするほど，会社のアイデンティティとも言うべき経営哲学や経営理念は必要不可欠となる。

④　外部の知見を有効に活用

　次世代の経営人材の育成には，高度な経営に関する専門的知識が必要となり，CUが設置されていたとしても自社の人材開発部門のスタッフだけで教育を展開することはほとんど不可能である。A社も各大学のビジネススクールと連携して人材教育を行っており，大きな成果を上げている。CUを設置しても，次世代の経営人材の育成に向けては，大学等の外部の専門教育機関との連携は必要不可欠となる。

(2)　B社におけるグローバルビジネスリーダーの育成

　B社は，2019年に創業100周年を迎えた歴史のあるグローバルカンパニーで，国内外にグループ会社100社，2021年3月期で売上高が7,000億を超え，グループ連結の従業員数も3万人の業界を代表する企業である。創業100周年を迎えた2019年に，同社は経営スローガンとして "Transform ○○○○" を標榜し，医療機器業界のグローバルリーダーを目指すべく，新たな経営理念と行動指針を発表した。

同社の新たな経営理念・方針，行動指針を示すと次のようになる。

◆OUR PURPOSE／私たちの存在意義

　Making people's lives healthier, safe and more fulfilling

　世界の人々の健康と安心，心の豊かさの実現

◆OUR CORE VALUES／私たちのコアバリュー

　同社の社員が共有する信念と原則

　同社がどのような企業であり，どのような企業になろうと努めているかを最もよく説明する要素

◆OUR BEHAVIORS／私たちの行動様式

　同社の社員が倫理的にかつ責任をもって業務を遂行していくための指針で，会社としてのアイデンティティと目指すべき姿を表しており，以下の5つのような行動指針から構成されている。

　① INTEGRITY（誠実）：誠意を持って行動し，信頼される存在であり続ける

　② EMPATHY（共感）：すべてのステークホルダーを大切にする

　③ LONG-TERM VIEW（長期的視点）：将来に価値を提供するために，先を見据えて行動する

　④ AGILITY（俊敏）：現状や固定観念にとらわれず，本質を追求し迅速に行動する

　⑤ UNITY（結束）：チームとして一丸になることで，最大の努力を発揮する

　上記で述べてきたように，同社は創業100周年を契機に，OUR PURPOSE／私たちの存在意義，OUR CORE VALUES／私たちのコアバリュー，OUR BEHAVIORS／私たちの行動様式からなるあらたな経営理念をかかげ，より一層のグローバル化と事業の医療へのシフトを加速させ，医療機器業界のグローバルリーダーを目指し新たな成長への第一歩を踏み出し始めた。

　こうした経営理念は，同社の人材育成にも大きく反映され，グローバルなビジネスリーダーの育成に向けた研修が積極的に展開されている。新しい経営理念に基づくビジネスリーダー研修を解説する前に，2000年代の同社の経営人材

育成について概観しておきたい。

　同社では，2000年代にカンパニー制が導入されており，環境変化に対応した「創造的破壊と革新」を目指して30歳代，40歳代の若手管理職を早期に経営に参加させるべく，経営の中核を担う次世代幹部の育成に積極的に取り組んでいた。次世代幹部育成は，主任・係長から経営幹部候補者を選抜し育成する「標準コース」，課長・次長から選抜し5年で経営幹部として育成する「短期コース」の2つのコースから成り立っている。標準コースは，人事考課による優秀者の中からカンパニー長・センター長が選抜し，9カ月にわたり，1カ月に1度，2泊3日の集中研修が実施された。研修内容としては，経営幹部に求められる戦略とマーケティング，アカウンティング，ファイナンス，経営戦略，戦略的意思決定などが講義され，研修の最後には，具体的な経営課題にむけ戦略構築するワークショップが組みこまれ，経営トップにプレゼンを行い，経営トップから直接フィードバックを受けることとなっている。また，こうした経営幹部育成には，海外ビジネススクールへの派遣も併用されており，グローバルな視点から戦略的思考ができることが目標となっていた。

　こうした2000年代の同社の次世代幹部育成プログラムの特徴をまとめるならば，プログラムは講義形式によるMBAエッセンスの修得と具体的な経営課題解決に向けた戦略構築を目指したワークショップ形式の教育プログラムから構成され，講義形式の理論学習と経営課題に結びつけた経験学習（応用）が統合された内容となっている。

　これに対し，創業100周年を迎えた2019年以降の同社の経営幹部育成は，さらなるグローバル化の推進と医療分野への傾斜的な事業シフトにより，これまでとは少し趣が異なる。現在の同社における次世代経営者の育成は「ビジネスリーダー研修」と位置づけられており，通常の階層別研修とは異なる選抜方式で実施されている。グローバル企業を標榜する同社は，これまでの人材育成には見られない，新たな「Global Leadership Competency Model」を策定し，このモデルに掲げられた行動次元を身につけることが経営幹部であるビジネスリーダーや全世界の従業員には求められる。こうした同社の新しいグローバル

リーダーシップの行動次元を示すと次のようになる。

◇未来を創る：

① 戦略的思考：将来の可能性を見極めたうえで，現状を打破する戦略を策定する

② イノベーションの推進：組織が成功するために，新たなより良い方法を生み出す

◇成果をもたらす：

③ 成果の創出：厳しい状況にあっても着実に成果に結びつける

④ 判断の質：適切でタイムリーな判断を下すことで組織が前進し続けられるようにする

⑤ 関係者間の調整：複数のステークホルダーのニーズを予測し，バランスをとった対応をする

◇組織を導く：

⑥ 意欲の喚起：組織目標を達成するために，メンバーが最善を尽くそうとする風土を作り出す

⑦ コラボレーション：共通の目標を達成するために，周囲と信頼関係を構築し，協力して業務を遂行する

⑧ 人材の育成：部下のキャリア目標と組織目標の両方を達成するために，部下を育成する

◇自らを導く：

⑨ 信頼の獲得：正直で，誠実，率直な行いで他の人からの信用と信頼を獲得する

⑩ 多様な状況への適応：さまざまな状況におけるニーズの変化に合わせて，自分のアプローチやふるまいを即座に変える

　次世代経営幹部であるビジネスリーダーの研修は，複雑多様環境下のリーダーシップと組織マネジメントが求められるDirector，Manager層（図表5－11を参照）を対象に，同社におけるリージョン経営幹部（図表5－11を参照）を育成すべく，選抜方式で実施されている。同社は役職定年制が存在しないた

め，年齢的には幅広く，35～55歳のDirector，Manager層が対象となる。選抜
候補者は，30名程度で，次世代を担える人材を選抜して欲しいとの要請を事業
部長やライン上長に依頼し，現場の長からの推薦で決定される。これは事例A
社と同様，現場でビジネスリーダー候補者の人物像や実績等が把握されている
ため，つまり，現場での人材の顔の見える化が進んでいるため，可能となる。
ただ，人材開発部門の責任者は，ビジネスリーダーの候補者の選抜をこれまで
のような現場の責任者からの推薦方式でグローバルベースの展開を図ることが
できるかについては今後の課題となりうることを指摘している。ビジネスリー
ダーの候補者の選抜に関しては，今後，アセスメントシステムや360度評価な
どを導入し，制度の精緻化を図っていきたいとしている。

図表 5 －11　B社の人材構造

出所：B社のヒアリング資料を参考に筆者作成

　ビジネスリーダー研修の内容は，目指すべきリージョン経営幹部に求められ
る能力が，事業・機能戦略立案，自社経営課題解決などであるため，研修内容
も前述した2000年代の経営幹部育成と同様に，戦略に特化したものとなってお

り，具体的には以下のようになっている。内容としては，MBA教育とケーススタディが主なものとなる。

《ビジネスリーダー研修の内容》

◇産業構造と戦略

◇財務分析とビジネスモデル

◇競争適合

◇顧客適合とブランド戦略

◇ダイナミック・ケイパビリティと破壊的イノベーション

◇自社戦略提言（環境分析，自社のケイパビリティ分析を踏まえて）

◇行動宣言

　研修期間は，8月から翌年5月までで，月1回程度，計12回実施された。本研修プログラムの企画立案に携わった人材開発の責任者は，上記研修内容からも分かるように，やや戦略を中心とするナレッジ教育に偏っており，自社戦略提言において戦略立案はするものの，実際の事業との関係性が弱く，戦略の実行力まで修得できないといった課題が残るとしている。これは受講者の研修に対する感想等においても指摘されている。人材開発の責任者は，今後，ビジネスリーダー候補者の戦略実行力を高める方向で研修プログラムをブラッシュアップしていきたいとしている。

　同社のビジネスリーダー研修のプログラムは，自社のスタッフが研修プログラムを企画立案するが，実際のプログラム展開にあたっては，A社の場合と同様，外部の教育機関，すなわち大学と連携して行われている。B社の場合は，青山学院大学より講師を招聘する形で行われている。

　ところで，輸出産業の代表的存在である電機産業や自動車産業では，次世代経営人材や次世代リーダーの育成にあたっては，コーポレートユニバーシティ（CU）を設置し，高度な専門教育が実施されているが，今回ヒアリング行ったB社，さらには前述のA社においてもCUは設置されているが，両社において共通しているのは，CUは各部門や職種等で実施されている研修プログラムの内容を表しているに過ぎず，CUが経営人材の育成に向けた教育プログラム

を自らが企画・実施する機関や組織体とはなっていない。実際の研修企画は，人事部門や人材開発部門が行い，実施は大学等の外部の教育機関と連携して行っている。B社においても，会社名をとって"〇〇〇〇カレッジ"と呼ばれるCUが存在するが，ビジネスカレッジとテクニカルカレッジを通じて，マネジメント能力と技術力の向上が探求されている。しかし，すでに述べたように，B社のCUは人材開発による階層別教育や現場における技術教育等，B社で実施されている教育内容の全体像を表しているに過ぎない。

　次世代リーダーや経営人材の育成に関しては，これまでの先行研究や先進的な事例紹介において，早期選抜→研修→配置といったステップが必要であることが指摘されている。アサヒビールなどでは，次世代のグローバルリーダーには，研修終了後，海外子会社などに優先的に配置し，研修で修得したことを実践する場を与えている。いわゆる理論学習と経験学習の融合化が追求されている。B社においては，研修終了後の優先的配置に至るまでのシステマティックな仕組みはないが，ビジネスリーダー候補の将来性や会社の方針により，ケースバイケースで優先配置が実行されることもある。同社では，今後，ビジネスリーダー研修の修了者のキャリアを追跡し，どのような行動変容が起こっているのか，どの程度戦略実行力が向上しているのかなどを分析し，研修効果を明らかにしていきたいとしている。現在でも，人事部門における20名のHRBP（Human Resource Business Partner）を中心に，ビジネスリーダー研修の教育効果を測定すべく，研修中と研修終了後の2回研修受講者に面談が実施されている。

　このような同社のビジネスリーダー研修は，100周年を迎えた2019年以降導入されたが，まだ導入して2年と歴史が浅く，今後はトップレベルのグローバル経営幹部としての選抜教育とどのような形でリンクさせていくのかが重要な課題となっている。現在，同社では5名の現執行役の後継者育成に向けたサクセッションプランが喫緊の課題となっており，high potentialな人材を早期選抜し，グローバルリーダーに育成していくことが強く求められる。リージョン経営幹部育成に向けたビジネスリーダー研修とグローバル経営幹部に向けたサ

クセッションプランの効果的な連動が期待される。

　最後に，今回のヒアリングを通して得たB社におけるHRMに関する重要な内容を付記していきたい。同社は，2023年4月から国内グループの全社員と海外子会社の管理職を対象に，ジョブ型の人事制度を導入する。すでに，19年4月に国内の管理職を対象にジョブ型人事制度を導入したが，23年4月からはその適用範囲を拡大する。現在は労働組合と労使交渉を進めており，22年中の妥結を目指している。一般に，ジョブ型人事制度に関しては，さまざまな議論が交されており，その理解度や導入状況も企業によって大きく異なっている。同社でも同じようなことが危惧されるため，ジョブ型人事制度の狙いや本質，具体的な内容を組合員や従業員に丁寧に伝えていきたいとしている。こうしたジョブ型人事制度の導入により，評価制度や等級制度などもグローバルに統一し，職責に応じた報酬体系となる。ヒアリングにおいて，新入社員に対してもジョブ型人事制度を導入していくのかについて確認してみたが，基本は新入社員にもジョブ型人事制度は適用していくとの回答である。ただし，社員対象のジョブディスクリプションのように，ジョブ毎に細かく定義するのではなく，職種ごとに大くくりした形にして適用していくようである。

　以上，B社における次世代リーダーとして期待されているビジネスリーダーの育成のあり方をヒアリング調査に基づき解説をしてきたが，同社のビジネスリーダー育成の特徴をまとめると，次のようになる。

①　会社のPurpose（存在意義），Core Value（共有すべき価値），経営戦略，求められるリーダーシップが効果的に連動する形で，つまり明確な経営理念と戦略が連動する形でビジネスリーダー研修が実施されている。

②　ビジネスリーダー研修の立案・企画は，会社の経営理念や事業戦略に精通した人材開発部門が担い，研修の実施に関しては外部の専門教育機関である大学と連携して実施されており，受講者は経営に係る高度な専門的知識の修得が可能となっている。

③　ビジネスリーダー研修は，候補者を早期に選抜する形で行われており，選抜はDiv（事業部）やFunctionの責任者の推薦方式が採られている。こ

れは，同社においては，各部門で社員の能力や業績等の見える化が進んで
いることを物語っている。

(3) C社における経営人材の育成

C社は，1800年代創業の極めて歴史のある飲料，食品の大手総合メーカーで，
2020年12月期の売上高は1,800億を超え，同時期の従業員数も約2,700人を擁す
る飲料，食品業界を牽引するリーディングカンパニーである。同社は，株主を
大事にする企業としても知られており，定期的に株主に対して工場や直営農園
の見学や健康セミナーなどを催して株主との交流を深めている。

同社の人事戦略は，2012年に現常務執行役員CHO（Chief Human resource
Officer）が同社に入社して以降，ジョブ型人事制度の導入を手始めに，2017年
にはHRビジネスパートナー（HRBP）制度，2019年にはタレントマネジメン
トシステムなど，さまざまな人事改革が断行され，イノベーティブな人事戦略
を展開する企業として専門誌などさまざまなメディアに紹介されている。

同社の人事の基本方針は，個人の自律的なキャリア形成とライフイベントを
重視し，"主権在民（従業員）"の原則に基づき，個人の希望に基づいた適所適
材（right place right person）を実現している。同社においては，会社主導よ
りも個人の希望を尊重した人事異動が行われている。また，基本的にはサク
セッションプランを除いては会社強制の人材育成は行われておらず，人材育成
は個人の自律的なキャリア形成に基づき，休日を中心とした個人の希望による
選択型研修制度とe-learning主体で実施されている。選択型研修制度や
e-learningは，複数の会社と提携した汎用的コンテンツを活用し，社員に提供
されている。e-learningの受講歴は人事情報としてタレントマネジメントシス
テムに反映される。人事異動も最大5つまでの希望する異動先や職種，キャリ
ア形成に必要な年数までを自己申告書を通じて会社に申告し，その実現にむけ
て異動が実施される。

同社の経営人材に対する育成の基本原理は，「自らの強みの理解を起点とし
て，当事者として○○○経営をとらえ，経営を担っていける力，意欲と覚悟，

自律性を重んじて育んでいく」という点にある。同社の次世代の経営人材の育成は，主として現執行役員を対象とした「社長候補の育成」と主として現部長を対象とした「次世代経営人材の育成」，さらには主に現課長を対象とした「次々世代経営人材の育成」から構成されている。

①　社長候補に対する人材育成

　まず社長候補の育成から見ていきたい。社長候補の対象者は，成果へのハングリーさ，決断力，突破力，新しい事業構想力などを数値化して「強みの見極め」を行った上で，候補者を社長と，CHO，HRBPを中心とする人材開発委員会のメンバーとで決定される。人材育成は，選抜過程で明らかになった個人の「強みを伸ばす」ことを目指して，以下のようなステップで展開される。

　ステップ1の強みの理解は，社外専門家によるアセスメントにより結果の数値化が図られるとともに，周囲による360度評価のフィードバック，さらには年度の業績評価，人材開発委員会による評価などにより個人の強みの理解が促進される。

　ステップ2の経営知識・スキルのインプット・アウトプットは，外部講師による知識の研修，異業種型の研修・交流会，外部講師によるケーススタディや講話などによりその修得が図られる。アウトプットに関しては，各ポジションにおける経験とフィードバックにより実施される。

図表5－12　社長候補に対する育成方法

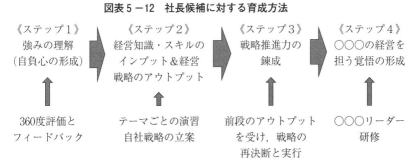

出所：C社のヒアリング資料を参考に筆者作成

ステップ3は，構想した新事業の課題を突破・決断しながら，成果を生み出せるような戦略推進力を鍛える。

　ステップ4は，経営者として自社の経営を担う覚悟と経営者マインドを鍛えるためのリーダーシップトレーニングを受ける。この研修プログラムにより，数年先までの社長候補の選出が可能で，C社のサクセッションプランは確実なものとなっている。社長候補に対する人材育成は3年ほどかけて実施・展開され，研修終了後は，新規事業に専念，海外子会社の成長戦略を練るなどの修羅場の経験をさせることもある。

　ところで，社長候補者の選定における人材開発委員会について解説を加えておきたい。人材開発委員会は，社長・専務・CHOで構成されており，図表5−13からも分かるように，CHOを中心に，人事部長，ライン（部門）から選抜された3名のHRBP，人事の企画運営担当者がサポートを行う。つまり，人材開発員会は，全社的な見地から，戦略との連動を図りながらC社における戦略人事を展開するための組織である。当然，各本部との連携を取りながら人事や人材育成に関する重要な意思決定を行っていく。同社における人材育成担当であるHRBPは，現在は2代目であるが，生産・イノベーション，営業，本社スタッフ系から選出された3名が選出されており，人事経験はないが，現場の視点から物事を考えることができるよう配慮が加えられている。同社では，将来的には執行役員になる者はHRBPの経験が望ましい，ということまで経営幹部層で議論されている。なお，同社のHRBPは，キャリアコンサルタントの資格を有するとともに，問題解決能力，豊富な人脈，豊かな人間性を有した人材であること基準に選定される。

　同社のHRBPの役割は，次のように3つの役割から成り立つ。

1）個人の自律的キャリア開発支援

　　個人が自らのキャリアを方向付け前進し続けられるよう，寄り添い，個人のキャリア開発を支援する

2）現場人事課題の明確化

　　個人が直面する問題のヒアリングを通じて，組織として対処すべき人事課

題を，時宜を逃さずに明らかにしていく

3）経営・本部との強固なブリッジ

　人事課題に着実に対処していけるよう，人事部・事業・経営と連携し，その解決策を提案，実行につなげていく

図表 5 −13　C社の人材開発委員会およびHRBP

```
        人材開発委員会（CHO含む）

  ┌────────────────────────────────┐
  │   人事部長                      │
  │        連携     HRBP            │    各
  │                 人材育成担当     │    本
  │   人事機能                      │    部
  │   （企画運営）   生  営  本      │
  │                 産  業  社      │
  │                     系          │
  │            人　事　部           │
  └────────────────────────────────┘
```

出所：C社に対するヒアリング資料より筆者作成

② 次世代経営人材の育成

　次世代経営人材の育成は，主に部長職を対象に展開されるものであるが，社長候補と同じ目線や意識をもって自社の経営が担えるようにすべく，基本的には社長候補に対する育成と内容はほぼ同じものとなっており，以下のようなステップで展開される。ただ，経営を担っていく覚悟や経営者マインドの醸成までは求められておらず，戦略推進力の強化に力点が置かれたものとなっている。

図表 5 −14　次世代経営人材の育成ステップ

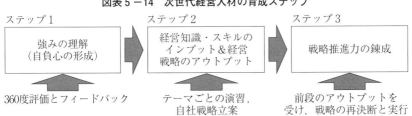

出所：C社に対するヒアリング資料より筆者作成

157

③　次々世代経営者候補の育成

　次々世代経営者候補は，主として現課長層を対象に展開するものであるが，その育成の基本原理は，「自らの強みの理解を起点として，社内外ともに幅広い視点で経営・事業をとらえるための基礎スキル・スタンスを得，次段階に挑める力を育んでいく」という点に置かれ，自社内だけでなく他業種・他社人材との切磋琢磨も加え，視野と力を拡大していくことが研修の目的となっている。次々世代経営候補者の育成ステップは次のような4つのステップから成り立つ。

図表5－15　次々世代経営者候補の育成ステップ

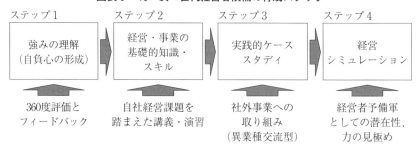

出所：C社に対するヒアリング資料より筆者作成

　こうした4つのステップからも分かるように，社長候補の育成や次世代経営人材の育成と強みの理解や経営に必要な知識の修得は共通しているものの，経営者としての覚悟や戦略推進力までは要求されておらず，経営シミュレーションやケーススタディなどの体験的学習が中心となっている。

　以上，C社における次世代経営者や社長候補の育成のあり方をヒアリングより得られた情報により解説をしてきたが，その特徴をまとめると次のようになる。

　1）社長候補，次世代経営者，次々世代経営者といったように，育成対象ごとに育成すべき人材像を明確にするとともに，サクセッションプランに基づき，それぞれに合った教育プログラムを提供している。

　2）経営人材の選抜は，成果へのハングリーさ，決断力，突破力，新しい事

業構想力などを数値化して「個人の強みの見極め」を行った上で，候補者
を社長と専務，CHO，HRBPを中心とする人材開発委員会で透明性と公平
性を担保して決定される。

　3）社長候補，次世代の経営人材の育成は，経営戦略と事業戦略と連動する
　　　形で展開されており，戦略人事が実施されている。

　4）経営人材の育成研修の修了後は，新事業に専念する，海外における子会
　　　社の成長戦略を構築するなど，学んだことを実践する機会（一皮むけた経
　　　験）を与えて修羅場を経験させることもある。

　5）CHOがエグゼクティブ・コミッティの一員として，卓越したリーダーシッ
　　　プを発揮し，人事戦略を経営戦略の中枢に位置づけ，C社のカルチャーを
　　　大きく変えたことが，経営人材の育成のスムースな実施・運営を可能にし
　　　ている。

　最後に，C社に対するヒアリングを通じて，C社の人事に関する特筆すべき
点を指摘し，まとめとしたい。まず特筆すべきは，ユニークなジョブ型人事制
度を導入している点である。ジョブ型雇用に関しては，各企業で理解のレベル
がさまざまで，中にはジョブディスクリプション（職務記述書）を作成するこ
とが目的になっている企業が数多く存在する。同社のジョブ型人事制度は，
ジョブディスクリプションを作成せず，仕事内容や能力・スキルなどの人材要
件定義書を作成し，ジョブ型でもゼネラリストを育成していくといったユニー
クな運用を目指している。また，新卒の採用に関しては，ジョブ型雇用と切り
離して，従来型の総合職，一般職採用が実施されている。こうしたジョブ型人
事制度を導入したことにより，これまでの人事運用に見られなかった降格・降
職・降給が随時発生している。これまで解説してきた経営人材の育成において
も，当然，候補者の入れ替えや敗者復活はありうることとなる。

　同社の人事に係る特筆すべき2つ目は，離職率やリテンションに対する配慮
が不要である点である。若年層や専門職の離転職行動の増加により，多くの企
業は，人事施策としてA&R（Attraction & Retention）施策の構築に奔走して
いる。しかし，同社では，ジョブ型雇用に切り替わって以降，本人の意思で退

職，復職が可能となっている。実際，かなり多くの社員が離職後に複職している。同社では，中途採用という呼び方を止め，プロパー至上主義を捨て去っている。同社のCHOは，A&R施策においてはRetentionではなく，むしろ会社の魅力度，すなわちAttractionを高めることがより重要だと指摘している。同社では，キャリア採用に向けた「キャリア登録制度」が存在しており，ヒアリング時点でさまざまなキャリアの約2,600名の人が登録をしている。同社の人事ポリシーにおいて，異質な人材が入社することにより，組織にイノベーションが生まれることが重視されている。

　特筆すべき人事に係る3点目は，タレントマネジメントが効果的に展開されている点である。同社では，異動希望，長期のキャリアプラン／能力開発，定性的な人物情報，定量的な人物評価，人材基本情報などに基づき，効果的なタレントマネジメントが展開されている。多くの企業で言葉遊び的なタレントマネジメントは導入されているものの，同社のようなデータを活用した長期的なキャリアプランに基づくタレントマネジメントを展開している企業はそれ程多くないのが実情である。

　特筆すべき最後の点は，キャリア形成の視点から見た開放的な「副業制度」の導入である。同社では，1カ所に限定されないキャリア構築の機会を提供するとの考えに基づき，2019年より副業制度が導入されている。条件としては，入社2年目以上（新卒は4年目以上）で，年間総労働時間が1,900時間未満を満たせば，誰でも可能となる。現在，100人近い社員が利用しており，他社と雇用契約を締結することも可能となっている。副業は，個人の自律的なキャリア形成を促進するもので，社外での学びや経験が個人のキャリアを促進させて，いずれは同社の業務に反映されると考える同社ならではの取組といえよう。最近では，仕事志向やプロフェッショナル志向の高い若手人材に対し，組織を越えた学習，いわゆる越境学習やバウンダリーレスキャリアが注目を集めているが，同社の開放的な副業制度は，バウンダリーレスキャリアや越境学習と位置づけられる。

　最後に，今回のヒアリングでCUに対して否定的ともいえる意見を聞くこと

ができたので，紹介しておきたい。C社のCHOは，以前は外資系企業で導入されたCUに関心はあったが，現在はその必要性は感じないとしている。その主な理由は，自社の固有の価値観を伝授するだけならCUは不要で，むしろ世の中における多様な価値観を受容して経営に携わっていくことが経営人材の育成には必要であるとのCHO独自の考え方にあると思われる。そうした点からC社においては，自社の固有の価値観を伝授するようなCUの設置は必要ないと考えられている。

（注）

(1)　マッキンゼー社緊急提言『デジタル革命の本質：日本のリーダーへのメッセージ』2020年9月，6頁。マッキンゼーの提言は，ニッセイ基礎研究所が2019年に行った「日米CEOの企業価値創造比較と後継者計画」の調査結果を参考にしている。

(2)　同調査は，主に従業員1,000名以上の企業の経営人材育成の取り組みを把握しているミドルマネジャー以上を対象に実施されたもので，有効回答数は263社（有効回答率23.1％）である。製造業と製造業以外の比率は1：1となっている。

(3)　P. F. ドラッカー（上田淳生編訳）『プロフェッショナルの条件』ダイヤモンド社，2000年，209頁。

(4)　経営ビジョンに関する記述は，拙著『個性を活かす人材マネジメント』勁草書房，2016年，第6章「個性尊重主義人事に求められる組織マネジメントとリーダーシップ」における242－244頁を参考に記述。

(5)　ケン・ブランチャード＆ジェシー・マトナー（田辺希久子訳）『ザ・ビジョン』ダイヤモンド社，2004年，37－109頁を参考に記述。

(6)　同上書，152頁。

(7)　経営ビジョンのプロセスに関しては，同上書，151－185頁を参考に記述。

(8)　経営人材に求められる能力・資質については，谷内，前掲書，244－247頁を参考に記述。

(9)　詳しくは，産労総合研究所『企業と人材』vol. 45 No. 989，2012.3月号，8－12頁を参照。

(10)　詳しくは，労務行政研究所『労政時報』第3956号，2018年8月10－24日発行，109－116頁参照のこと。

(11)　ミンツバーグは，マネジメントとは主として経験を通じて習得されるもので，実践の行為と考え，下図に見られるように，アート，サイエンス，クラフトの3つの要素が必要であると主張している。アートはビジョン，創造的発想，サイエンスは分析，体系的データ，クラフトは経験，現実に即した学習を意味している（詳しくはH. ミンツバーグ（池村千秋訳）『マネジャーの実像』日経BP，2011年を参照）。

アート（ビジョン／創造的発想)

マネジメント＝実践

サイエンス（分析)　　　　　　　　　　　　　　　　クラフト（経験)

⑿　石山恒貴（2020）『日本企業のタレントマネジメント』中央経済社，58頁。
⒀　詳しくは，ダイヤモンド社『Harvard Business Review』December, 2002, 12月号
　の特集「企業内大学」を参照のこと。

第6章
プロフェッショナル人材の
マネジメントとキャリア形成⁽¹⁾

1　プロフェッショナル人材に対するニーズの高まり

　第5章で今後の企業内教育において強化していくべき対策として，次世代を担う経営人材について詳しく解説してきたが，本章では今後の企業内教育を展望した時に，もう1つの重要な対策になると思われるプロフェッショナル人材に焦点を当てて考察していく。経営のグローバル化，ボーダレスな地球規模でのナレッジ競争の激化，DX推進によるイノベーション創出に対応していくためには，図表6-1に見られるように，次世代を担う経営人材，次世代リーダーに加えてプロフェッショナル人材が必要となる。

　そこで，次にプロフェッショナル人材がなぜ必要となりつつあるのかを産業社会の変化を通して見ていきたい。前章で言及したように，これまでのわが国の産業社会は，生産・オペレーション中心の工業化社会で，生産設備などのものと良質な労働力（ヒト）をベースに，安価で良質な製品を生産し，海外に輸出することで欧米経済にキャッチアップしてきた。求められる人材も，現場におけるスキルワーカーに重点が置かれ，彼らを中心とする工場でのQC活動やカイゼン活動などを通じて生産現場で生み出され，蓄積されたものづくりのノウハウや勘と経験が重要な資産となり，競争優位の源泉となっていた。前章でも述べたように，こうした工業社会では，スキルワーカーの手の技，いわゆる熟練を核に，ダラリ（ムダ・ムラ・ムリ）を追求し，効率的にものを生産することに経営の主眼が置かれていた。つまり，何を生産するのかというよりも，いかに効率的にものづくりをするのかという生産プロセスに経営の焦点があて

図表 6 － 1　今後の企業経営を牽引する人材像

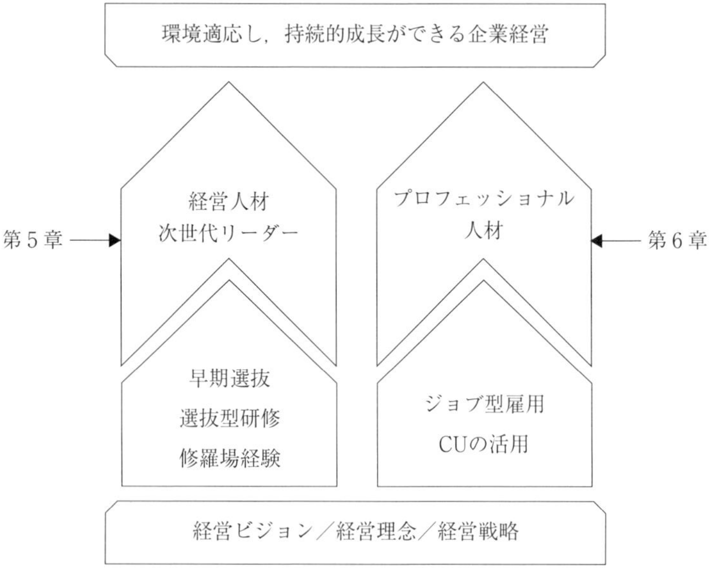

環境適応し，持続的成長ができる企業経営

経営人材
次世代リーダー

プロフェッショナル
人材

第5章 →

← 第6章

早期選抜
選抜型研修
修羅場経験

ジョブ型雇用
CUの活用

経営ビジョン／経営理念／経営戦略

出所：筆者作成

られていた。

　しかし，これからの産業社会は，IT技術やIoT，AIなどのデジタル技術の急速な進展，ITが作り出すユビキタス・ネットワークを背景に，情報化社会，さらには知識基盤社会へと大きく変化しつつある。特に，デジタル技術の進歩には目覚ましいものがあり，これからの企業経営を考える上では，デジタル技術の活用は避けては通れない問題である。デジタル技術を活用したDX戦略がこれからの企業の未来戦略の良し悪しを左右する。

　最先端のデジタル技術を表すものとして，「ABCD」というキーワードがある[(2)]。Aとは，人工知能（AI）を意味しており，AIを活用すれば，ヒトの勘と経験に頼っていた業務を効率化して生産性を高めると同時に，人的ミスを排除することが可能になる。これまでのわが国の熟練者の手の技でものづくりをしてきたことに大きな影響をもたらす。Bとは，ビッグデータを意味しており，DXを推進するにはビッグデータは欠かせない存在である。大事なのは，集積

したビッグデータをいかに分析し，ビジネスの意思決定に反映させていくかである。そのためには，データアナリティック，データマイニングなどの技術が必要となる。昨今のデータアナリストやデータサイエンティストの企業間の争奪戦をみれば，その重要度が明らかである。Cとは，クラウド（Cloud）を意味しており，われわれの日常を見てみれば，さまざまなクラウドサービスが展開されている。自社で新しいビジネスに必要なシステムを立ち上げて，それらを運用・保守していくには，膨大な時間とコストが必要となるため，今後はクラウドに対する需要はますます高まっていくものと思われる。最後のDとは，データ統合（Date Integration）とデザイン思考（Design Thinking）を意味している。データ統合は，散在するさまざまなデータを集約・統合し，業務や意思決定に使えるように変換することを意味しており，デザイン思考はデータを分析し，顧客の課題や潜在的ニーズを探求し，それを具体的な形やビジネスモデルにすることを意味しており，DX推進には必要不可欠なものである。デザイン思考を持ったデジタル人材へのニーズが高まるのもうなずける。今後は，このようなITやデジタル技術を活用したDXの推進により，新しいナレッジや製品，さらにはビジネスモデルを生み出していくナレッジ競争がボーダレスな地球規模で展開されていくものと思われる。

　こうした産業社会の変化は，これまでの企業経営のあり方や必要とする人材にも大きな変化をもたらす。経営資源の重点は，金や土地，ものから人の生み出すナレッジへと変化するとともに，競争優位の源泉もいかに効率的に生産するのかという労働生産性よりも，他の企業が模倣できない技術や製品，ビジネスモデルなどを生み出す知識生産性へと移りつつある。21世紀が知的資本経営（Intellectual Capital Management）の時代と言われる所以がここにある[3]。

　もう1つは，求められる人材やわれわれの働き方にも大きな変化が見られる。これまでは必要とされる人材は，スキルワーカーやマネジメント役を担う管理職であったが，知的資本経営の時代ではすでに述べたように，AIエンジニア，データサイエンティスト，デザイン思考ができるデジタル人材，さらには新しいナレッジを生み出すナレッジワーカーやプロフェッショナル人材などが必要

となる。すでに，このような人材の獲得競争が日本においても本格化しつつある。と同時に，産業社会の変化はわれわれの働き方にも大きな影響を与えている。これまでの工業化社会では，与えられたタスクや課題を正確かつ効率的に処理すること（doing things right）が求められていたが，しかし今後は高度な専門性で顧客や社会の潜在的ニーズを満たすことができるナレッジやビジネスモデルを生み出していくこと（doing the right things）が強く求められる。ドラッカー（Drucker, 1968）が，知識を中心とする社会においては，働く個人もスキルワーカーからナレッジワーカーあるいはプロフェッショナルへと変化することが求められることを指摘している。これまでの流れをまとめると，図表6－2のようになる。

図表6－2　移り行く企業経営

	工業化社会の企業経営	知識基盤社会の企業経営
経営モデル	人本主義に象徴される日本的経営	知的資本経営
重視する利害関係者	従業員重視（従業員主権）	株主・顧客・従業員の利害一致
重要な資本	財務的資本	知的資本
経営資源	金・土地／設備・人	人材の能力・専門性
労働者像	スキルワーカー，ゼネラリスト	ナレッジワーカー，プロフェッショナル，デジタル人材
組織形態	ヒエラルキー（官僚型）組織	フラット・ネットワーク型組織
雇用思想	終身雇用が前提（内部育成型）	（内部育成＋外部調達）型
昇進モード	同年次管理，遅い昇進モード	早期選抜，早い昇進モード
働き方	doing things right	doing the right things

出所：リクルートワークス研究所『Works No. 42：特別編集　知的資本とナレッジワーカー』2000年，55頁に加筆修正

2　会社観・組織観の変化とプロフェッショナリズムの高まり

　産業社会の変化とともに，われわれの働き方や会社観・組織観，職業意識も大きく変化している。特に，そうした変化は若年層において顕著で，中高年層と比較して見ていきたい。中高年層の会社観・組織観は，「１つの組織に帰属し，そこから必要なものをすべて手に入れる」という「帰属意識」に裏打ちされており，その中心的価値は会社への忠誠心や職場への貢献を重視する自己犠牲にある。このような滅私奉公型の帰属意識に裏打ちされた中高年層の会社観・組織観は個人と組織の直接統合[4]を希求しており，個人の組織に対する最大限のコミットメントが必要不可欠になる（図表6－3参照）。一般に，企業戦士と揶揄される人びとの会社観・組織観である。

図表6－3　中高年層の会社観・組織観

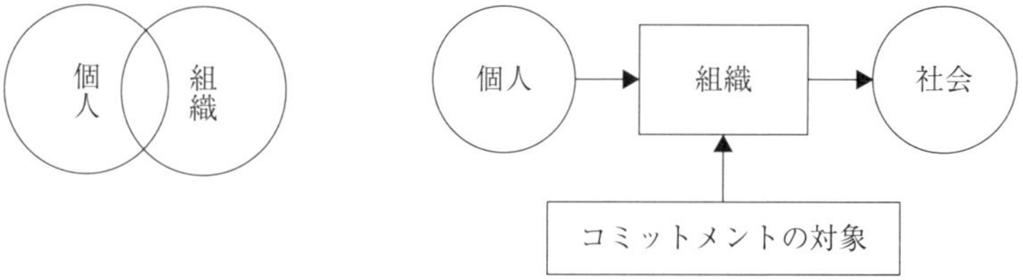

出所：太田肇（1997）『仕事人の時代』新潮社，151頁

　帰属意識に裏打ちされた中高年層は，自分の専門性よりも所属組織に対するロイヤリティが強く，組織との一体化を志向しており，組織目標への最大限の貢献を望むあまり，専門性の次元における能力発揮や蓄積が軽視されてしまう危険性がある。

　と同時に，組織に対して強いロイヤリティを持った中高年層は，組織内部における昇進に強い関心をもつとともに，キャリア志向性も組織との一体化が強く求められる管理職やゼネラリスト志向が強くなる。

このような中高年層の組織に対するハイ・コミットメントを重視する会社観・組織観が「場」[5]を強調する日本の社会を形成するとともに，「ウチの会社」表現に象徴されるように，会社を運命共同体化する「企業意識」を醸成していく。昨今の企業の不祥事の背景には，このような企業意識が作用しているものと考えられる[6]。

　それに対し，若年層の会社観・組織観は，「いくつかの組織に所属し，それぞれから必要なものを手にいれる」という「所属意識」に裏打ちされており，その中心的価値は会社への忠誠よりも仕事への忠誠，会社への貢献よりも自分の専門性の深化や自己の業績達成を重視する自己利益にある。自己利益を重視する功利型の所属意識に裏打ちされた若年層は，仕事を媒介とした個人と組織の緩い関係（いわゆるルースカップリング）を希求しており，個人の仕事に対するコミットメントを極めて重視している（図表6－4参照）。

図表6－4　若年層の会社観・組織観

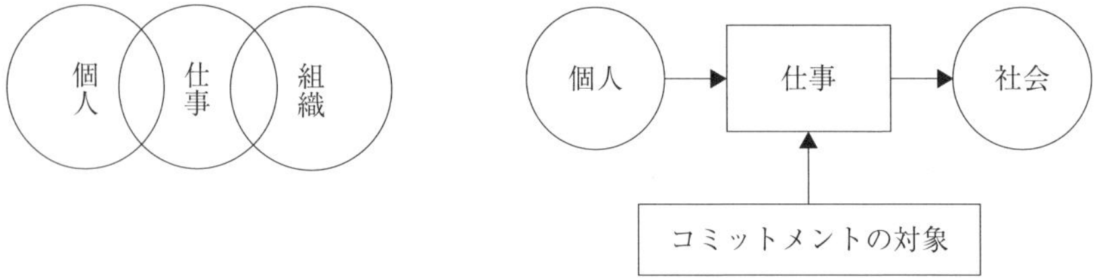

出所：太田肇（1997）『仕事人の時代』新潮社，151頁

　こうした仕事に対するコミットメントを重視する若年層は，自ら主体的に仕事やキャリアをデザインする自律的な働き方を志向するとともに，所属する組織に対するロイヤリティが低く，外部の学会等の専門機関や専門家集団における自己に対する評価や評判に強い関心をもっている。言い換えるならば，彼らの準拠集団は勤務する会社や組織ではなく，むしろ外部の組織や団体にあり，そこにおける評価，すなわち市場価値（market value）で評価されることを強く望んでいる。

　従って，キャリア志向もスペシャリストやプロフェッショナル志向が強くな

り，自分の専門性や技術レベルを高めることにつながるならば，転職も厭わない。最近の若年層の転職行動は，このような若年層の会社観・組織観の変化やキャリア志向が影響しているものと思われる。

こうした若年層の仕事志向やキャリア志向は，「場」を重視する中高年層とは異なり，「資格」を重視する方向へと導くとともに，働く個々人のなかに職業意識やプロ意識といったものを醸成していく。さらに，職業意識は企業意識と異なり，企業の枠を越えうる可能性が高いため，わが国においても本格的な職業倫理や横断的な職業別労働市場（occupational labor market）が形成される可能性が高まることが期待される。

これまで見てきたように，若年層の会社観・組織観の変化や仕事志向の高まりが，個人の自律化を促すとともに，キャリア志向においてもスペシャリストやプロフェッショナル志向を高めている。こうした変化をまとめると，図表6－5のようになる。

図表6－5　会社観・組織観の変化

中高年層の会社観・組織観	若年層の会社観・組織観
帰属意識	所属意識
滅私奉公の美徳化	滅公奉私（仕）の美徳化※
「場」を重視	「資格」を重視
企業意識の醸成	職業意識の醸成
終身雇用が前提	短期雇用，転職志向
⇩	⇩
管理職・ゼネラリスト志向	スペシャリスト，プロフェッショナル志向

※　滅公奉仕（仕）の仕は仕事を意味している。
出所：谷内篤博（2007）『働く意味とキャリア形成』勁草書房，13頁

3　プロフェッショナルの概念と類型化

⑴　プロフェッショナルの概念と要件

　プロフェッショナルに関しては，組織内プロフェッショナルやビジネス・プロフェッショナルなどさまざまな定義や概念が混在しており，識者によってその要件や概念が微妙に異なる。たとえば，太田（1993）はプロフェッショナルの要件として，長期の教育訓練によって獲得した専門的知識・技術，プロフェッショナルとしての倫理的規範，専門職業団体の存在，独占的権限の4つを挙げている。一方，宮下（2002）は組織内プロフェッショナルの概念を「職務に対する主体性と専門性をもち，組織の中核として評価される人材」と定義するとともに，プロフェッショナルの要件として，職務の選択や意思決定に対する影響力の行使や10年以上の職務経験，外部に通用する高度な専門性を挙げている。さらに，大久保（2006）はプロフェッショナルをステイタス・プロフェッショナルとビジネス・プロフェッショナルに区分し，後者の要件として長期間の経験に基づく高い技術と専門知識，仕事を自ら選択したという意識，高い職業倫理の3つを挙げている。

　本書においては，このようなプロフェッショナルの定義や要件に加えて，キウーラ（Ciulla, J. B., 2000）やホール（Hall, R. H., 1968）の定義を参考に，プロフェッショナルの要件として以下の5つを挙げたい（図表6－6）。

　①　プロフェッショナルは，特定の専門分野において高度な専門教育を受け，あるいは長年にわたる熟練に基づき，高度な専門的知識や技術を有する。

　②　プロフェッショナルは，特定の専門分野における集団や機関（学会や職業団体など）に属するとともに，そこにおける集団規範やルール（職業倫理）を遵守する。

　③　プロフェッショナルは，特定の専門分野や専門家集団における自己の評価や評判に強い関心をもつ。

170

④　プロフェッショナルは，仕事に対する誇りと職業的使命感をもち，金銭
　的な報酬よりも仕事の内容や出来映えに強い関心がある。

⑤　プロフェッショナルは，セルフマネジメントの原則に基づき，自ら仕事
　をデザインし，仕事に係る最適な意思決定ができる。

図表6－6　本書におけるプロフェッショナルの要件

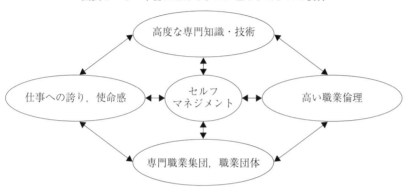

出所：筆者作成

　このような要件を満たしたプロフェッショナルを人材ポートフォリオ上に表
してみると，図表6－7のようになる。スペシャリストとプロフェッショナル
の違いは，前者は組織への帰属意識を有しており，終身雇用を前提にしたス
トック型人材（いわゆる正社員群）としての色彩が強いが，後者は組織へのコ
ミットメントが低く，有期の雇用契約や業務委託契約，請負契約を交わし，自
己の専門性を媒介として業務を請け負うフロー型人材（いわゆる非正社員群）
である点にある。本書におけるプロフェッショナル人材は，上述したように，
一部，組織に対する意識，コミットメントや雇用のあり方に違いが見られるも
のの，コミットメントの中心が仕事や専門性に置かれ共通している点から，図
表6－7に見られるようにスペシャリストとプロフェッショナルから成るもの
と考える。本来，プロフェッショナルは外部調達型人材として位置づけされた
方が理解しやすいが，組織内でのキャリア形成の視点が抜け落ちてしまう点と，
外部労働市場が未発達な日本においては，プロフェッショナルのキャリアは特

定の組織における仕事経験の連鎖，すなわち組織内でのキャリア形成を中心とするとの考えに基づき，本書ではプロフェッショナルに組織内プロフェッショナルともいうべきスペシャリストを含めることとする。

図表 6 － 7　人材ポートフォリオにおけるプロフェッショナル

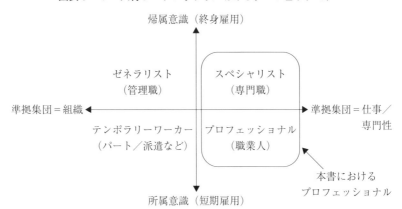

出所：服部治・谷内篤博編（2000）『人的資源管理要論』晃洋書房，45頁に加筆修正

(2)　プロフェッショナル人材の類型化

リクルートワークス研究所は，同研究所が行った「ワーキングパーソン調査2004」から得られたプロフェッショナル人材として必要な能力をベースに，図表 6 － 8 のようなプロフェッショナル人材の類型化を試みている。縦軸は「ヒューマンスキル－企画・発想力」の度合いを表しており，横軸は自己の専門性の「総合－深堀り」を表している。

この分類によれば，プロフェッショナルは主に営業・販売のプロを中心とする「ビジネスサービスプロフェッショナル」，カウンセラーや心理セラピストを中心とする「ヒューマンプロフェッショナル」，コンサルタントやアナリストを中心とする「ビジネスソリューションプロフェッショナル」，特定の分野の技術開発や研究開発（R&D）を担当する「研究・技術開発プロフェッショナル」の 4 つのタイプに分けられる。リクルートワークスのプロフェッショナ

ル人材のタイプ分類は，調査から得られた能力データをベースに多変量解析がなされており，極めて客観性が高いと同時に，4つのタイプいずれを見ても実際のビジネス社会で求められている高度専門家人材群を包含していると思われる。

　しかし，その一方でナレッジ競争のなかで求められつつある事業創造や新たなビジネスモデルで事業展開を牽引できるビジネスリーダーやビジネスプロデューサーが含まれていない。また，同様に，管理系のプロフェッショナル，たとえば，会計・経理部門，人事部門，IT部門，法務部門などの高度専門家，いわゆるファンクショナルスペシャリスト，言い換えるならば組織内プロフェッショナルが含まれていない。

図表6−8　プロフェッショナル人材のタイプ分類

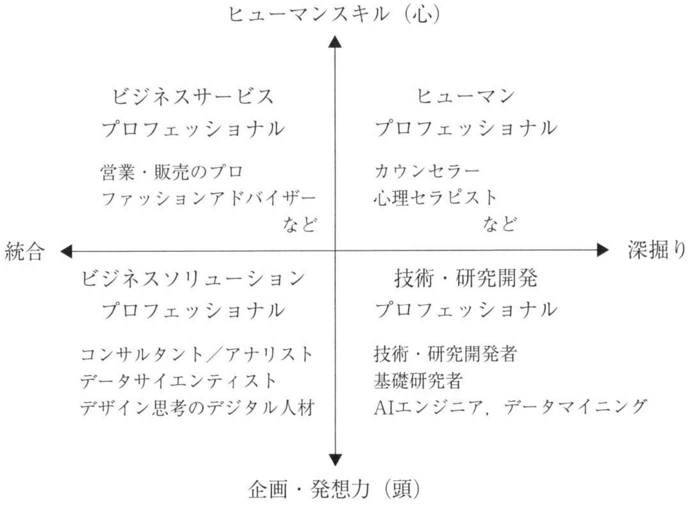

ヒューマンスキル（心）

ビジネスサービス
プロフェッショナル

営業・販売のプロ
ファッションアドバイザー
など

ヒューマン
プロフェッショナル

カウンセラー
心理セラピスト
など

統合　　　　　　　　　　　　　　　　　　　　　　　　深掘り

ビジネスソリューション
プロフェッショナル

コンサルタント／アナリスト
データサイエンティスト
デザイン思考のデジタル人材

技術・研究開発
プロフェッショナル

技術・研究開発者
基礎研究者
AIエンジニア，データマイニング

企画・発想力（頭）

出所：リクルートワークス研究所『プロフェッショナル時代の到来2005』18−19頁に加筆修正

　今後のグローバル経営において求められるのは，世界で散在するナレッジを集積して，組織知に置きかえ新たなビジネスや事業の展開につなげていけるプロデュース型プロフェッショナルである。図表6−9は，このようなプロ

デュース型プロフェッショナルや管理部門のプロフェッショナルを含めたプロフェッショナル人材の類型化を試みたものである。縦軸は事業との直結性が高い－低いかの度合いを表しており，横軸は専門性の適用範囲が広い－狭いかを表している。テクノクラート型プロフェッショナルとは，専門性の適用範囲は狭いものの，事業との直結性が高く，特定分野の技術開発や研究開発，製品開発，さらには戦略的思考に基づくソリューション型営業が担えるプロフェッショナルを表している。これは，図表6－8における技術・研究開発プロフェッショナルとビジネスサービスプロフェッショナルを包括した概念である。2つ目のファンクショナル型プロフェッショナルは，事業との直結性は低いが，専門性の適用範囲は広く，企業におけるファンクショナル部門，たとえば人事，財務・経理，法務，情報などの職能分野における高度な専門性を有したプロフェッショナル人材を表している。これは図表6－8におけるビジネスソリューションプロフェッショナルに近いとも考えられるが，ビジネスとの直結性が低いため，統合のレベルには至っていない。最後はプロデュース型プロフェッショナルで，自己の専門分野における高度な専門性と社内外のネットワークを駆使してビジネスのアイデアやナレッジを集積して，新たなビジネス

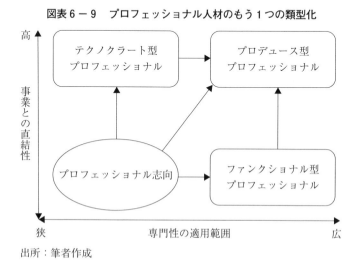

図表6－9　プロフェッショナル人材のもう1つの類型化

出所：筆者作成

モデルにつなげていくことができるプロデューサー的存在のプロフェッショナルである。高度な専門性を有したビジネス感覚をもったプロフェッショナルと言い換えてもいい。今後，より一層必要となるプロフェッショナル人材とは，単に自己の専門性を深化させるのではなく，自己の専門性をビジネスや事業展開に結びつけていくことができるプロデュース型プロフェショナルであると思われる。

4　プロフェッショナル人材を活かすジョブ型雇用の導入

　このようなプロフェッショナル人材を活用していくためには，人事制度や人材マネジメントの仕組みを変えていかなければならない。これまでの多くの日本の企業では，協調性などの性格的特性，出身大学，社風との適合性など，個人の属性を重視した全人格的採用により人を採用し，職務適性の発見と人材育成の両面から，ホワイトカラーの場合は，ジョブローテーションを中心にゼネラリスト育成，ブルーカラーの場合は前後の工程が把握できるように多能工（multiple-skill worker）育成を目指して人材育成が行われてきた。しかも，採用は終身雇用を前提に新卒一括定期採用が中心で，必要に応じて中途採用やキャリア採用が限定的に行われていた。個人と企業との関係は，職務や職種を特定しない，暗黙の心理的契約（psychological contract）[7]，つまり個人は組織への生涯にわたる忠誠を誓い，組織はその忠誠に応えるべく，個人の雇用を保障するという暗黙の契約を交わすこととなる。従って，個人は会社への忠誠から，組織主導の異動やキャリアを甘受する。

　また，報酬面でも，勤続年数を重視した年功賃金，年功昇進，1970年以降導入が進んだ能力主義的賃金である職能給においてですら年功的色彩が強いものとなっている。

　さらに，人材育成面でもすでに第4章で言及したように，従業員全体の底上げをはかる階層別教育が中心となっており，管理職の育成に重点が置かれていた。

こうしたこれまでの採用−配置・異動−昇進・昇格−教育−報酬から成る人材マネジメントや人事制度では，プロフェッショナル人材を育成し，活用することは極めて難しい。ここに，新たな人事制度が必要となる要因がある。新たな人事制度，人材マネジメントの仕組みとして脚光をあびつつあるのが「ジョブ型雇用」である。ジョブ型雇用が脚光を浴びる１つのきっかけは，2020年に経団連が発表した『経営労働政策特別委員会（経労委）報告』のなかで，日本企業にジョブ型雇用制度の導入を呼びかけたことにある。経団連は，その翌年に「2020年人事・労務に関するトップ・マネジメント調査結果」(8)を公表している。それによると，ジョブ型雇用を導入している企業は調査対象企業の35％で約３分の１となっており，それ程普及しているとは言い難い状況である。ジョブ型雇用の導入理由としては，専門性をもった社員の重要性が高まった，仕事・役割・貢献を処遇に反映する，優秀な人材の確保・定着が主な理由として挙げられている（図表6−10参照）。まさに，高度な専門性を有したプロフェッショナル人材の確保・定着，育成が喫緊の経営課題となっていることを物語っている。

図表6−10　ジョブ型雇用の導入理由（導入予定・検討中を含む）

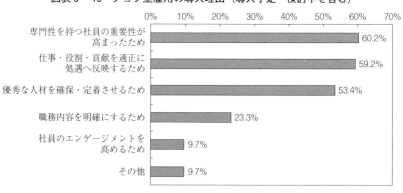

出所：経団連「2020年人事・労務に関するトップ・マネジメント調査結果」，37頁

　ジョブ型雇用に対する主要企業の動向を日本経済新聞に掲載された記事を手掛かりに見ていくと，日立製作所では2021年に管理職，22年に一般社員対象に，

KDDIでも管理職は2021年に，一般社員は22年，資生堂では管理職は20年，一般社員は21年に，NTTは21年に管理職対象にジョブ型雇用を導入している。今後，日本企業を取り巻く環境変化や経団連の呼びかけなどにより，増加することが予想される。

　ところで，ジョブ型雇用とは一体どういう仕組みを意味しているのであろうか。識者によっても，人事担当者や実務家によってもその捉え方はさまざまである。なかには，職務給や役割給と混同して理解されることも多い。ジョブ型雇用の提唱者である濱口（2009，2021）の考え方に触れながらジョブ型雇用の概念を整理してみたい。濱口（2021）によれば，ジョブ型雇用とは最初に職務（ジョブ）があり，その職務のジョブディスクリプション（職務記述書）に明記された必要な業務経験，資格を有し，成果責任，主な業務・タスクを担うことができる人間に割り振っていく仕組みである。つまり，"assign a person to a job" の仕組みである。分かりやすく言うならば，個人がジョブディスクリプションをもとに雇用契約を結び，その範囲内の仕事のみを担当する仕組みである。従って，当然，部署異動や転勤は原則的になく，異動する場合は本人の同意が必要となる。仮に，1つのジョブでポストが空いた場合は，社内で公募することとなり，適格者が社内にいない場合は外部から調達することとなる。その際の報酬は，職務・職種別の市場性を反映したものとなる。

　さらに，ジョブ型雇用においては，その運用主体は各事業部のラインマネジャーが中心となるため，採用や報酬の決定はラインで行われる。これまでの日本の人事は，人事部が全社的見地から，要員計画，採用，配置・異動，教育，報酬の決定などを行ってきたが，ジョブ型雇用では，ライン人事が原則となるため，人事部はラインにおけるジョブ型雇用が効果的に展開できるよう支援するHRBP（Human Resource Business Partner）へと脱皮していかなければならない。

　これまでの終身雇用を前提にした心理的契約に基づくメンバーシップ型雇用では，"assign a job to a person" に見られるように，職務よりも人が中心で，人が仕事を作るとの考え方で雇用管理が展開されてきた。つまり，職務が特定

177

されない（義務の無限定性）⁽⁹⁾で雇用管理が展開されたため，柔軟な職務編成が可能であった。しかも，人事権は会社が有しており，会社主導で柔軟に従業員の人事異動ができた。こうした点からみると，ジョブ型雇用とは，ある意味で硬直的な人事制度といっても過言ではない。

　ジョブ型雇用の硬直性は，他の面でも見られる。1つは「新卒採用」面での硬直性である。ジョブ型雇用に移行するということは，新卒採用を止め，新規採用はジョブにおける欠員補充に切り換えることを意味している。これでは日本の多くの大学が生き残れず，これまでの文部行政を根底から否定することになりかねない。仮に，新卒採用にジョブ型を適用するとした場合でも，現在の学部編成を前提とした大学教育においては，高度専門教育が不十分であると同時に，キャリア教育の面でも不十分である。従って，職種別採用を導入したとしても，やはり新卒採用に全面的にジョブ型雇用を適用するのには困難が伴い，AIなどの特定の職務に限定して部分的に適用することが望ましい。

　2つ目は「解雇制限の法理」面からみたジョブ型雇用の硬直性である。事業再編や事業の再構築などで担当する職務がなくなった場合は，ジョブ型雇用の趣旨に照らすと，本来，解雇することが望ましい。しかし，わが国には整理解雇の4要件が最高裁の判例や労働契約法などで明記されており，直ちに解雇することはできず，他の職務や事業所に配置転換せざるをえない。これまで述べてきたジョブ型雇用の特徴をメンバーシップ型雇用と比較する，図表6－11のようになる。

　上記で述べたような硬直性を有したジョブ型雇用をすべてのプロフェッショナル人材に対するマネジメントに完全適用することは難しいように思われる。AIエンジニアやデータサイエンティスト，デザイン思考のデジタル人材などをめぐっては，人材の争奪戦が展開されており，ユニクロやDeNAなどではこうした人材に破格の年俸を提示している。デジタル人材を獲得する際には，メンバーシップ型雇用における報酬水準では対応できず，必要に迫られ，職種別の報酬体系を導入する企業も増えつつある。

　さらに，ジョブ型雇用の導入にあたっては，2つの問題をクリアしなければ

図表6－11　メンバーシップ型雇用とジョブ型雇用の比較

	メンバーシップ型雇用	ジョブ型雇用
基本的な考え方	職務無限定性（義務の無限定性） widely defined job 人が仕事をつくる（人中心） assign a job to a person	職務限定性（職務記述書） narrowly defined job 仕事に人をつける（職務中心） assign a person to a job
採　　用	新卒一括採用（属性重視） 必要に応じて中途採用	職種別採用 経験者採用
異　　動	会社主導の異動 キャリア形成は会社主体	異動は原則なし 異動には本人の同意が必要
報　　酬	年功賃金／職能給 定昇性を有した賃金	職種別市場賃金 降職／降格／降給あり
運　営　主　体	企業本社の人事部が雇用管理全般を一括管理（集中一括管理）	各事業部におけるマネジャーが管理主体（ライン人事） 人事部はHRBPとしての役割

出所：筆者作成

　ならない。1つは，ジョブ型雇用を全面的に導入するのか，ある職種に限定して導入するのかという問題である。メンバーシップ型雇用をジョブ型雇用に完全に移行させるのには，報酬水準の見直しや採用，配置・異動，教育，報酬など，人事機能のさまざまな面での切り替えや移行措置が必要で，そうした環境整備には相当時間を要すると思われるので，全面移行はハードルが高いと思われる。

　職能資格をベースにした年功的色彩の強い現行の報酬体系では，市場性の高い高度な専門性を有したデジタル人材の獲得は極めて難しい。こうした人材を獲得するためには，ある職種に限定してジョブ型雇用を導入することも必要となる。コンサルティング・ファームのマーサージャパンの白井（2021）は，中国がかつての香港政府に対して提示した一国二制度を模して「一企業二制度」といったジョブ型雇用の移行方式を提示している。一企業二制度とは，1つの企業にメンバーシップ型雇用とジョブ型雇用を併存させることを意味している。つまり，ほとんど既存の社員には，メンバーシップ型雇用が適用されるが，高度な専門性を有したキャリア採用の社員を中心に，さらには会社内で選抜され

たごく一部の社員を含めてジョブ型雇用を適用していく。白井（2021）は，その際のやり方として，同一法人内での一企業二制度方式と別法人を活用した一企業二制度方式の２つがあることを提示している。同一法人方式の場合は，報酬体系の異なる社員が同じ職場で働くことになり，メンバーシップ型雇用適用の社員から不満がでたり，社員構造が二重になりマネジメントが難しくなる，などの問題があり，運用が難しい。一方，別法人方式では，本体のマネジメント体系とは切り離して運用するため，市場性を反映した報酬水準の設定が可能である，別法人独自の人事運用がしやすい，などのメリットがあり，高度なデジタル人材やプロフェッショナル人材の採用には適用性が高いと思われる。ただし，職場において異質な集団が入ることにより集団凝集性が低下する，ジョブ型雇用に対する理解や共感が得られにくいといった欠点もあることに留意する必要がある。

　もう１つのクリアすべき問題は，ジョブ型雇用の適用範囲を全社員対象とするのかあるいは管理職を対象とするのか（管理職への導入後全社員に拡大）という問題である。前述したように，日立，KDDI，資生堂などの先進的企業においては，ジョブグレードが明確で，期待する成果や職務内容などが明確な管理職を対象に導入し，ジョブ型雇用を実際に運用してみて，段階的に一般社員に拡大する方式を採っている。こうした先進的事例に見られるように，管理職を対象に導入し，管理職の意識を変えるとともに，運用面での課題等を整理した上で，全社員に拡大していくことが望ましい。

　ところで，一企業二制度方式による職種（対象者）を特定した形でのジョブ型雇用の導入は，プロフェッショナル人材の確保の面では即効性がある。しかし，図表6－9で示したようなコーポレート系，いわゆる人事，会計・経理，法務などの管理系のプロフェッショナルやR&D部門の研究スタッフ，さらにはビジネスリーダーともいうべきプロデュース型プロフェッショナルは，通常メンバーシップ型雇用が適用されることが多く，現行のメンバーシップ型雇用システムではその育成・活用は難しい。既存の社員に向けたジョブ型雇用導入の仕掛けが必要となる。その仕掛けとは，図表6－12に見られるような「ハイ

ブリッド型ジョブ型雇用」への移行である。これは，高度専門人材のプロフェッショナルに対しては別法人方式でジョブ型雇用を適用し，既存社員にもジョブ型雇用になじませていくやり方である。既存社員へのジョブ型の適用に関しても，同一職種内でのキャリア形成を主とするR&D部門やコーポレートスタッフなどは，ジョブディスクリプションを作成していくが，営業やマーケティング，企画などの職種はメンバーシップ型雇用の良さを反映し，ジョブディスクリプションというよりも，人材要件書的なものを作成し，ジョブローテーションの可能性を残す形とする。つまり，ポストに必要とされる人材像や必要とされる役割，能力，職務経験などを概括的にまとめた人材要件書を作成

図表 6 −12　ハイブリッド型ジョブ型雇用

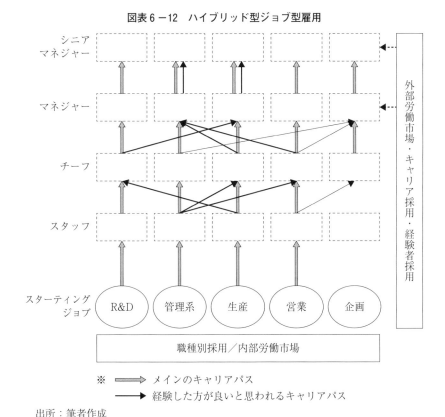

※　⟹　メインのキャリアパス
　　⟶　経験した方が良いと思われるキャリアパス

出所：筆者作成

181

し，複数の部署や職務を経験し，プロデュース型プロフェッショナルや経営人材に育っていくことを目指す仕組みである。これこそがメンバーシップ型雇用とジョブ型雇用の利点を活用したハイブリッド型ジョブ雇用である。

　このように，外部調達および社内より選抜した高度専門人材（プロフェッショナル）には，別法人方式でジョブ型雇用を適用し，既存社員にはハイブリッド型のジョブ型雇用を適用するといった併存方式で，ジョブ型雇用を浸透させ，段階的にジョブ型雇用に全面移行するといった慎重さが必要になると思われる。

5　プロフェッショナル人材の育成とキャリア形成

⑴　CUを活用した高度専門教育の実施

　プロフェッショナル人材の育成には，人事部が主催する画一的な全体的底上げをはかる階層別教育ではその育成が極めて難しい。CU（企業内大学）を設置し，内外の労働市場に通用するような高度専門知識や技能の修得をはかっていく必要がある。少し古いが2社の先進的事例を通してCUを活用したプロフェッショナル人材の育成を見ていきたい。まず1つ目は博報堂の事例である⑽。博報堂は，2005年に社長直轄の人材育成機関としてHAKUHODO UNIVERSITY（博報堂大学）を設置し，クリエイティブな同社を支えるプロフェッショナル人材の育成と輩出に取り組み始めた。教育プログラムは，全員を一定水準以上のプロに育てることを目指し，大きく二段階に分かれている。第一段階は複数の専門性を併せ持った「粒違い」のプロの育成を目指した「経験と教育」の段階で，入社8年目までの社員を対象に，個人の経験領域の拡大や能力の伸長を見ながら，同一職務3年を目途として2回の異動を行う「多段階キャリア選択制度」が導入されている。同社のCUでは，プロフェッショナルに必要な構想力の基盤体得を目的に，社員全員が共有すべき価値観・知識・スキルをHAKUHOUDO Wayとして集大成し，プログラムの多くを必修化している。これは

構想をまなぶ「構想BASICS」と呼ばれている。

　第二段階は，一定水準に育ったプロをさらに伸ばす「挑戦機会の付与」の段階で，2つのプログラムから構成される。1つは構想に気づく「構想SALON」で，新しい構想のヒントを得るべく，外部知と触れ，気づきを深める内容となっている。外部知としては，世の中の動向に詳しい第一人者をゲストスピーカーとして招聘したり，研究プロジェクトの推進などが想定されている。もう1つは，構想に挑む「構想LABO」で，これまで培ってきた専門性と自らのクリエイティビティを駆使し，新たな社会的価値の創出や提言を行う機会が与えられている。

　こうした博報堂のCUを活用したプロフェッショナル人材の育成プログラムは，社員の自律的なキャリア開発を促進させるとともに，高度な専門性を有したプロフェッショナル人材の育成・輩出を可能ならしめるもので，プロフェッショナル人材の育成を目指す企業に多くの示唆を与えるものと思われる。

　もう1つは損保ジャパン（現損害保険ジャパン）の事例である[11]。同社では，部門ごとに行われていたプロフェッショナル人材育成の教育体系を全社で統一し，「損保ジャパン・プロフェッショナル大学」を設立した。同社のCUでは，社内外から一目置かれるような高度なプロを育てるために計画的育成が実施されている。計画的育成は，大きく二段階に分かれており，全員の底上げ，専門化を強化する「基礎課程」とプロフェッショナル人材の育成に向けた「専門課程」から成り立つ。同社のCUの特徴は，社長が学長を務め，人事担当役員が中心となって全体運営を司り，人事部が事務局，大学でいう教務担当を担い，運営されている点にある。2006年の時点では，リテール営業，コーポレート営業，SC，監査・法務，IT，資産運用など，損害保険業界特有の9つの学部で運営されており，各学部はそれぞれの部門の担当役員が学部長に就任するとともに，主任教授として位置づけられている。

　また，各学部での偏った教育に陥らないよう，社内イントラネットに教育内容を掲示するとともに，受講資格を他の学部の社員にも開放している。集合研修は，自由に参加できるオープン研修と指名研修の2つから構成され，それぞ

れ50前後の多彩な講座が開講されている。こうした集合研修の他に，社内外の通信教育が合わせて開講され，自律的なキャリア形成を支援している。

(2) FA制度の導入とキャリアオプションの多様化

すでに，プロフェッショナルの要件で言及したように，プロフェッショナルは自らのキャリアビジョンをもち，セルフマネジメントの原則に基づき，主体的に仕事をデザインし，職務遂行における意思決定を行うことを強く望んでいる。従来のような長いヒエラルキーによる硬直的な組織運営や上意下達型のジョブ・システムでは，プロフェッショナル人材の自律志向には応えることができないばかりでなく，プロフェッショナル人材の育成そのものまでもが危ぶまれる。

プロフェッショナル人材の育成やキャリア形成をはかっていくためには，自らの意思で仕事や配属先が選択できるようなFA（フリーエージェント）制度やジョブ・リクエスト制度の導入が必要となる。前述の博報堂では，CUの設置と併行して，プロフェッショナル育成に向けた自律的なキャリア開発を推進するジョブ・チャレンジ制度を整備・拡充した[12]。ジョブ・チャレンジ制度は，複数領域の専門性をもつ粒違いのプロを育成する「多段階キャリア選択制度」，一定条件を満たし，高いパフォーマンスを上げた社員にFA権を付与し，自らの意思で異動先が選択できる「FA制度」，組織が欲しい人材を広く全社から公募する「社内公募制度」の3つから成り立っている。

このような個人の自律的なキャリア開発を推進するFA制度やジョブ・リクエスト制度は，一部，要員計画との調整が必要であるが，プロフェッショナル人材にとっては魅力のある内的報酬（intrinsic reward）となり，より専門性を向上させるインセンティブにつながる。

また，キャリア選択に関しても，個人のキャリアデザインに基づき，キャリア選択が可能となるような仕組みや制度が必要と思われる。プロフェッショナル志向の人材は，仕事を通して個人と組織の緩い関係，いわゆるルースカップリングを希求しており，キャリア選択においても自らのキャリアデザインに基

184

づき主体的な選択を望んでいる。従来の管理職育成に向けた単一のキャリアパスや単線型の人事制度では，このようなプロフェッショナル人材のキャリアニーズに応えていくことはできない。個人の自律的なキャリア選択が可能となるような複線型人事制度やコース別人事制度などを導入し，キャリアオプションの多様化をはかっていくことが強く求められる。

⑶　エンプロイアビリティの修得，バウンダリーレスキャリア推進の加速化

これまでの人材育成は，これまで何度も言及してきたように，企業固有の技能（firm specific skill）[13]の修得を中心に展開されてきた。その結果，修得する技能は，他社で通用しない非汎用的な技能となり，プロフェッショナル志向の人材にとっては魅力に乏しいのみならず，修得した技能の専門性の程度が低く，新たな競争優位の源泉となるナレッジの創出が難しくなる危険性がある。プロフェッショナル人材の育成には，内外の労働市場で通用しうる市場性が高くかつ専門性のレベルも高いエンプロイアビリティ（employability）の修得に重点をおいた教育が必要になる。

エンプロイアビリティは，1990年代に欧米を中心に失業率の高まりに対する懸念や内部労働市場を中心とした雇用慣行の優位性の低下を背景に登場したものであるが，第3章ならびに第4章でも言及したように，わが国でも日経連の提唱をきっかけに普及しつつある。図表6－13からも分かるように，エンプロイアビリティには，内部労働市場（自社）で評価される能力と外部労働市場で（他社）で評価される能力の二面性がある（図表のCの部分）。

このようなエンプロイアビリティの修得には，従来のOJTや人事部が主催する階層別教育では，その修得が難しい。本節の冒頭に述べたように，CUの設置・活用が必要不可欠と思われる。問題は，こうしたエンプロイアビリティの修得を一企業のCUで行うのか，あるいはエンプロイアビリティの修得を業界マター（matter）として捉え，業界連動型CUで行うかである。これからの時代は，グローバルでのナレッジ競争を勝ち抜くには，業界全体での生き残り

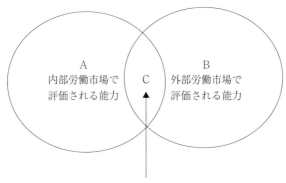

図表6－13　エンプロイアビリティの概念

A
内部労働市場で
評価される能力

C

B
外部労働市場で
評価される能力

内・外の労働市場で評価される能力（employability）

出所：諏訪康雄（2002）「エンプロイアビリティは何を意味するか？」『季刊労働法』
　　　No.199，87頁に加筆修正

をかけ，プロフェッショナル人材の育成をはかっていくことは喫緊の課題といっても過言ではない。そこで，本書では，業界全体でプロフェッショナル人材を育成する視点から，業界連動（コンソーシアム）型CUを通じたプロフェッショナル人材の育成を推奨したい。業界連動型CUの代表的なものとしては，IFI（Institute for The Fashion Industries）が挙げられる[14]。IFIは，繊維，ファッション業界の主要企業40社などの出資により設立されたもので，ファッション業界として次世代を担うプロフェッショナルや経営人材を育成することを目指している。一部，電機連合などの労働組合において，雇用の流動化を背景に，業界全体でエンプロイアビリティを高めるための施策づくりに着手する動きが見られるが，グローバル競争が激化するなかで，業界連動型CUは今後ますます必要性が高まってくるものと思われる。

　また，プロフェッショナル人材の育成に向け，エンプロイアビリティの向上をはかっていくためには，キャリア形成のあり方にも変革が求められる。プロフェッショナルのキャリア形成は，これまでは原則的には組織内キャリアを中心に展開されており，組織の外でのキャリア形成はあまり重視されてこなかった。一部，新しい事業の展開やアライアンスによる共同事業展開などにより，

企業から外部に派遣されてキャリア形成をはかる外部トレーニー制度を採り入れ，これまでの組織内キャリアで修得できなかったナレッジやスキル，ビジネスのノウハウなどを吸収することは実施されてきた。しかし，これはあくまでも事業展開のために必要であるという前提で実施されるもので，必ずしもプロフェッショナル人材の育成に向けたキャリア形成とはいえない。

　プロフェッショナル人材を育成するためには，それぞれの専門分野における最先端の新しい技術やナレッジ，専門性に触れ，それらを吸収していくことが必要不可欠となる。そのためには，学習の場やキャリア形成の場を狭く組織内に限定することなく，外部にも広げていくバウンダリーレスキャリアを認めていかなければならない。バウンダリーレスキャリアは，主に個人のネットワークや社会人大学院，専門職大学院などを活用して新しい知や情報，技術を学習するもので，いわばコミュニティ・ベースド・キャリアともいうべきものである（三輪，2011）。それは一方でプロフェッショナル人材の専門性を高める場であると同時に，他方で新たな仕事を見つける場にもなりうる。従って，バウンダリーレスキャリアによるプロフェッショナル人材の育成を展開する場合は，中原（2012）が提唱するように，個人が組織の境界を往還しつつ内省で修得したものを，自らの専門分野のメンバーにフィードバックし，組織学習を通じて暗黙知から組織知に置換していくことが極めて重要となる。つまり，バウンダリーレスキャリアで修得したナレッジや技術，高度な専門的知識などを組織内で広げる「ゲートキーパー」の役割を果たしていくことが強く求められる（村上，2017，荒木，2021）。しかも，それはプロフェッショナル人材が属する組織に狭く限定しないで，組織の外と内をつなぐ組織全体の仕組みとすることが肝要である（村上，2017）。なお，バウンダリーレスキャリアについては，次章で詳しく解説をする。

(4)　ロールモデル，メンターの活用

　プロフェッショナル人材を育成していくためには，これまで述べてきたような育成のあり方やキャリア形成だけでは決して十分とは言えず，具体的なゴー

ルイメージであるモデルとなる人材が必要である。キャリアの節目（キャリア
トランジッション）において，自分の専門分野を決定したり，キャリアコース
を選択したりする際に，組織のなかに目指すべき人材像，いわゆるロールモデ
ルが存在していると，キャリアビジョンが立てやすく，かつキャリア選択の意
思決定もスムーズに行える。また，こうしたロールモデルとなる人材をキャリ
ア選択やキャリア形成におけるアドバイザーとして活用すれば，メンタリング
効果も期待できる。

　このように，プロフェッショナル人材の育成を効果的な形で根付かせ，実効
あるものにしていくためには，キャリア形成の仕組みや人材育成の方法論のみ
ならず，プロフェッショナル人材をロールモデルとして活用していくことも重
要となってこよう。

6　プロフェッショナル人材に対するリテンション策

　プロフェッショナル人材のコミットメントの対象は，仕事や自己の専門性に
置かれ，専門分野における自己の評価に高い関心を示している。自分の所属す
る組織に対する帰属意識は低く，自らの専門性が評価され，専門性を発揮でき
る仕事環境を与えてくれれば，転職をも辞さない。ましてや，今後はさらなる
DXの推進やボーダレスなナレッジ競争の激化により，高度な専門性を有した
プロフェッショナル人材をめぐる獲得競争はさらに激しさを増すものと思われ
る。そこで，プロフェッショナル人材の育成やキャリア形成と併行して，優秀
なプロフェッショナル人材を定着させるためのリテンション策が人材マネジメ
ントして重要な課題となる。

　このようなリテンション策としては大きく3つのことが考えられる。まず1
つ目は「教育環境の整備」である。自らの専門性を高めるキャリア形成にこだ
わりをもつプロフェッショナル人材に対して，能力や専門性を向上させること
ができる教育環境を整備することは極めて重要である。専門職大学院などの大
学院派遣，資格取得に向けた教育休暇の付与，さらには長期的な研究テーマに

挑戦するためのチャレンジ休暇などを通じて，プロフェッショナル人材の専門性向上の機会を積極的に設けていくことが必要と思われる。

　2つ目は「職場環境の改善」である。ダベンポート（Davenport, 2005）が指摘するように，プロフェッショナル人材にとっては，新しいアイデアを得たり，自分のなかにある暗黙知を交換し合えるような組織学習が可能となる職場環境が必要不可欠となる。ミーティングや自由に意見交換ができるような多様な協働スペース，専門性を高めあうことができるような社内学会の設置，さらにフリーアドレスのデスクの設置など快適なオフィス環境の整備が必要となってこよう。

　最後は「褒章制度の制定」である。プロフェッショナル人材は金銭的な外的報酬よりも，専門分野における自己に対する評価，評判に高い関心を示す。つまり，自己の内面を充実させる内的報酬を重視する。革新的なビジネスモデルや新技術，新製品の開発，さらには著しい業績を達成したプロフェッショナル人材には，それらの価値を正当に評価し，褒め称える制度が必要となる。こうした褒め称える制度は，いわば一種の社内版award制度で，内的報酬に位置づけられる。島津製作所がノーベル化学賞を受賞した田中耕一氏を"フェロー第1号"と認定し，役員並みの待遇で褒章したケースが参考になろう。

　と同時に，青色発光ダイオードめぐって日亜化学と中村修二氏との間で訴訟が発生したように，発明対価をめぐる訴訟が発生しないよう個別発明契約の締結や個別発明規定の制定なども必要と思われる。

（注）
⑴　本章の記述は，拙稿「プロフェッショナル志向の高まりとキャリア形成」『経営教育研究』第11巻第1号（2008）に大幅に加筆修正したものである。
⑵　詳しくは富樫純一コラム「DX実現に必要不可欠デジタル技術要素ABCDとは」を参照のこと。
⑶　知的資本（intellectual capital）という概念は，1991年にフォーチュン誌よって初めて使われたもので，現在では企業の最も価値のある資産で，最大の競争力の源泉と位置づけられており，それをベースにした知的資本経営は世界的関心事となっている。知的資本経営の先駆的企業としては，スカンディア社，ダウ・ケミカルなどが挙げら

れている。リクルートワークス研究所では，知的資本経営の構成要素として人的資本，関係資本，構造資本の３つを挙げている（詳しくはリクルートワークス研究所『Works 42』（2000.10‐11）における特集：知的資本とナレッジワーカーを参照）。

(4) 太田（1997）は，個人と地域の関わり方に関して，直接統合と間接統合といった２つの概念を援用して説明している。直接統合は仕事よりも組織に対するコミットメントが高く，組織との一体感を強く志向しており，組織人モデルと位置づけられている。一方，間接統合は，仕事へのコミットメントが高く，仕事を通して組織と関わっていくことを志向しており，仕事人モデルと位置づけられている。直接統合は筆者が主張する滅私奉公を美徳とする帰属意識に，間接統合は仕事を通して組織とのルールカップリングを希求する所属意識に類似した概念である。

(5) 中根（1967）は，日本と欧米の社会における人間関係を，「場」と「資格」といった概念を援用し，日本社会における人間関係は職種（つまり資格）よりも場，つまり所属する組織を強調する点に大きな特徴があることを明らかにしている。

(6) 企業意識と企業の不正事件との関係性や職業意識との関連については，拙著『働く意味とキャリア形成』（勁草書房，2007）の第２章「仕事の条件と職業倫理」および第３章「企業意識と職業意識」を参照のこと。

(7) 心理的契約とは，Rousseau（1998）によれば，「当該個人と他者との間の互恵的な交換について合意された項目や状態に関する個人の信念」とされており，分かりやすく言えば，個人と組織との間の相互の期待で，それに対して両者の間に合意形成がなされていると個人が感じていることである。わが国の終身雇用は，法律上，どこにも規定されておらず，個人が組織に忠誠を誓い，貢献することとの交換で，企業は個人の長期雇用や生活を保障するという心理的契約で成立している。その結果，個人は長時間労働や配置転換を受け入れていくと考えられる。

(8) 同調査は，2020年８〜９月にかけて，経団連会員企業1,442社の労務担当役員等に対し実施されたもので，回答数は419社（回答率29.1％）である。そのなかには，ジョブ型雇用に関するアンケートも含まれている。

(9) 岩田龍子（1977）は，フレキシブルな職務編成や弾力的な職務の進め方を「義務の無限定性」と称して，日本的経営の編成原理の１つに挙げている。つまり，個人のジョブ・テリトリーは曖昧で，個人の自発的な職務拡大，すなわち義務の無限定性で日本的経営は効率的な経営を実現できたと考えられる（詳しくは岩田龍子（1977）『日本的経営の編成原理』文眞堂を参照）。

(10) 博報堂のCUの事例は，日本経団連出版編『キャリア開発支援制度事例集』（日経連出版，2006）95‐113頁の「博報堂プロを育てるキャリア自律支援体系」を参考に記述。

(11) 損保ジャパンのCUの事例は，日本経団連出版編『キャリア開発支援制度事例集』（日経連出版，2006）268‐271頁の「損保ジャパン　プロフェッショナル大学の設立」を参考に記述。

(12) 日本経団連出版編，同上書，103‐113頁を参照。

(13) 人的資本論では，スキルを企業特殊技能と汎用性が高く，他企業でも通用する一般技能（general skill）の２種類に分類していたが，最近の労働経済学の分野では，こ

れに医療分野などに見られる職種特殊的技能を加えた方がいいとの議論が展開されている。

⑭　IFIには，マスターコース，プロフェッショナルコース，マネジメントコース，エグゼクティブコースの４つのコースが設定されており，その講師の大半は企業の経営者や実務家で構成されている（詳しくはリクルートワークス研究所『Works』53号（2002.8 － 9 ）31－32頁参照）。

第7章

組織主体のキャリア形成から
個人主体のキャリア形成への移行(1)
―組織内キャリアからバウンダリーレスキャリアへ―

1　新たなキャリア形成が求められる背景

　わが国においては，1970年代，高校教育における普通科の増設にともない，進学競争，学力競争が激化し，偏差値を尺度とする一元的能力主義が蔓延することとなった。その結果，いい（偏差値の高い）高校→いい大学→いい会社→職業世界での成功→いい人生といった神話ができあがり，より一層受験戦争を過熱化させていった(2)。つまり，一元的能力主義に基づく学校教育と企業社会での成功が強く結びついていた。従って，こうした流れから外れた学生は，いい会社を選択することが難しく，いい職業生活を送ることが極めて難しくなった。教育の重点は，学校や塾などを含め，主に受験戦争を勝ち抜くための教育に置かれており，人はなぜ働くのか，人にとって仕事とは何か，どんな仕事をしたいのかなどのキャリア教育の視点が欠落していた。それがフリーターやニートといった社会問題に発展し，2000年代初頭より文部科学省の学校教育におけるキャリア教育の強化策につながっていった。

　しかも，こうした教育のなかで，われわれがおとなになるプロセスは大学教育や高校教育がその役割を担うのではなく，企業がその責任を負っていた。すなわち，終身雇用という仕組みのなかで，企業が自らの責任において，学校を卒業した人たちにOJTや企業内教育を通じて企業固有の技能，いわゆるfirm specific skill（企業特殊技能）を修得させてきた。こうして修得する技能の特殊性は，一方で企業に対する定着を促進させるとともに，他方で終身雇用制を

側面的に補強する効果を果たしてきた。

　以上見てきたように，従来のキャリア形成は，一元的能力主義に基づく学校教育と連動する形で，企業が主体となって，終身雇用制のなかで，企業固有のfirm specific skillの修得をはかるべく展開されてきた。これを従業員サイドの視点でとらえると，おとなになるためのキャリア形成は，企業サイドがすべてお膳立てをしてくれ，われわれはその決められたプログラム通りにキャリアを形成するといういわゆる受動的な学習プロセスが中心となっていた。こうした組織本位のキャリア形成をここでは組織内キャリアないしはオールドキャリア[(3)]と呼ぶこととする。

　しかし，すでに前章で言及したように，若年層を中心に，組織観・会社観が変化し，コミットメントの対象が組織から自己の専門性や市場価値に移行するにつれ，キャリア形成のあり方にも大きな変化が見られるようになった。定年まで1つの会社で留まろうとする一社主義は影をひそめ，自分の専門性が認められたり，自分の市場価値（market value）が高まるなら，転職をもいとわない若者が増えつつある。実際，若年層の勤続年層はわずかながら短くなっており，雇用の流動化が本格化している。

　若年層のこのような動きは，自己の人的資産（human capital）としての価値を高めることがその目的となっており，キャリア形成においても従来の企業主導型のキャリア形成やfirm specific skillの修得には興味を示さない。それよりもむしろ，自らの責任で主体的に自己の資産価値を高めることに大きな関心をもっており，その実現に向けキャリア形成においても自律的なキャリア形成を望むとともに，技能の修得においても汎用性の高い技能や高度な専門的知識の修得を強く望んでいる。

　こうした若年層のキャリアの自律化の動きだけでなく，組織構造の変化やそれに伴う仕事のやり方などの変化によっても，新たなキャリア形成のあり方が求められつつある。図表7−1からも分かるように，従来の組織は官僚的組織に見られるように複数の階層と役割・権限体系から成り立っており，上司より上位下達の命令系統で与えられた職務や目標をやり遂げればよかった。そこで

求められる能力や知識，スキルは，組織内での汎用性を有した，つまり境界に制約された（bounded）組織固有の技能（firm specific skill）でよかった。また，われわれに求められたのは，役割・権限体系や職務に構造化された行動（structured behavior）で，われわれは上司やヒエラルキーに支配された盲目的従事者，すなわち従業員（employee）として存在していた。従業員が望むものは，心理的契約や温情主義（paternalism）に基づく雇用保障と生活基盤を安定させる年功を反映した報酬である。従業員の関心事は，制約された境界（企業）内で偉さを示すヒエラルキーの階段（career ladder）を上ること，つまり昇進することに向けられた。

　しかし，これからの時代は図表7－1からも分かるように，水平的でネットワーク化された組織を介して職務を遂行することとなる。しかも，プロジェクトチームやタスクフォースに象徴されるように，フラットな形の組織運営で職務は展開される。さらに，これまでとは異なり，変化が常態化しており，動態的な組織運営が必要となる。

図表7－1　組織・職務構造の変化

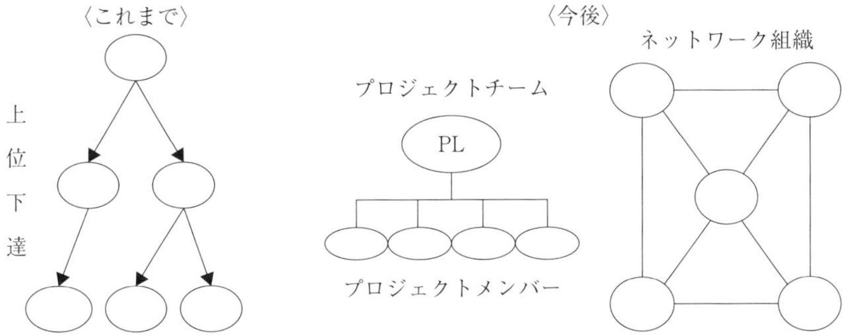

出所：筆者作成

　こうしたネットワーク型組織やプロジェクトチーム方式により職務を遂行していくに当たっては，対等で水平的なネットワーク状の関係が重要となるので，個人のなかに知識が体現されることが必要不可欠となる。個人の知識（individual knowledge）は，これまでの組織が道案内をしてくれたような組

織主導のキャリア形成では修得していくことは難しい。われわれはいわゆる指示待ち族のような従属的存在では生きていくことはできない。われわれは，制度や組織，上司に依存するのではなく，われわれの個人の知識で主体的に行動する行為者（actor）へと脱皮することが強く求められる。と同時に，終身雇用が形骸化するなかで雇用されていること（employment）が前提ではなくなり，われわれが組織に対し，雇用に値する能力，つまり継続的な就業可能性（employability）を獲得・維持していかなければならない[4]。そうした就業可能性，すなわちエンプロイアビリティを修得していくには，これまでのような組織主導の組織内キャリアから個人主導の組織の境界を越えた新たなキャリア形成のあり方へと転換していく必要がある。

2　キャリアストレッチングとキャリア自律

　前述したように，これまでのキャリア形成は，1つの企業内における内部労働市場をベースに企業固有のfirm specific skillの修得を企業の責任において，OJTや階層別研修，職能別研修などのOff－JTを通じて行われてきた。こうしたキャリア形成により修得した専門性やスキルは，個別企業内でのみ通用し，外部通用性は低い。firm specific skill，すなわち企業特殊技能といわれる所以がここにある。しかし，最近ではこうしたキャリア形成のあり方や修得した専門性，スキルを効果的に活用仕切れないような変化が起こりつつある。まず1つ目の変化は，アウトソーシングやアライアンス（業務提携），さらには若年層を中心とする雇の流動化などにより，組織や職種の境界が以前ほど明確でなくなりつつある点である。つまり，内部労働市場が徐々に崩れ始め，外部労働市場とゆるくつながったり，あるいは両者の中間市場ともいうべき準内部労働市場が形成されるようになってきた。就業可能性を表すエンプロイアビリティは，こうしたことを背景にそのニーズが高まっているものと思われる。
　2つ目の変化は，前節でも言及したように，組織のフラット化，ネットワーク化により，他部門や他社との連携がこれまで以上に求められている点である。

こうした連携は，もちろん組織対組織といった公式的なつながりからも生まれ
るが，むしろ個人のコミュニケーションスキルや個人の人間力，有している専
門性などを介してできあがったソーシャルネットワークから生まれることが多
い。従って，当然，個々人はネットワークがうまく形成されるよう，人的資産
としての価値を高めていかなければならない。つまり，外部通用性を有する高
度な専門性を身につけておかなければならない。

　3つ目の変化は，自分の身は自分で守っていかざるをえない点である。これ
までは人材育成の責任は企業にあり，「人を育てる」ことが企業の大きな使命
であった。しかし，成果主義が浸透し，終身雇用が崩れつつある現在では，か
つてのような温情的な経営家族主義により，従業員を定年まで雇用保障するこ
とは困難となりつつある。これからは，われわれ個々人が企業に依存するので
はなく，個人の責任において自己の人的資産価値を高め，雇用される能力であ
るエンプロイアビリティを修得していくことが求められている。花田（2013）
は，このように従業員が自らの能力を高め，成長の可能性や機会の拡大に向け，
活動を実践することをキャリアの「ストレッチング」[5]と呼んでいる。今後，
企業に求められるのは，従業員のキャリアストレッチングを支援し，「人が育
つ会社」づくりをいかに実現できるかである。

　こうした変化にうまく応えていくためには，キャリア形成のあり方をこれま
での組織キャリアないしはオールドキャリアから新しいキャリア形成に転換し
ていかなければならない。前述したように，若年層において仕事志向やプロ
フェッショナル志向が高まっており，自律的なキャリア形成や外部通用性の高
い高度な専門性やスキルの修得に強い関心をもっている。また，企業自身も地
球規模でのナレッジ競争を勝ち抜いていくために，プロフェッショナルやナ
レッジワーカーを必要としている。従業員サイド，企業サイド双方のニーズを
満たしていくには，自律的なキャリア形成の支援と企業の枠を越えた新たな
キャリア開発が必要となる。

　そこでまず，自律的なキャリア形成の支援から見ていきたい。自律的なキャ
リア形成の支援とは，先述したように，従業員が会社に依存することなく自ら

の能力を高め，成長の可能性や機会の拡大に向け，活動を実践すること，すなわち個人のキャリアストレッチングを支援することである。このような個人の自己責任による人的資産価値の拡大活動は，コミットメントの対象が組織から自己の専門性や市場価値に移りつつある若年層やプロフェッショナル人材にとって，将来に向けたキャリアデザインに基づき，自らの手でキャリア設計ができるという意味では，彼（彼女）らの志向性に適合したキャリア形成のあり方といえよう。

　こうしたキャリア自律行動を具体的に展開していくためには，次のような3つの行動レベルが必要となる[6]。まず1つ目は「ジョブデザイン行動」で，これは自らの価値観やポリシーをもち，積極的に周囲の人たちを巻き込み，自分なりのやり方で創造的な仕事をすることにより自己の満足感を高めるような能動的な行動を意味している。仕事とは与えられるものではなく，自らが主体的に創出するもので，極めて創造的なプロセスである。もちろんキャリア形成に関しては自律性が重要であるが，「仕事が人を育てる」ということも念頭に入れていく必要がある。チャレンジングで刺激的な仕事は，われわれのモチベーションを高めるだけでなく，能力やスキルの向上につながる促進要因にもなる。モチベーションにおける目標設定理論（goal-setting theory）においても，高い目標は低い目標に比べてモチベーションに与える影響が大きく，結果として業績向上につながることが明らかにされている。その理論的根拠は，高い目標を特定することは心理的に内的な刺激要素になると考えられるからである。これはキャリアにおいてもあてはまり，創造的でチャレンジングな仕事は，われわれにとって内的な刺激要素となり，キャリア自律行動を促進させる。

　2つ目は「ネットワーキング行動」で，積極的に自分のネットワークを構築し，必要な情報交換や情報発信を行い，社内外のキーパーソンと問題意識や必要な情報を共有することを意味している。組織のフラット化，ネットワーク化，さらにはアライアンス，M&Aなどにより，組織の境界が崩れつつある現代においては，こうしたネットワーク行動の実践により構築された人的ネットワークは極めて有用なものとなる。われわれが主体的にキャリア形成をはかってい

くためには，２つの資源が必要となる。１つは能力的資源で，個人が習得する高度な専門性や技術がその人の人的資産価値を高める。もう１つは関係的資源で，まさに人的ネットワークが自律的なキャリア形成に必要な情報や知識をもたらし，それらが結果として個人の資産価値をも高めることにもつながる。こうした人的ネットワークは，キャリア自律にとっては欠かせないものである。

　最後は「スキル開発行動」で，今後人的資産価値を高めることにつながるようなスキルや知識，資格取得を含め，どのように開発していくのかについて具体的アクションプランを策定し実践していくことを意味している。これは，先述した主体的キャリア形成に必要な能力的資源の向上をはかる行動で，エンプロイアビリティやgeneral skillの獲得を目指す。

　ところで，このような３つの行動レベルから成るキャリア自律行動を従業員に促していくためには，企業としてそれらの行動を支援する施策が必要である。具体的な支援策については事例を踏まえ詳しく解説をするが，その前にキャリア自律に関する誤った認識について触れておきたい。キャリア自律をめぐっては，キャリア自律とは従業員の自己責任で行うべきものであり，企業が関与すべきものでないといった誤解が一部の企業で生じている。つまり，自分の人的資産価値を高めるようなキャリア形成は自分のお金と時間でやるべきといった誤解である。キャリア自律において大切なのは，従業員個々人が自分らしいキャリアを構築できるよう，必要なものは会社側が支援していくということである。企業に今後求められるのは，従業員のキャリア自律行動を支援し，人を育てる会社から，「人が育つ会社」へとパラダイムシフトしていくことである。

　さらに，キャリア自律をめぐってはもう１つの誤解が存在している。それも自律に対する誤った捉え方が原因となっており，一部の企業では，キャリア自律とは自分勝手にキャリア開発をすることと誤って認識されている。キャリア自律といっても，個人の自律的なキャリア形成が大前提であるものの，やはり組織の人材ニーズと効果的に統合するような形で展開されることが望ましいと思われる。自己のキャリアニーズと組織の人材ニーズがマッチングすれば，個人の社外流失を防止する可能性が高いと思われる。

個人のキャリア自律を支援するものとしては，社内公募制やFAなどのジョ
ブチャレンジ制などがあるが，ここでは先進的な2社の事例を通して，キャリ
ア自律の支援策の実際を見ていきたい。まず1社目はサントリーの事例[7]であ
る。サントリーでは，2013年の人事制度改定にともない，「自分の内なるフロ
ンティアを開拓しよう」というメッセージの下，個々人のキャリア意識の醸成
に力を入れることを明言し，図表7－2のようなキャリア支援策を打ち出した。
このなかで注目したいのは，Self-Reliance～キャリア自律・自己啓発～で，大き
く3つのプログラムより構成されている。1つ目は自己啓発プログラム（Suntory
Self-Development Program：SDP）で，多様な従業員ニーズに応えるよう幅広
いジャンルをカバーした多彩なプログラムが用意されている。プログラムの選
択は，応募型研修，語学研修，e-ラーニング，通信教育の4つの手段から選び，
自己鍛錬することができるようになっている。

図表7－2　サントリーの人材育成の考え方と体系

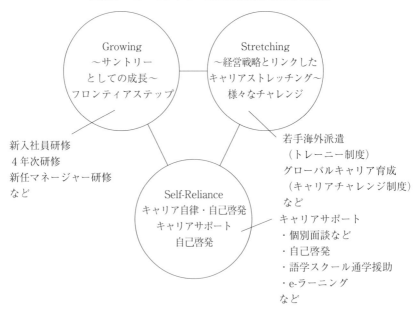

出所：労務行政研究所『労政時報』第3869号（2014.6.27），27頁

　2つ目はキャリアビジョン面談で，「なりたい姿（中長期的な将来の異動希望など）」を上司と部下で，年1回話し合う場がもたれている。その際に，キャリアビジョンシートが活用され，一人平均1時間の面談が実施される。キャリアビジョンシートには，長期（サントリーでなりたい姿）と中期（3〜5年後の取り組みたい仕事，取得したい能力・スキル・知識）の将来のキャリア目標が設定され，その記述内容を参考に面談が実施される。

　3つ目は，キャリアサポート室の設置とそれを活用した個別相談とワークショップの展開である。キャリアサポート室は，さまざまな現場を経験した社員7名と社外のシニア産業カウンセラー1名の8名から構成されており，個としっかり向き合うことをモットーに個別面談が実施されている。個別面談には，随時型，イベント型，WS（ワークショップ）フォロー型の3種類がある。随時型は，社内イントラにより面談希望日，面談内容を申し込み，個別面談が実施される。イベント型は，中途入社者，育児・介護休業復職者，コース転換者など，大きな環境変化をともなった人事異動が行われた場合に，キャリアサポート室より声をかけて面談が実施される。最後のWSフォロー型は，WS参加者には必須で，WSの内容の振り返りの機会を与えている。同キャリアサポート室がユニークなのは，組織主導色が強い人事部とは一定の距離を保って運用されており，面談結果は人事部に伝えられることはない。

　一方，ワークショップは，キャリアを見つめ直す機会と位置づけられ，サントリー・キャリア・ワークショップ（CWS）が展開されているが，その設計・運営は基本的には自前のスタッフで行われている。キャリアワークショップは，次のように大きく4つのステージに分けて運用されている。

・　第1ステージ：入社4年目－エントリー（必須）

　　　　　　　　エントリーと位置づけられ，全員必須の4年次研修が組み込まれており，キャリアについての考え方を学ぶことに主眼が置かれている。

・　第2ステージ：入社12年目－チャレンジ（必須）

　　　　　　　　入社12年目をチャレンジと位置づけ，1回の参加者を30人

　　　　　　　前後とし，１泊２泊の必須のキャリア研修が組まれており，
　　　　　　　キャリアについてじっくりと考えさせることに主眼が置か
　　　　　　　れている。

・　第３ステージ：40代－プロフェッショナル（応募型）
　　　　　　　人生80年の折り返し地点として，キャリアを確立するプロ
　　　　　　　フェッショナルと位置づけられ，応募型の２日のキャリア
　　　　　　　研修が組み込まれており，じっくりと自分のキャリアと向
　　　　　　　き合うことに主眼が置かれている。

・　第４ステージ：53，58歳－ワークショップ（必須）
　　　　　　　53歳を成長の再認識，58歳をリバイタルと位置づけ，全員
　　　　　　　必須の成長を意識したキャリア研修が組み込まれている。
　　　　　　　これは定年を65歳に延長したことを契機に，多くの企業で
　　　　　　　実施されているいわゆるライフプラン研修とは性質を異に
　　　　　　　しており，あくまで従業員の成長を目指したワークショッ
　　　　　　　プになっている点に特徴がある。

　もう１つは，日本ヒューレット・パッカード（以下では日本HPと表記）の
キャリア自律の支援事例[8]である。日本HPでは，従業員がいきいきと働くた
めの環境や仕組みづくりのひとつとして，従業員個々人のキャリア開発支援を
積極的に展開している。日本HPのキャリアに対する考え方は，図表７－３に
見られるように，「Employee Ownerd, Manager Supported」を基本としてお
り，従業員がキャリア形成について自ら考え，責任をもち，マネジャーは従業
員のキャリア実現を個々のステージに沿って支援するということがキャリア形
成の基本的な考え方となっている。

　日本HPのキャリア自律の支援は，キャリア相談のサポートとキャリア自律
支援トレーニングの２つから成り立っている。まず，キャリア相談サポートの
仕組みであるが，キャリアに不安を感じたり，行き詰まった場合は，基本的に
は自分のマネジャーに相談するのが原則となっている。マネジャーに相談でき
ないとか，組織を越えたアドバイスが必要な場合などは，人事部内にある「ダ

イバーシティ・キャリア推進部」がキャリア相談サポートを行う仕組みとなっている。日本HPでも，サントリーと同様，キャリアのアドバイスを行う部署が設置され，従業員のキャリア形成を支援している。

　もう1つのキャリア自律支援トレーニングの方は，ダイバーシティ・キャリア推進部が，サポートプログラムの一つとして2日間の「キャリア自律トレーニング」（キャリア・セルフリライアンス・トレーニング）を開催し，従業員個々人が自律的にキャリア開発，キャリア構築に取り組むよう啓発し，その手法をマスターさせることに主眼が置かれている。このコースでは，さまざまな手法やツールなどを活用し，これまでのキャリアの棚卸しを行い，キャリ開発のゴールを設定し，その達成に向け具体的なアクションプランを作成していく。コースの学習目標は，自己認識と価値観の確立，生涯学習の実践，未来志向の行動特性，人的ネットワークの積極的開拓と活用，変化への適応性という5つの特性を習得することに置かれている。さらに，HPではキャリアデザインの確立に向け，e-ラーニングを導入し，仕事の成果をあげる術や多様な働き方に対応しながらキャリアを確立するために何が必要かについて学習する機会を提供している。

図表7－3　日本HPのキャリア形成の基本的考え方

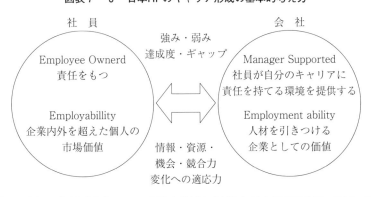

出所：日本経団連出版編『キャリア開発支援制度事例集』日本経団連出版，2006，155頁

　以上先進的な2社のキャリア自律の支援策の実際を見てきたが，両社に共通

しているのは，キャリアアドバイスを提供できる専門機関を社内に設置し，それを核に，キャリアワークショップやキャリア相談を実施しているということである。さらに共通するのは，個人の自律的なキャリア形成に向け，自己啓発を支援するe-ラーニングが導入されている点である。

　ところで，もう1つ事例考察から得られた知見がある。それはサントリーが行っているキャリア段階をきちんと踏まえたキャリアワークショップの開催で，キャリア自律を支援していくには，キャリア・トランジッション，いわゆるキャリアの節目をきちんと認識し，キャリアワークショップやキャリアデザイン研修を実施していくことが極めて重要である。竹には節があり，節があるから折れることなく大きく成長できる。キャリア形成においても，竹の節（ふし）と同様に，キャリア・トランジッションにおけるキャリア上の課題をクリアして次のステップに進んでいかなければ個人の成長はない。サントリーの事例はその大切さを教えてくれている。

3　バウンダリーレスキャリアとプロティアンキャリア

　キャリアストレッチングを実効あるものにしていくためには，キャリア自律の支援だけでは不十分で，先述したエンプロイアビリティの修得に見られるように，組織を越えたキャリア形成が必要となる。キャリア自律の支援は会社が個人に行う支援であるのに対し，組織を越えたキャリア形成は個人の意志に負うところが大きい点に留意する必要がある。

　組織を超えたキャリア論として，ここでは2つの理論を取り上げたい。1つはプロティアンキャリアで，ホール（Hall, D. T.）が提唱したものである。ホールによれば，キャリアの主体が組織から個人へと変化し，専門的コミットメントを重視し，仕事における心理的成功や満足感を目指す自己志向的なキャリアに大きく変化している。その根底にあるのは，個人の自由や成長で，組織コミットメントが低いため，特定組織に対するこだわりが低く，組織を移動する可能性が高い点に特徴がある。そもそも，プロティアンとは，ギリシア神話

のプロテウスから名付けられたもので，「変幻自在である」ことを意味している[9]。こうした点から，プロティアンキャリアを概括的に捉えるならば，キャリアの主体は個人で，個人の成長感や心理的満足感により，キャリアの方向が変幻自在に変わっていくものとなる。

　こうしたプロティアンキャリアには，2つのメガ・コンピテンシーが必要である[10]。1つはアイデンティティで，どれだけ自分の価値観・興味・能力・計画に気づいているか，過去から将来に至るまで自己概念がどの程度統合されているか，といったものから構成されている。つまり，自分は何がしたいのかといった自己に対する気づきであり，その人の人生の統合状況を反映している。もう1つは，アダプタビリティで，市場価値のある能力やコンピテンシーを有し，変化する課題や役割の要求にうまく応えるとともに，個人の目標と環境のバランスとの調整をはかりながら維持していく適応力を意味している。つまり，仕事関連の柔軟性を指している。

　組織を超えたキャリア形成を説明するもう1つの理論は，バウンダリーレスキャリア論である。これはアーサーとルソー（Arthur and Rousseau, 1996）が提唱するもので，アメリカのシリコンバレーで活躍するIT技術者のキャリア分析から生まれた概念である。バウンダリーレスキャリアは，まさに字のごとく，組織や産業を越えて形成されるキャリアで，変化や柔軟性が求められる環境の変化を背景に登場してきた。

　バウンダリーレスキャリアでは，市場性のある高度な専門性や能力をもつことが強調されており，組織にキャリア形成を依存するのではなく，自らの責任で人的ネットワークを作って積極的に学習し，キャリア形成をはかるもので，その根底にあるのは個人の意志とネットワークを通した能動的学習である[11]。そうした点から，バウンダリーレスキャリアにおけるネットワークは極めて重要で，新しい知や最先端の情報に触れる学習の場であるとともに，次の仕事の機会を得る場でもある。それゆえ，バウンダリーレスキャリアはコミュニティ・ベースド・キャリアとも呼ばれている[12]。

　このようなバウンダリーレスキャリアにおけるキャリア形成は，次のような

３つのキャリア・コンピテンシーをベースに蓄積されていく[13]。

① Knowing-Why（個人の動機や価値）
　　　個人のアイデンティティに関わるもので，変化の激しいキャリアにおいて意味を見いだすセンス・メーキング能力につながる。

② Knowing-How（知識やスキル）
　　　仕事上の知識やスキルの獲得に関わるもので，主体的にかつ柔軟に学ぶことが重要とされている。

③ Knowing-Whom（人的なネットワーク）
　　　バウンダリーレスキャリアにおいては，人的ネットワークは組織の壁を越えて非階層的に，即興的に形成されることが重要とされている。

　以上，組織を越えたキャリア形成のあり方を説明する理論として，プロティアンキャリアとバウンダリーレスキャリアの２つの理論について概説してきた。両者に共通するのは，変化や柔軟性が求められる現代においては，企業に頼ることなく自らの意志と責任で，人的ネットワークを通じて組織や産業の枠にとらわれない，市場性のある能力やスキルを身につけていく新たなキャリア形成のあり方が求められているという点である。こういう新たなキャリア形成は，前節で述べたエンプロイアビリティの修得や仕事志向，プロフェッショナル志向の高い若年層のキャリア形成とはマッチングしており，今後そのニーズはますます高まるものと思われる。

　ところで，こうした組織を越えたバウンダリーレスキャリアには，これまでの組織内におけるOJTやOff-JTではカバー仕切れず，新たな学習の場が必要となる。このような新たな学習の場として注目を浴びているのが，実践共同体を活用した越境学習である。実践共同体とは，「あるテーマに関する関心や問題，熱意などを共有し，その分野の知識や技能，持続的な相互交流を通じて深めていく人々の集団」で，わかりやすく表現するならば「学習のための共同体」である[14]。荒木（2007，2008，2009）は，一連の研究から実践共同体を類型化するとともに，職場の外にある実践共同体に越境して学習することが，キャリア形成に有効であることを明らかにした。荒木（2007）によれば，実践

共同体は同質型と多様型の2つに大きく区分される。同質型とは，構成メンバーが所属組織や専門領域が同じで，日常的に親密なメンバーに限定される。多様型とは，職場を超えた多様なメンバーで構成され，気楽な情報交換が主たる目的のサロン型とメンバー共同で解を出すことが求められる創発型に区分される。つまり，実践共同体は同質型，多様型サロン，多様型創発型の3つに類型化される。荒木は，創発型がキャリア確立には有効である点から，創発型実践共同体の重要性を強調している。

　次に，実践共同体の機能や役割についてもう少し詳しく見ていきたい。松本（2013）は，実践共同体での越境学習を，実践共同体での非規範的視点と所属組織での規範的視点との間の差異を見いだし，それによって学ぶ「複眼的学習」を実践共同体の機能としてあげている。これはアージリスら（Argyris, C et al.）のこれまでの前提（いわゆる準拠枠）を疑い，変更するというダブル・ループ学習の概念に近い。実践共同体の機能としてもう1つ留意すべき点は，そこでの学習は「二重編みループの学習」であるという点である[15]。その意味するところは，所属（勤務）する組織の一員である従業員が，外部の実践共同体で他の組織の専門家たちと議論・学習したことを所属組織に持ち帰り，実際の業務に適用してみて，新たな知の創造やイノベーションを起こすという一連の学習サイクルである。職場学習を研究している中原（2012）は，越境学習を「個人が所属する組織の境界を往還しつつ，自分の仕事・業務に関する内容について学習・内省すること」と定義している。中原の定義に従えば，越境学習を理解するキーワードは往還と内省である。従って，最近流行の単なる外部での勉強会に参加することや異業種交流会に参加することは，内省に欠けており，越境学習と同一に見ることはできない。

　こうした点から，実践共同体での越境学習には，往還と内省が包含されており，組織の境界を越えた多様な結びつきと相互作用により，所属する組織内のイノベーションや新しい知の創造につながるという意味で，組織学習の促進や知識創造の機能があるものと思われる[16]。

　長岡（2013）は，ワークス研究所の雑誌『Works』（2013.02-03 No.116）

のインタビューに対し，実践共同体を通じた学習を図表7－4に見られるように，「学びのサードプレイス」と位置づけ，これまでのOJTやOff-JTによる学びとの違いを明らかにしている。長岡によれば，職場での学習は垂直学習が中心で，職場での協働的な実践に参加し，実践のなかで修羅場をくぐり抜ける経験を積み，経験について他者との対話を通じて内省し，仕事における熟達化を目指す点に大きな特徴がある。すなわち，職場での垂直学習は実践，修羅場，内省といった3つのステップを経て，専門領域における熟達（プロ）を目指すものである。

図表7－4　学びのサードプレイス

出所：中原淳，長岡健（2009）『ダイヤローグする組織』ダイヤモンド社，204頁

　従って，このような垂直学習は，多様な経験や一皮むけた経験[17]により個人の熟達を目指すもので，いわば自己完結型の学習モデルとしての色彩が強く，残念ながら企業に求められる知識創造やイノベーション創発には至らない。

　それに対し，学びのサードプレイスでの学習は，水平学習が中心で，越境して異質な価値観に出会うこと，出会った異質に違和感をもつこと，その違和感を「自らの異化」[18]につなげるといった3つのステップを経て，アンラーニング，すなわち既存の知識や従来の前提を捨て去りゼロベースで考えることを目指す点に大きな特徴がある。知識創造やイノベーションは，既存の枠組みや価値前提をこわすところから生まれるもので，アンラーニングを目指す水平学習が必

要不可欠である。つまり，実践共同体における学習は，所属する組織から越境して，外部知や異質な価値観に触れ，それらを所属する組織内の業務を通じて内省化し，知識創造やイノベーションにつなげる動態的学習であると位置づけることができよう。

　実践共同体を通じた越境学習は，会社側の推奨もある場合も考えられるが，多くの場合，いわば個人の自発性に基づく学習スタイルである。従って，実践共同体における越境学習を通じて，往還および内省したとしても，その影響の範囲，すなわち学習効果は個人ないしはミニマムレベルにとどまってしまう。越境学習の効果をより一層高めるためには，実践共同体，つまり学習の共同体（場）を外に求めないで，組織内に設置することも検討する必要がある。石山（2013）は，その著書である『組織内専門人材のキャリアと学習』（日本生産性本部生産性労働情報センター）のなかで，企業が進める越境学習として2つの企業の事例を紹介している。1つはクライスラーで，車種別のすべてのプラットホームにまたがる専門家，技術者を集めた非公式な共同体として「テック・クラブ」を創設した。同クラブはその評価を高め，クライスラーにおけるエンジニアリング部門には欠かせない存在となった。

　もう1つはシェルで，共通の専門分野や関心を持った人々のネットワークとして「ターボ野郎」を創設した。同共同体は，メキシコ湾に見られる地層の油層開発に関する実践共同体であるが，地質学者，油層工学のエンジニア，地球科学者などの専門家より構成されている。同共同体は，その自発性を担保しつつ，長期間にわたって存続している。

　こうした2社の事例からも分かるように，開発型の企業やプロフェッショナル，ナレッジワーカーにとっては，顔を合わせ，意見や情報，個人の暗黙知を交換し合う場所が必要である。プロフェッショナルやナレッジワーカーは，ひとりの個人ワークを望んでいると考えられがちであるが，彼らは知識創造やイノベーションの創発に向け，むしろ協働することを強く望んでいる。地球規模でのナレッジ競争が激化するなか，今後は社内学会や学習ラボのような学習する場としての実践共同体が企業内において設置されることがますます求められ

てこよう。

　さらに，前章で述べたCU（企業内大学）における産業コンソーシアム型の
IFI（Institute for the Fashion Industries：産業人材育成機構）に見られるよ
うに，今後は 1 企業だけでなく，企業間，さらには産業レベルで新たな技術開
発やイノベーション創発，未来の知的資本を生み出す場として，コンソーシア
ム型の実践共同体を設置していく必要が出てこよう。

　ところで，越境学習の導入と平行して考えなければならない問題がある。そ
れは多くの企業で見られる兼業禁止規定の問題である。リクルートワークス研
究所は『Works』133号（2015. 12 − 2016. 1 ）で，「人事部の，今，あるべき
形」という特集の第 2 特集で「副業（パラレルワーク）に人事はどう向き合う
か？」を取り上げている。そのなかで，ワークス研究所は，パラレルキャリア
で成功している人たちの事例を紹介し，プロフェッショナルの社外鍛錬を企業
の競争力にいかす要諦として，副業（パラレルワーク）を奨励，促進の方向で
とらえている。確かに，見方を変えれば，パラレルワークも越境学習のひとつ
としてとらえることができる。

　実際，2016年 2 月24日のヤフーニュースで，ロート製薬が，国内正社員1,500
人に副職OKといった見出しの記事が配信された（朝日新聞DIGITAL）。その
記事によれば，ロート製薬では，「社外チャレンジワーク」と名付けられた制
度を使い，就業先を届け出れば，平日の終業後や土日祝日に他社で収入を得る
ことが認められるようになった。越境学習やバウンダリーレスキャリアを想定
するときには，こうした兼業禁止の問題は避けて通れない問題である。法律上，
従業員の兼業や二重就業を禁止する規定は存在しない。しかしながら，兼業や
二重就業を就業規則でなんらかの形で制限する企業は多い。制限を解除するか
どうかは，労働契約上の「労務提供義務」および「付随義務」の視点から具体
的に決めていく必要がある。われわれ労働者は使用者（会社）に対し，労務を
提供する義務を負っており，兼業によってその義務の提供ができなくなるよう
な兼業（副業）はやはり，禁止されるべきである。同様に，付随義務として競
業避止義務や使用者の名誉や信用を毀損しないという義務を負っており，両義

務に抵触するような兼業もやはり，禁止されるべきである。従って，兼業する会社の事業内容を精査し，競業先であるかどうかを判断していくことが求められる。大切なのは，従業員からの個別の申し出ごとに，労務提供義務が履行可能かどうかを柔軟に判断していく必要がある。先述のロート製薬の事例は，平日の終業後，土日，祝日に兼業が認められており，労務提供義務に抵触はしていない。

　2011年2月15日朝日新聞朝刊において，自分の仕事の専門性をボランティアで活かす「プロボノ」が紹介されていたが，今後はこうしたプロフェッショナルがボランティアやNPOなどを活用して社会に貢献していこうとする活動が増えていくものと予想される。企業の人事部は，プロフェッショナル志向の高まりやバウンダリーレスキャリアの増加などに伴い，こうしたパラレルキャリアやパラレルワークにいかに対応していけばいいのかについて答えを用意しておく必要がある。

4　個人のキャリア自律を支援するマネジメントシステム

　若年層を中心に仕事志向やプロフェッショナル志向が高まり，これまでのような組織人としてのキャリア形成や管理職になるための単一のキャリアパスでは彼（彼女）らのキャリアニーズに応えられないばかりでなく，企業にとって望ましいプロフェッショナル人材を育てることが難しい。仕事志向やプロフェッショナル志向に裏打ちされた若年層は，個人主体の自律的なキャリア形成を望んでいる。

　このような自律人材を育てていくには，自らの意思でキャリア選択や仕事選択が可能となる仕組みが必要となる。そこでまず，キャリア選択の仕組みから見ていきたい。管理職への単一のキャリアパスに対し，多くの大企業では複線型人事制度やコース別管理制度が導入されている。こうした2つの制度に加え，最近では勤務地区分を取り入れた勤務地区分コース制度なども流通業などの女性を多く雇用する企業で導入されつつある。

それぞれの制度の特徴を見てみると，コース別管理制度と複線型人事制度に関してはあまりその違いが認識されることなく論じられることが多いが，本書では両者を少し区分して考えてみたい。コース別管理制度は，均等法施行後，その導入が増加したが，そのねらいは業務を定型的，非定型的に区分し，従業員の能力レベルや勤務態様（すなわち，転勤の有無）に応じ，人材マネジメントを行うものであるが，実態は男女差別の温床になっている。業務には難易度の低いものから高いものまでそれぞれレベルがあり，われわれはそれらの段階を経験して成熟していく。そうした業務を定型，非定型に区分することは実質的に困難であり，さらにそこに転勤の有無を加味し，コース区分し，賃金格差を設けることは，どう考えても合法的な賃金格差とは言えない。男女差別の隠れみのと批判されても仕方がない。そうした点から，コース別管理制度はキャリアオプションの多様化の仕組みとしては望ましい制度とはいえない。

　もう一つの複線型人事制度は，別名職群コース制度とも呼ばれており，管理職層においてはライン管理職，専門職に区分し，非管理職層においては業務の種類や性質に応じた職群単位の人材マネジメントを展開する点に大きな特徴がある。ここではNTTデータの事例を取り上げ，職群コースの実態を見ていきたい[19]。

　NTTデータでは，図表7－5に見られるように，11の専門分野ごとにプロフェッショナル資格を設定し，CDPに基づいて人材育成を実施している。CDPは，若手社員を対象としたベーシックCDPとプロフェッショナルCDPから成り立っており，ベーシックCDP終了後，自分が進みたいCDPプロフェッショナルの分野を選び，入社後3～4年目で面接等を通じて認定審査を受ける。しかも，こうした専門分野は市場における価値評価やNTTデータグループにおける職務状況を加味し，次のように4段階のレベルに分けられて到達目標が明確に設定されている。

　①　アソシエイト：専門性に基づき単独業務遂行ができ，体系的専門知識を
　　　生かして業務を推進する人材
　②　シニア：高い専門性をもって最適な手法を選択，駆使して，確実な業務

遂行・改善，付加価値創出を行う人材（課長クラス相当）

③　エグゼクティブ：卓越した専門性をもち，高い視座・広い視野から，先を見据えた本質的な課題への対応ができる人材（部長・統括部長クラス相当）

④　プリンシパル：事業を新たなステージへと牽引する人材，各人材を象徴するトップで組織価値を創造する（役員クラス相当）

図表7－5　NTTデータに見る職群コース制

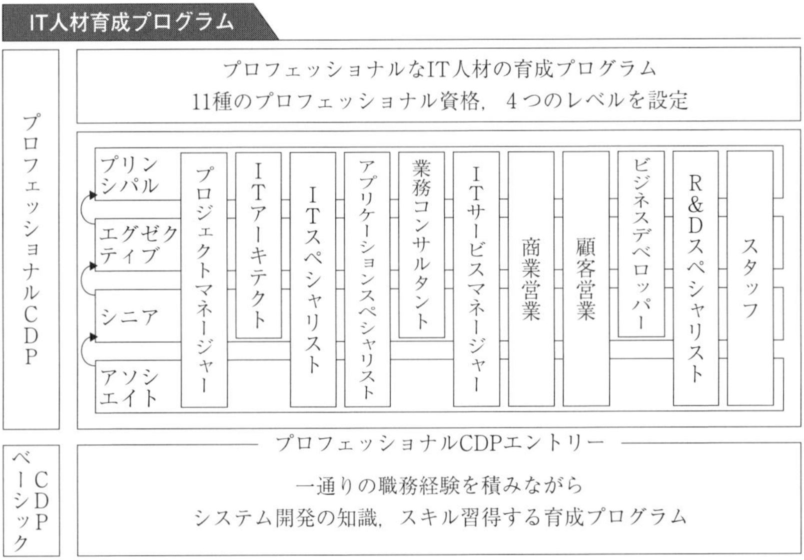

IT人材育成プログラム

プロフェッショナルCDP	プロフェッショナルなIT人材の育成プログラム　11種のプロフェッショナル資格，4つのレベルを設定											
	プリンシパル／エグゼクティブ／シニア／アソシエイト	プロジェクトマネージャー	ITアーキテクト	ITスペシャリスト	アプリケーションスペシャリスト	業務コンサルタント	ITサービスマネージャー	商業営業	顧客営業	ビジネスデベロッパー	R&Dスペシャリスト	スタッフ

— プロフェッショナルCDPエントリー —

ベーシックCDP	一通りの職務経験を積みながら　システム開発の知識，スキル習得する育成プログラム

出所：栗島聡「ケース3　NTTデータ」花田光世編（2013）『新ヒューマンキャピタル経営』日経BP社，189頁

　しかも，NTTデータの人材育成は「プロがプロを育てる」をモットーに，OJTといったタテの関係だけではなく，組織横断的な人脈形成やメンターによるメンタリング（ナナメの関係），さらには組織横断的な相互研鑽およびノウハウの共有の場としてのコミュニティ（ヨコの関係）を通じて，いわゆるタテ，ヨコ，ナナメの関係性のなかで行われる。

　NTTデータのこうした11の専門分野ごとのプロフェッショナル職群を自分

が進みたい方向に向け，自律的にキャリア選択できるということは，まさにキャリア自律の実践そのもので，プロフェッショナルという自律人材が育つ極めて優れた複線型人事制度である。NTTデータのこのような複線型人事制度は，若年層の多様なキャリアニーズに応えるとともに，企業の競争優位の源泉を生み出すコアコンピテンスをもった高度専門人材の育成・輩出にもつながるもので，企業の今後の自律的キャリア形成のあり方に多くの示唆を与えている。前章で述べたプロフェッショナル人材に対するジョブ型雇用は，このようなプロ育成にむけたNTTデータの複線型人事制度のような仕組みがあって初めて可能になるように思われる。

　こうした複線型人事制度を効果的に導入・展開していくためには，それを支えるサブシステムが必要となる。まず必要となるのは，「スキルズ・インベントリー・システム」と「キャリアカウンセリングシステム」である。スキルズ・インベントリー・システムとは，個人の専門性やスキルを棚卸しするもので，将来のキャリアデザインをする上で，自分の強みや弱み，将来の目指すべき方向性を明らかにするツールである。一般に，スキルズ・インベントリーは製品軸，機能（職能）軸，専門的知識・技能の３つの軸を交差させて行われる。できれば，こうしたスキルズ・インベントリーは全社横断的な人材開発委員会により，部門間の利害や組織内のパワーポリティクスに関係なく客観的に実施されるのが望ましい。別の表現をするならば，全社的人材開発委員会は，個人のキャリアニーズと組織の人材ニーズをマッチングさせるキャリアサポートセンターとして位置づけられる。

　もう１つのキャリアカウンセリングシステムは，個人の自律的なキャリア設計やキャリアデザインをサポートするもので，キャリアのトランジッション（節目）においてスキルズインベントリーの結果などを参考に，キャリアカウンセリングを実施する。キャリアコンサルタントの資格を有した人事部スタッフを中心に全社的人材開発委員会が加わり，実施することが望ましい。

　さらに，複線型人事制度の運用にはもう１つ必要なサブシステムがある。それは「人事情報システム」である。スキルズインベントリーの結果やキャリア

カウンセリングの結果は，個人カルテとして人事情報システムによりデータベース化し，コース選択や人事異動，ジョブローテーションに活用していくことが望まれる。

　ところで，複線型人事制度に勤務地区分コース制度を取り入れるケースがあるが，これにはやはり疑問が残る。流通業などの地域密着的な事業展開をする企業においては，勤務地区分コース制度を導入し，地域に密着した事業展開が可能となるが，全国転勤組と職務内容が同一なのに，賃金格差や昇進における格差が生まれ，従業員のモチベーションを引き下げてしまう危険性すらある。勤務地の選択は，あくまでも異動政策のなかで，自己申告などにより個人の希望を反映させる形で運用することが望ましい。従って，複線型人事制度の一環として勤務地区分コース制度を導入することは望ましい制度選択とはいえない。

　次に，自らの意思で仕事選択が可能となる仕組みについて見ていきたい。これには大きく分けて2つの仕組みが考えられる。1つは「社内公募制」で，もう1つは「ジョブリクエスト制度」である。まず社内公募制であるが，これは新規事業の立ち上げや特別プロジェクトの立ち上げなどにおいて希望者を募るもので，「求人型」の公募制である。企業によっては，具体的なポストを提示して公募する場合もあるが，これは一般に「ポストチャレンジ制」と呼ばれている。社内公募制のねらいは，全社の活性化にあり，人事制度における個の尊重や自己責任の原則を実現する手段として多くの企業で導入されている。社内公募制に関しては，すでに数多くの企業で実施されており，その成功事例も多く報告されているので，ここではポストチャレンジ制について見ていくこととする。総合商社の住友商事では，社内公募制の一環でポストチャレンジ制（Post Challenge：PC（以下ではPCと表記））を導入している[20]。同社のPC制は，具体的なポストに基づく募集であるため，ポストに求められる要件・スペックなどの募集要件は限定されている。PC制の具体的な流れは，現場から上げられた募集案件を人事部で精査し，取締役以上で構成される重要人事分科会に提出され，その上で審議される。PC制にふさわしい案件と判断されたのち，全社のイントラネットを通じて社内に公募される。募集要件に合致すれば

応募は誰でも可能であるが，直属上司への事前報告が義務づけられている。具体的な選考方法は，募集部署の裁量に任されており，合格者決定後に，人事部経由で本人ならびに直属上司に連絡がなされる。なお，直属上司には拒否権は認められていない。

　もう１つはジョブリクエスト制であるが，これはフリーエージェント制（以下ではＦＡ制度と表記）と呼ばれることが多い。このＦＡ制度は，社内公募制が提示されたポスト・キャリアに応募するのに対し，自分自らどの職場に行きたい，どんな仕事をやってみたいかを申し出る仕組みで，いわゆる「求職型」の公募制である。ここではユニークな２社のＦＡ制度をみていくこととする。１つ目は博報堂の事例である。博報堂では，実務遂行責任者および組織やチームを率いて組織目標を達成するクラスの社員を対象にＦＡ制度が導入されており，職務経験や実績に応じてＦＡ権を付与し，所属長を経由せず，自分の意思で異動希望を人事局に申請できる[21]。人事局は，ＦＡ権を行使した社員の情報を役員・部門長に公開し，他の部門が受け入れを希望した場合は，その社員の意思によって異動が確定する。

　ＦＡ権の付与は，毎年３月末の業績査定の確定後，４月上旬に人事局が条件を満たした社員を絞り込み，ＦＡ権付与対象者を選抜して決定される。ＦＡ権は単年度精算型の権利付与で，ＦＡ権を行使したい社員は，それから約１カ月間のＦＡ宣言期間内に，職務経験，ＦＡ宣言理由，ＦＡ後の職務の希望などをＦＡ宣言シートに記入し，ＦＡ宣言を行う。ＦＡ宣言は，期間中人事局に保管され，一定期間経過後，イントラネットで部門長クラス以上に約１カ月間公開される。そうした情報を見て興味をもった部門長は，直接本人とコンタクトをとり，面接を実施する。ＦＡ宣言者は，オファーがあった部門から異動先を決定することとなる。当然，現在所属する部門長にはその拒否権がない。

　博報堂のこのようなＦＡ制度は，社員が自分のやりたい仕事を自らがリクエストし，異動権限を社員自身の判断に委ねるもので，まさに自律的なキャリア形成の仕組みといえよう。

　もう１つのユニークなＦＡ制度は損害保険ジャパン（以下では損保ジャパン

と表記）の「ドリームチケット制度」である⑵。損保ジャパンでは，総合職で課長代理以下の者，現所属が営業部門およびサービスセンター（損害調査）部門であること，翌年度の人事異動対象者であることといった３つの条件をすべて満たす者に，ドリームチケットを付与し，社内のすべての部署のなかから希望部署を選定し，異動できるという独自のFA制度を導入している。ドリームチケットが付与されるためには，行動評価および成果評価が抜群のレベルであること，異動希望先に対する明確なビジョンがあることの２つの条件をクリアすると同時に，地区本部を担当する役員の推薦を受け，人事部の最終審査に合格しなければならない。チケット交付対象者には，人事部がカウンセリング面接を実施し，今までのキャリアを踏まえ，今後のキャリア形成についてのアドバイスを行い，配転後のミスマッチを極小化するような工夫が施されている。このような損保ジャパンのドリームチケット制度は，自律的なキャリア形成を望む従業員にとって，自分の将来のキャリアビジョンの明確化につながるとともに，モチベーション向上策としても極めて有効であると思われる。

　以上，自律的キャリア形成に向け，仕事を選択できる仕組みとして社内公募制，FA制度について解説をしてきたが，これ以外に従来より人事異動のツールとして自己申告制度が活用されてきた。最後に，自己申告制度，社内公募制，FA制度の３者の異同について整理してみたい。この３者は，人と仕事のマッチングを目指すという点では共通している。しかし，運用主体において違いが見られる⑶。自己申告制度は，社員の希望は聞くものの，異動の決定は人事部が行うという点では，会社寄りの仕組みといえよう。

　一方社内公募制は，人を必要としている部署が運営主体であり，社内における疑似労働市場において需要と供給という市場原理に基づき，人的資源の適正配分を行うものである⑷。しかし，その意思決定は人を必要としている部署が行うもので，個人の自由意思はいわば制限されたものとなっている。

　それに対しFA制度は，個人の自由意思で異動の決定ができる仕組みで，運営主体はあくまでも個人にある点が２つの仕組みと大きく異なっている。個人の自律的なキャリア形成に向け，仕事を選択できる仕組みを効果的に導入・運

用していくには，こうした3つの制度のそれぞれの特徴を十分理解した上で，
使い分けしていくことが求められる。

(注)

⑴　本章の記述は拙著（2016）『個性を活かす人材マネジメント』勁草書房，第5章「個
　人の自律性を重視したキャリア形成とA&R施策」に大きく修正を加えたものである。

⑵　児美川孝一郎（2009）『権利としてのキャリア教育』明石書店，84-87頁。

⑶　金井壽宏（2002）『働く人のためのキャリア・デザイン』PHP研究所，58頁。

⑷　金井，同上書，59頁。

⑸　花田光世編（2013）『新ヒューマンキャピタル経営』日経BP社，90-92頁。

⑹　花田光世，宮地有紀子，大木紀子，「キャリア自律の展開」『一橋レビュー』51巻第
　1号，2003，18-19頁。

⑺　サントリーの事例は，労務行政研究所『労政時報』第3869号（2014年6月27日発
　行）特集「先進的事例に学ぶキャリア開発支援の実際」の「事例1サントリーホール
　ディングス」を参考に記述。

⑻　日本HPの事例は，日本経団連出版編『キャリア開発支援制度事例集』（日本経団連
　出版，2006）の「日本ヒューレットパッカードパフォーマンスマネジメント」153-
　168頁を参考に記述。

⑼　大庭さよ「第7章ダグラス・ホール」渡辺三枝子編『キャリアの心理学』ナカニシ
　ヤ出版，2003，115頁。

⑽　大庭，同上書，117-121頁。

⑾　三輪卓己（2011）『知識労働者のキャリア発達』中央経済社，53頁。

⑿　三輪，同上書，54頁。

⒀　これらのキャリアコンピテンシーは，Defilippi & Arthur（1996）によって提唱さ
　れたもので，インテリジェントな組織研究から抽出されたものである（詳しくは三輪，
　同上書，55-56頁参照）。

⒁　松本雄一（2013）「実践共同体における学習と熟達化」日本労働政策研究・研修機
　構『日本労働研究雑誌』639号，17頁。

⒂　石山恒貴（2013）『組織内専門人材（ナレッジ・ブローカー）のキャリアと学習』
　日本生産性本部生産労働情報センター，80-87頁。

⒃　松本は，実践共同体の役割として個人学習・熟達化，チーム・組織学習，育成・教
　育，知識創造の4つの役割を挙げている（詳しくは松本，前掲書，22-23頁。を参考
　に記述。

⒄　金井は，一皮むけた経験として，入社初期の配属，新規事業・新市場開拓などゼロ
　からの立ち上げなどを挙げている（詳しくは金井壽宏（2002）『仕事で「一皮むけ
　る」』光文社新書，27頁を参照）。

⒅　自らの異化とは，違和感に遭遇しても，周囲ではなく自分がヘンと感じることがで
　きることを指す（詳しくはリクルートワークス研究所『Works』116号（2013.02-

03) 13－15頁。

⑲　NTTデータの事例に関しては，花田光世編（2013）『新ヒューマンキャピタル経営』（日経BP社）における栗島聡「ケース3　NTTデータ」に基づき記述。

⑳　日本経団連編『社内公募・FA制度事例集』（日本経団連出版，2004）の「住友商事の事例」（130－148頁）参考に記述。

㉑　日本経団連，同上書，47－58頁の「博報堂ジョブチャレンジ制度」を参考に記述。

㉒　日本経団連，同上書，264－266頁の「損害保険ジャパンドリームチケット制度の導入」を参考に記述。

㉓　舞田竜宣「社内公募制度・FA制度の設計と運用」日本経団連出版編『社内公募・FA制度事例集』日本経団連出版，2004，14頁。

㉔　舞田，同上書，16頁。

終　章
要約と残された課題

　序章でも述べたように，人材育成や教育訓練，企業内教育に関しては，これ
まで数多くの書籍や出版物が刊行されてきた。それらの多くは，研究者や実務
家がそれぞれの問題意識や視点により記述されており，内容的には流行を反映
した研修メソッドや研修プログラムに関するハウツー的なもの，ホワイトカ
ラーの人材育成に特化したもの，製造現場の技能形成に係るものなど，多岐に
わたっており，企業内教育全体像を捉えたものは少ない。

　また，戦後の企業内教育の歴史的変遷を見ても，日本産業訓練協会が編纂し
た『産業訓練百年史』（産業訓練協会，1971）や隅谷，古賀の『日本産業訓練
発展史戦後編』（日本労働協会，1978）などの優れた研究があるが，内容的に
は高度経済成長を支えた産業訓練や技能訓練の歴史的変遷に焦点が当てられて
おり，これからの時代に求められる経営人材やプロフェッショナル人材に関す
る言及はされていない。経営人材に関しては，小山田，服部，梶原の『経営人
材形成史』（中央経済社，1997）の優れた研究があるが，刊行されたのが90年
代の後半ということもあり，内容的には残念ながら今の経営環境を反映した内
容には至っていない。

　本書は，こうした認識を踏まえて，まず序章で企業を取り巻く環境の変化を
概観し，新たな人材育成が必要になっていることを言及し，次いで本書の主題
である企業内教育とは何かをその体系や教育内容に触れながら概念整理し，企
業内教育と社会教育の関係性を明らかにしている。

　次に，戦後企業内教育の歴史的変遷を以下のように，グローバル化の進展度
合いを基準に大きく前史と後史に分け，各時代の企業内教育の特徴と課題を明
らかにしている。

《戦後企業内教育の歴史的変遷：前史（1945〜1985年)》

　第1段階：戦後復興期（1945〜1959年）の企業内教育

　第2段階：高度経済成長期（1960〜1970年代前半）の企業内教育

　第3段階：減量経営下（1973〜1985年）の企業内教育

《戦後企業内教育の歴史的変遷：後史（1986年〜現在)》

　第4段階：国際化時代（1986〜1990年代前半）の企業内教育

　第5段階：平成不況期（1990年代前半〜2000年代前半）の企業内教育

　第6段階：新時代（2000年代前半〜現在）の企業内教育

　さらに，こうした戦後企業内教育の歴史的変遷を踏まえた上で，現行の企業内教育の特徴と課題を明らかにし，企業内教育の今後の展望につなげている。企業内教育の今後の展望は，大きく3つに焦点をあてて論理展開している。3つの内，2つは熾烈さを増しつつあるグローバルなナレッジ競争に打ち勝つべく，経営人材とプロフェッショナル人材に焦点をあて，その育成方法やキャリア形成，さらには人材マネジメントのあり方について解説している。経営人材の育成については，タレントマネジメントとの関連性，先進的企業に対するヒアリング調査より得られた知見などについても解説している。一方，プロフェッショナル人材に関しては，プロフェッショナル人材の育成やキャリア形成のあり方，ジョブ型雇用の適用，さらにはリテンション策についても言及している。

　残りの1つは，組織主体のオールドキャリアから個人の自律性を重視したニューキャリアへの移行といった新たなキャリア形成のあり方について解説をしている。バウンダリーレスキャリアや越境学習のあり方について事例を交えながら解説している

　このように，本書は戦後の企業内教育の歴史的変遷を大きく6段階に区分してその特徴を明らかにするとともに，現行の企業内教育の特徴と課題を明らかにした上で，今後の企業内教育の展望を経営人材ならびにプロフェッショナル人材の育成，個人主体の新たなキャリア形成のあり方に焦点をあてて解説をしてきた。経営人材，プロフェッショナル人材，キャリア自律に関しては，一部，

それぞれが単独で出版物として刊行されているが，これら３つが１つの書籍に
すべて包含されたものは少ない。また，企業内教育の歴史的変遷も産業訓練や
技能訓練に狭く拘泥することなく，企業内教育全体に係る歴史的変遷を直近の
現在までも含んだ変遷史を扱った文献は少ないといわざるをえない。本書の研
究書としての価値があるとするならばこうした点にあると思っている。

　しかし，本書にも大きな残された課題がある。紙幅に限りがあるなかで，本
書での言及は控えたが，人材育成を考える上でどうしても必要になるのは組織
開発（Organization Development：OD（以下ではODと表記））である。企業
内教育を通じて個人に対してさまざまな教育を施しても，個人の属する行動環
境とも言うべき組織風土に対するアプローチを欠いてしまえば，その教育効果
は半減してしまう。なぜならば，われわれ組織構成員は，人材育成により大き
く能力が向上しても，それを活かすべき職場の環境，すなわち上司のリーダー
シップや職場の人間関係，協力体制（協働体系）が悪ければ，修得した能力を
活かすことはできない。グループダイナミックスの創始者である行動科学者の
レビン（Lewin, K.）は人間の行動原理をB＝f（P, E）で表した。BとはBehavior
の略で行動を，fはfunctionの略で関数を，PはPersonの略で個人を，EはEnvi-
ronmentの略で環境を表しており，その意味するところは，人間の行動は個人
と個人を取り巻く環境，すなわち組織風土との相互作用によって引き起こされ
ることを表している。

　また，第４章でも解説したように，リーダーシップ論の研究者であるフィー
ドラー（Fiedler, F. E）は，図表４－１のような４つのスクリーンの概念を援
用して人間の行動における環境の重要性を指摘している。つまり，組織構成員
がパフォーマンスを上げて組織への貢献的活動をするには，前提としてtask
ability（職務遂行能力）とintelligence（理性・知性）が必要で，それらを基に，
個人のなかでやる気と経験，すなわち成功体験を重ねた上に，自己の属する職
場の人間関係がよく，かつ上司との関係，すなわち上司が発揮するリーダー
シップが効果的であることが必要であることを指摘している。図表４－１にお
ける職場の人間関係と上司との関係が，レビンが主張する環境（environment）

を意味している。

こうしたレビンやフィードラーの主張に見られるように，われわれの行動は職場の人間関係や協働体系などの行動環境と深く関わっており，人材育成や企業内教育の効果を高めていくには，個人のみならず行動環境をも改善していく必要がある。ここに，企業内教育や人材育成において組織開発（OD）が必要な理由がある。

少し視点は異なるが，鈴木（2013）は，「関わりあう職場」といった概念を援用して，組織メンバーがお互いに支援し，勤勉に自分の仕事をきっちりこなし，自律的に創造的な行動をしていくには，職場での関りあいが重要であることを指摘している。一般的に，職場での関わりことがより強くなれば，メンバーを監視しあったり，誰かに依存するといった甘えや組織のゆるみがでると考えがちであるが，鈴木は流動的なメンバーによる開放的コミュニティを活用した"適度な関わり合いの強さ"が必要であることを強調している[1]。関わりあう職場マネジメントの概念は，本書で提唱する行動環境の改善に大きな示唆を与える。

もう1つ中原（2010）がその著書である『職場学習論』（東京大学出版会）において提唱している職場での学習のあり方が行動環境の改善に大きな示唆を与えてくれる。中原は，職場での学習では，上司からの精神支援，内省支援だけでなく，上司以外の上位者からの内省支援，さらには同僚・同期からの内省支援，業務支援が部下の能力向上につながることを実証的見地より明らかにしている。これは，OJTは上司と部下の垂直的な関係といった閉ざされた関係のなかで実施されてきたとする従来のOJT論に対して，上司以外の他者を含めた職場での教育のあり方を提唱するもので，いわば新たなOJT論といってもいい。言い換えるならば，上司と部下といった垂直的関係から，同僚等を含めた水平的関係あるいは開放的関係のなかで職場学習，すなわちOJTを展開することの重要性を提唱するもので，本書で提唱する職場環境の改善につながるものと考えられる。

今後，機会があるならば，職場学習論や関わりあう職場の概念を手掛かりに，

加えてワイスボード（Weisbord, M.）の 6 box モデルやバーク（Warner, W. W.）の組織変革モデルなどの OD のメソッドなどを活用し，新たな職場環境，行動環境づくり，さらには革新的な OJT に向けた理論構築をはかっていきたいと考えている。

（注）
⑴　鈴木竜太（2013）『関わりあう職場のマネジメント』有斐閣，228−229頁。

あ と が き

　40歳で大手銀行系シンクタンクの経営コンサルタントから大学教員に転身して，早いもので30年が過ぎ去ろうとしている。2024年3月に定年を迎えるにあたって，これまでの研究の中から何かまとまったものを単著として上梓したいと思うようになった。これまでに単著4冊，共編著5冊を刊行してきたが，残り1冊単著を出せば単著と共編著を合わせて10冊となり，自分のなかでは区切りがいい。

　筆者が自分の専門領域である人事分野に携わるようになったのは，約40年前に大手企業の人事部研修課への人事異動で主に社員教育を担当し始めたのがきっかけである。それ以降，40年にわたり人事分野の実務と教育・研究に従事してきた。最後の本を上梓するにあたって，頭に浮かんだのが人材育成に関するテーマである。人の成長に強い関心があり，企業，コンサル，大学においても人が成長する仕事に関わってきた。やはり，原点回帰ではないが，人の成長に関わる本を上梓する決心がついた。

　もう1つのきっかけは，第29回経営行動研究学会全国大会の統一論題で「移り行く企業内教育と経営人材の育成」というテーマで学会報告をしたが，その際にコメンテータを務めて頂いた京都産業大学の佐々木利廣先生より，このテーマに関して本の出版を勧めて頂いたことが大きな動機となった。佐々木先生には記して御礼を申し上げたい。

　本書の執筆は，理事・学部長という要職を降りた2021年以降，本の構想とスケルトン作成に始まり，先行研究・先行調査のサーベイに奔走し，実際に執筆活動にはいったのは21年の夏の終わりである。5年ぶりの単著の執筆となり，思うように進まず，挫折しかけたこともあったが，なんとか完成させることができた。

　本書を刊行するにあたって，感謝の意を表したい方々がいる。まずは本書第5章の経営人材の育成を執筆するにあたり，ヒアリングにご協力頂いた方々で

ある。企業名は伏せるが，村田誠氏，山崎徹氏，有沢正人氏のお三方には，この場を借りて記して感謝の意を表したいと思います。大変ご多忙の中，衷心より御礼を申し上げます。

お二人目は2018年3月に急逝された日本大学の岩出博先生である。岩出先生には，すでに解散したが，筆者が主催するS-HRM研究会のアドバイザリーとして毎回，研究会にご出席頂き，議論のまとめなどをして頂いた。日頃より研究に関してアドバイスを頂き，大変尊敬する研究者でいらっしゃいました。岩出先生の古希（古希の1カ月前にご逝去）を記念して出版された岩出博編『従業員満足のための人的資源管理』（中央経済社，2020年）の執筆メンバーとして参加したのが先生との最後の仕事となってしまった。本書をいまは亡き岩出先生に捧げたいと思う。

三人目は湯浅基子さんである。湯浅さんは筑波大学大学院時代の同級生でともに大学院でカウンセリングやストレスマネジメントを学んだ仲間である。元公文教育研究会の人事部にお勤めの方で，今回は本書に目を通して頂くとともに，コメントを頂戴した。実務家から見て本書はどう映るのか大変興味深く意見を拝聴した。

最後に，親孝行できなかった不肖な愚息を寛容な心で許してくれた昨年亡くなった母に本書を捧げたいと思う。

参 考 文 献

＜邦文文献＞

浅川和宏『グローバル経営入門』日本経済新聞社，2009年。

アーサーアンダーセンビジネスコンサルティング『シェアードサービス』東洋経済新報社，1999年。

荒木淳子「企業で働く個人の『キャリアの確立』を促す学習環境に関する研究－実践共同体への参加に着目して」『日本教育工学会論文誌』Vol. 31，No. 2，2007年，15－27頁。

荒木淳子「職場を越境する社会人学習のための理論的基盤の検討－ワークプレイスラーニング研究の類型化と再考」『経営行動科学』Vol. 21，No. 2，2008年，119－128頁。

荒木淳子「企業で働く個人のキャリアの確立を促す実践共同体のあり方に関する質的研究」『日本教育工学会論文誌』Vol. 33，No. 2，2009年，131－142頁。

荒木淳子『企業で働く個人の主体的なキャリア形成を支える学習環境』晃洋書房，2021年。

飯吉弘子「戦後日本産業界の人材・教育要求変化と大学教養教育」『日本労働研究雑誌』No. 629，2012年，6－16頁。

石原直子「タレントマネジメントの本質」『Works Review』Vol. 8，2013年，100－113頁。

石山恒貴『組織内専門人材（ナレッジ・ブローカー）のキャリアと学習』日本生産性本部生産性労働情報センター，2013年。

石山恒貴『越境的学習のメカニズム－実践共同体を往還し，キャリアを構築するナレッジ・ブローカーの実像』福村出版，2018年。

石山恒貴『日本企業のタレントマネジメント』中央経済社，2020年。

伊丹敬之・加護野忠男『ゼミナール経営学入門』日本経済新聞社，1989年。

伊丹敬之『場のマネジメント』NTT出版，1999年。

乾彰夫『日本の教育と企業社会』大月書店，1990年。

入江崇介「経営環境の激しさごとに見る経営人材育成の課題」『RMSmessage』Vol. 28，2012年8月。

岩田龍子『日本的経営の編成原理』文眞堂，1977年。

岩出博編『従業員満足のための人的資源管理』中央経済社，2020年。

ウイリアム・マーサー社『A&R優秀人材の囲い込み戦略』東洋経済新報社，2001年。

植木英雄・植木真理子・斎藤雄志・宮下清『知を創造する経営』文眞堂，2011年。

薄井正久・倉内史郎編『新社会教育』学文社，1993年。

宇田忠司「境界のないキャリア概念の展開と課題」『経済学研究』57(1)，2007年，63－84頁。

江幡良平「勃興期の企業内教育」『産業教育学研究』第30巻，第2号，2000年，5－19頁。

大嶋淳俊「コーポレートユニバーシティ論序説」『季刊政策・経営研究』Vol. 2，2009年。

大嶋淳俊「次世代経営人材育成の現状と課題に関する一考察」『PACIS 2018主催記念特別全国研究発表大会予稿集』2018年，146－149頁。

大友立也『アージリス研究』ダイヤモンド社，1969年。

小川俊一『知的興奮集団のつくり方』日本経済新聞社，1982年。

岡本英嗣『組織的管理から自律的管理へ』白桃書房，2010年。

小原明『松下電器の企業内教育』文眞堂，2001年。

小山田英一・服部治・梶原豊『経営人材形成史』中央経済社，1997年。

太田肇『プロフェッショナルと組織』同文舘出版，1993年。

太田肇『日本企業と個人』白桃書房，1994年。

太田肇『「個力」を活かせる組織』日本経済新聞社，2000年。

太田肇『「外向きサラリーマン」のすすめ』朝日新聞社，2006年。

尾高煌之助『企業内教育の時代』一橋大学経済研究叢書42，1993年。

柿沼英樹「日本企業におけるタレントマネジメントの展開と現状」『Works Discussion Paper Series』No. 4, 2015年。

梶原豊『人材開発の経営学』同文舘，1996年。

金井壽宏・守島基博・高橋潔編『会社の元気は人事部がつくる』日本経団連出版，2002年。

金井壽宏『仕事で「一皮むける」』光文社新書，2002年。

金井壽宏『働く人のためのキャリア・デザイン』PHP新書，2002年。

金井壽宏『会社と個人を元気にするキャリア・カウンセリング』日本経済新聞社，2003年。

金井壽宏・守島基博編『CHO最高人事責任者が会社を変える』東洋経済新報社，2004年。

金井壽宏・鈴木竜太編『日本のキャリア研究』白桃書房，2013年。

川端大二『人材開発論』学文社，2003年。

川喜多喬・岩村正彦・高木晴夫・永野仁・藤村博之『グループ経営と人材戦略』総合労働研究所，1997年。

菅野寛『経営者になる経営者を育てる』ダイヤモンド社，2005年。

木下順「養成工制度と労務管理の生成」『大原社会問題研究所雑誌』No. 619，2010年，56－72頁。

木村保茂「企業内教育の今日的特徴：転換期の人材育成システム」『北海道大学大学院教育学研究科紀要』89，2003年，183－210頁。

木村保茂・永田萬享『転換期の人材育成システム』学文社，2005年。

木村保茂・藤澤建地二・永田萬享・上原慎一『鉄鋼業の労働編成と能力開発』お茶の水書房，2008年。

桐村晋次『人材育成の進め方（第3版）』日本経済新聞社，2011年。

熊沢誠『能力主義と企業社会』岩波新書，1997年。

倉内史郎・鈴木眞里編『生涯学習の基礎』学文社，2006年。

グローバルリーダーシップ・コンピテンシー研究会編『グローバルリーダーの条件』白桃書房，2005年。

経済産業省編「企業価値向上に向けた経営リーダー人材の戦略的育成についてのガイドライン」付録「経営人材育成に関する調査結果報告書」経済産業省，2017年。

経済団体連合会編『経済団体連合会五十年史』，1999年。

厚生労働省職業能力開発局総務課基盤整備室編「平成28年度能力開発基本調査」労務行

政，2016年。

小池和男編『大卒ホワイトカラーの人材開発』東洋経済新報社，1991年。

小池和男『アメリカのホワイトカラー』東洋経済新報社，1993年。

小池和男・猪木武徳編『ホワイトカラーの人材形成』東洋経済新報社，2002年。

小池和男編『プロフェッショナルの人材開発』ナカニシヤ出版，2006年。

小林信一「グローバルな視点でリーダーシップを発揮できる人材を育成」『企業と人材』
　産業総合研究所，第40号，2007年，17－21頁。

児美川孝一郎『権利としてのキャリア教育』明石書店，2009年。

雇用問題研究会編『TWIトレーナー実務必携』雇用問題研究会，2003年。

齋藤毅憲・野村千佳子・合谷美江・藤崎晴彦・宇田理『個を尊重するマネジメント』中
　央経済社，2002年。

齋藤弘通「ホワイトカラーの学習・熟達を促す人材育成の方法と人事・人材開発部門に
　求められる機能」『日本労働研究雑誌』No.595，2010年，81－94頁。

逆瀬川潔「職業訓練の変遷と課題」帝京経済学研究，2003年，51－96頁。

佐藤厚「企業コミュニティとキャリア形成・人材育成：大卒ホワイトカラーを中心に」
　『生涯教育とキャリアデザイン』第1巻，2016年，21－47頁。

沢井実『日本の技能形成』名古屋大学出版会，2016年。

産業能率大学総合研究所「企業の人材開発に関する実態調査：人材開発部門の役割およ
　び次世代リーダー育成・ミドルマネジャー教育の現状」報告書，2008年。

次世代オフィスシナリオ委員会編『知識創造のワークスタイル』東洋経済新報社，2004年。

清水龍瑩『経営者能力論』千倉書房，1983年。

白井正人『ジョブ型雇用のすべて』ダイヤモンド社，2021年。

人材育成学会編『人材育成ハンドブック』金子書房，2019年。

隅谷三喜男編『日本産業訓練発展史上－先進技術土着化の過程』日本労働協会，1970年。

隅谷三喜男編『日本産業訓練発展史下－日本的養成制度の形成』日本労働協会，1971年。

隅谷三喜男・古賀比呂志編『日本職業訓練発展史《戦後編》』日本労働協会，1981年。

鈴木竜太『関わりあう職場のマネジメント』有斐閣，2013年。

諏訪康雄「エンプロイアビリティは何を意味するのか？」『季刊労働法』労働開発研究会，
　No.199，2002年，81－95頁。

関島康雄『Aクラス人材の育成戦略』日本経団連出版，2006年。

関根雅泰・林博之『対話型OJT』日本能率協会マネジメントセンター，2020年。

関本昌秀・花田光世「11社4539名の調査分析に基づく企業帰属意識の研究（上）」『ダイ
　ヤモンド・ハーバード・ビジネス』11月号，1985年，84－96頁。

関本昌秀・花田光世「11社4539名の調査分析に基づく企業帰属意識の研究（下）」『ダイ
　ヤモンド・ハーバード・ビジネス』1月号，1986年，53－62頁。

全日本能率連盟人間能力開発センター編「戦後企業内教育変遷史－階層別・職能別・
　テーマ別産業教育の発展－」全日本能率連盟，1981年。

ダイヤモンド・ハーバード・ビジネス・レビュー『Harvard Business Review』December，
　特集：企業内大学「Aクラス人材」の生産工場，ダイヤモンド社，2002年。

高野研一『グループ経営時代の人材マネジメント』東洋経済新報社，2000年。

高橋由明編『教育訓練の日・独・韓比較』中央大学出版会，1996年。

高原暢恭『人材育成の教科書』労務行政，2017年。

高山修一「オリンパス経営の中核を担う次世代幹部の育成」『研究叢書No.120戦略的選抜教育と人事改革』，2003年，213-222頁。

田中聡『経営人材育成論』東京大学出版会，2021年。

中部経済連合会「人材育成に関する新時代に相応しい取り組みを目指して」人材育成委員会中間報告書，2020年。

塚原修一「企業内大学-日米の動向を中心に-」『高等教育研究』第7集，2004年。

寺澤直樹『グループ経営の実際』日本経済新聞社，2000年。

寺田盛紀『日本の職業教育』晃洋書房，2009年。

寺田盛紀「産業教育・職業教育学の形成・発展・課題」『産業教育学研究』第43巻第2号，2013年，1-12頁。

富永健一・宮本光晴編『モビリティ社会への展望』慶応義塾大学出版会，1998年。

中石誠子「社会教育における企業内教育の位置：倉内史郎の＜適応＞概念をめぐって」『東京大学大学院教育学研究科紀要』第36巻，1996年，489頁。

中原淳編『企業内人材育成入門』ダイヤモンド社，2006年。

中原淳・長岡健『ダイアローグ対話する組織』ダイヤモンド社，2009年。

中原淳『職場学習論』東京大学出版会，2010年。

中原淳『経営学習論』東京大学出版会，2012年。

中原淳編『職場学習の探究』生産性出版，2012年。

中原淳『人材開発研究大全』東京大学出版会，2017年。

中原淳・中村和彦『組織開発の探究』ダイヤモンド社，2018年。

中原淳『経営学習論増補新装版』東京大学出版会，2021年。

中村恵「ホワイトカラーの技能とその継承」『現代社会研究』創刊号，2015年，92-114頁。

西村健『プロフェッショナル労働市場』ミネルヴァ書房，2018年。

日本経営者団体連盟／日経連能力主義管理研究会報告『能力主義管理その理論実践』日経連出版，1969年。

日本経営者団体連盟『新時代の「日本的経営」』日経連広報部，1995年。

日本経営者団体連盟教育特別委員会「エンプロイアビリティの確立をめざして-「従業員自律・企業支援型」の人材育成を-」日本経営者団体連盟，1999年。

日本経営者団体連盟編『日経連五十年史《本編》』日本経営者団体連盟，1998年。

日本経団連出版編『社内公募・FA制度事例集』日本経団連出版，2004年。

日本経団連出版編『キャリア開発支援制度事例集』日本経団連出版，2006年。

日本経済団体連合会「2020年人事・労務に関するトップ・マネジメント調査結果」，2021年。

日本産業訓練協会編『産業訓練百年史』日本産業訓練協会，1971年。

日本産業訓練協会・日本経営者団体連盟「第9回産業訓練実態調査（企業内教育に関する総合アンケート調査」日本産業訓練協会，2001年。

日本産業訓練協会「第10回産業訓練実態調査：2005年度企業内教育に関する総合アンケート調査」日本産業訓練協会，2006年。

日本能率協会編『働く人の喜びを生み出す会社』日本能率協会マネジメントセンター，2009年。

日本能率協会編「第41回当面する企業経営課題に関する調査：日本企業の経営課題2020」特集１：能動的に変化に適応できる組織の条件，特集２：経営に貢献する人事部門，2020年。

日本能率協会編「第42回当面する企業経営課題に関する調査：日本企業の経営課題；これからの時代の人材戦略」，2021年。

根本孝『ラーニング・シフト』同文館，1998年。

根本孝『E-ラーニング』中央経済社，2001年。

根本孝『E-人材開発』中央経済社，2002年。

野口吉昭『「夢とビジョン」を語る技術』かんき出版，2013年。

野中郁次郎・紺野登『知識創造経営のプリンシプル』東洋経済新報社，2012年。

服部治・谷内篤博『人的資源管理要論』晃洋書房，2000年。

服部泰宏『日本企業の心理的契約』白桃書房，2011年。

花田光世「コーポレート・ユニバーシティとは何か」『人材教育』，2000年。

花田光世・宮地友起子・大木紀子「キャリア自律の展開」『一橋ビジネスレビュー』第51巻第１号，2003年，6－23頁。

花田光世「個の自律と人材開発戦略の変化」『日本労働研究雑誌』No.557，2006年，53－65頁。

花田光世編『新ヒューマンキャピタル経営』日経BP，2013年。

花田光世「キャリア開発の新展開」『これからのキャリア開発支援』労務行政，2016年，10－55頁。

馬場杉夫『個の主体性尊重のマネジメント』白桃書房，2005年。

濱口桂一郎『ジョブ型雇用社会とは何か』岩波書店，2021年。

林伸二『人材育成原理』白桃書房，2005年。

日沖健『経営人材育成の実践』経営書院，2012年。

日沖健「次世代経営幹部は社内で鍛える」『企業と人材』Vol.45，No.994，2012年，14－19頁。

樋口義雄・財務省財務総合政策研究所編『グローバル社会の人材育成・活用』勁草書房，2012年。

平野光俊『キャリア・ディベロップメント』文眞堂，1994年。

淵野康一「次世代経営リーダーをどう育てるか～選抜型の経営幹部育成～」『企業と人材』Vol.45，No.989，2012年，18－22頁。

古沢昌之『グローバル人的資源管理』白桃書房，2008年。

本田由紀『多元化する「能力」と日本社会』NTT出版，2005年。

マッキンゼー社『マッキンゼー緊急提言　デジタル革命の本質：日本のリーダーへのメッセージ』，2020年。

マーサージャパン編『ジョブ型雇用のはやわかり』日本経済新聞社，2021年。
増田智史「サクセッションマネジメントの考え方と実務における留意点」『労政時報』
　　第3969号，2019年，39－56頁。
松尾睦『職場が生きる人が育つ「経験学習」入門』ダイヤモンド社，2011年。
松本雄一「実践共同体における学習と熟達化」『日本労働研究雑誌』No.639，2013年，
　　15－26頁。
松本雄一『実践共同体の学習』白桃書房，2019年。
宮下清『組織内プロフェッショナル』同友館，2001年。
三輪卓己『知識労働者のキャリア発達』中央経済社，2011年。
武藤泰明『グループ経営7つの新常識』中央経済社，2002年。
村中靖・浅井優「CEOのサクセッションプラン設計」『労政時報』第3956号，2018年，
　　109－126頁。
村上由紀子「外部知識の吸収と組織内知識普及の連鎖を促進するマネジメント」『研究・
　　イノベーション学会年次学術大会講演要旨集』32，2017年，177－180頁。
守島基博編『21世紀の戦略型人事部』日本労働研究機構，2002年。
守島基博「総合的人事・育成施策としての早期選抜型の経営者育成」『企業と人材』第
　　852号，2005年2月。
守島基博「リーダー創造の新潮流：『米国流』を脱し，日本独自のモデル構築へ」『ビジ
　　ネスリーダーの創り方』日経BP社，2008年。
守屋貴司『人材危機時代の「日本のグローバル人材」の育成とタレントマネジメント』
　　晃洋書房，2020年。
八代尚宏『人事部はもういらない』講談社，1998年。
八代充史『大企業ホワイトカラーのキャリア』日本労働研究機構，1995年。
保田健治「コンピテンシー・マネジメントによる競争力の向上」『Xchange』No.73，
　　1997年。
谷田部光一『専門・プロ人材のマネジメント』桜門書房，2013年。
谷田部光一「人材育成における選択型研修と選抜型研修」『政経研究』第51巻第3号，
　　2014年，587－620頁。
谷内篤博「新しい能力主義としてのコンピテンシーモデルの妥当性と信頼性」文京学院
　　大学総合研究所『経営論集』第11巻第1号，2001年，49－62頁。
谷内篤博「企業内教育の現状と今後の展望」文京学院大学総合研究所『経営論集』第12
　　巻第1号，2002年，61－76頁。
谷内篤博『働く意味とキャリア形成』勁草書房，2007年。
谷内篤博『日本的雇用システムの特質と変容』泉文堂，2008年。
谷内篤博「プロフェッショナル志向の高まりとキャリア形成」『経営教育研究』Vol.11，
　　No.11，2008年，29－44頁。
谷内篤博「変革期における人材育成の在り方」『労政時報』第3846号，2013年，28－37頁。
谷内篤博「管理職に求められる新たな役割・機能と効果的な育成方法」『労政時報』第
　　3902号，2016年，58－65頁。

谷内篤博『個性を活かす人材マネジメント』勁草書房，2016年。

谷内篤博「移り行く企業内教育と経営人材の育成」『経営行動研究年報』第29号，2020年，11-16頁。

山田正行「企業内教育研究における自主的管理視点」日本社会教育学会編『現代社会教育の創造－社会教育研究30年の成果と課題』東洋館出版社，1988年。

山田雄一『社内教育入門』日本経済新聞社，1990年。

山本寛『転職とキャリアの研究』創成社，2005年。

山本寛『働く人のためのエンプロイアビリティ』創成社，2014年。

横尾恒隆「今日の職業教育をめぐる問題状況と職業教育の公共性」『教育学研究』第83巻，第2号，2016年，69-81頁。

横山悦生・三宅章介「日本における企業内教育訓練の今日的動向とその諸問題」『技術教育学の探究（科研費中間報告書)』第12号，2015年，118-153頁。

吉田寿『未来創造型人材開発』経団連出版，2020年。

労働政策研究・研修機構「企業内プロフェッショナルmのキャリア形成」JILPT資料シリーズ，No.178，2016年。

労働政策研究・研修機構「企業内プロフェッショナルのキャリア形成Ⅱ」JILPT資料シリーズ，No.192，2017年。

リクルートマネジメントソリューージョン「経営人材育成実態調査2012」，2012年。

リクルートマネジメントソリューージョン「人材マネジメント実態調査2021」，2021年。

リクルートワークス研究所「Works人材マネジメント調査2017基本報告書」，2017年。

リクルートワークス研究所『Works 42：特別編集：知的資本とナレッジワーカー』，2000年。

リクルートワークス研究所『Works 53：グローバルCU現象』，2002年。

リクルートワークス研究所『Works 56：ワークプレイス・ラーニング』，2003年。

リクルート雇用政策プロジェクト編『プロフェッショナル時代の到来』，2005年。

リクルートワークス研究所『Works 115：タレントマネジメントは何に効く？』，2012年。

リクルートワークス研究所『Works 133：人事部の，今，あるべき形』，2015年。

リクルートワークス研究所『Works 135：組織開発の底力』，2016年。

リクルートワークス研究所『Works 162：グループ経営の人事』，2020年。

リクルートワークス研究所『Works 168：That's CHRO！』，2021年。

リクルートワークス研究所『Works 170：若手を辞めさせるな』，2022年。

労務行政研究所『労政時報』第3884号：特集：進化する次世代経営人材育成策，2015年。

労務行政研究所『労政時報』第3869号：特集：先進的事例に学ぶキャリア開発支援の実際，2014年。

労務行政研究所『労政時報』第3988号：特集：次世代経営人材の選抜・育成策，2020年。

労務行政研究所『労政時報』第4009号：特集：次世代リーダー候補の選抜－高ポテンシャル人材をいかに可視化するか，2021年。

渡辺三枝子編『キャリアの心理学』ナカニシヤ出版，2003年。

＜英語文献＞

Arthur, M. B. and Rousseau, D. M. *The Boundaryless Career*, Oxford University Press, 1996.

Atwood, C. *Succession Planning Basis*, 2007（石山恒貴訳 ASTD グローバルベーシックシリーズ『サクセッションプランの基本』ヒューマンバリュー, 2012年）.

Ansoff, H. I. *Strategic Management*, London Macmillan；New York：Wiley, 1980（中村元一訳『戦略経営論』産能大学出版部, 1980年）.

Bartlett, C. H. and Goshal, S. *The Individualized Corporation*, 1997（グロービス・マネジメント・インスティテュート訳『個を活かす企業』ダイヤモンド社, 1999年）.

Ben-Hur, S. *The Business of Corporate Learning*, Cambridge University press, 2013（高津尚志訳『企業内学習入門』英治出版, 2014年）.

Burchell, M. & Robin, J. *The Great Workplace*, Jossey-Bass, 2011（伊藤健市／斎藤智文／中村艶子訳『最高の職場』ミネルヴァ書房, 2012年）.

Blanchard, K. and Stoner, J. *Full Steam Ahead!*, The Blanchard Family Partnership and Jesse Stoner, 2003（田辺希久子訳『ザ・ビジョン』ダイヤモンド社, 2004年）.

Cappelli, P. *The New deal at work ; Managing the market driven workforce*, Harvard Business School Press, 1999.

Crump, J. *Nikkiren and Japanese Capitalism*, Routledge Curzon, 2003（渡辺雅男／洪哉信訳『日経連もうひとつの戦後史』桜井書店, 2006年）.

Ciulla, J. B *The Working Life*, The Crown Publishing Group, 2000（金井壽宏監訳中島愛訳『仕事の裏切り』翔泳社, 2003年）.

Davenport, T. H. *Thinking for a Living : How to Get Better Performance and results for Knowledge Workers*, Harvard BusineeSchool Press, 2005（藤堂圭太訳『ナレッジワーカー』ランダムハウス講談社, 2006年）.

Defillippi, R. J. and Arthur, M. B. "Boundaryless Contexts and Careers；A Competency-Based Perspective" in Arthur, M. B. and Rousseau, D. H.（eds）. *The Boudaryless Career ; A New Employment Principle for a new Organizational Era.* Oxford University Press, pp. 116－131, 1996.

Dertouzos, M. L. et al. *Made in America*, The Massachusetts Institute of Technology, 1989（依田直也訳『Made in America』草思社, 1996年）.

Doz, Y. Santos, and Williamson, P. *Strategic Management in Multinational Companies*, Oxford：Pergramon, 2001.

Drucker, P. F. *The Essential Drucker on Individuals : To perform, to contribute and, to achieve*, 2000（上田淳生編訳『プロフェッショナルの条件』ダイヤモンド社, 2000年）.

Gratton, L. *The Shift*,（2011）（池村千秋訳『ワーク・シフト』プレジデント社, 2012年）.

Greenwood, E. The Elements of Proffesionalization, *Sosial Work*, Vol. 2, No. 3, 1957.

Hall, R. H. Professional and Bureaucratization, *American Sociological Review*, 1968.

Hall, D. H. *Managing Careers in Organizations*, Glenview, IL.；Scott, Foresman and Company, 1976.

Hersey, P. and Blanchard, K. H. *Managing of Organizational Behavior*, 6*th*, Prentice-Hall, 1993.

Hughes, C. and Byrd. M. Y. *Managing Human Resource Development Programs*, Palgrave Macmillan, 2015.

Jacoby, S. *The Embedded Corporation*, Princeton University press, 2005（鈴木良治／伊藤健市／堀龍二訳『日本の人事部・アメリカの人事部』東洋経済新報社，2005年）.

Jeanne C, M. *Corporate Universities*, McGraw-Hill, 1998.

Katz, R. L. Skills of an effective Administrator, *Harvard Business Review*, 33(1), pp. 33 - 42, 1955.

McCain, D. V. *Evaluation Basics*, 2005（霜山元訳 AS TD グローバルベーシックシリーズ『研修効果測定の基本』ヒューマンバリュー，2013年）.

Michaels Ed, Jones, H. H., Axelrod, B. *The War for Talent*, Harvard Business School Press, 2001（マッキンゼー・アンド・カンパニー監訳／渡会圭子訳『ウォー・フォー・タレント』翔泳社，2002年）.

MintzbergH. *Managing*, Berrett-Koehler Publishers, 2009（池村千秋訳『マネジャーの実像』日経 BP，2011年）.

McCall, Jr, M. W. *High Flyers*, Harvard Business School press, 1998（金井壽宏監訳／リクルートワークス研究所訳『ハイ・フライヤー：次世代リーダーの育成方法』プレジデント社，2007年）.

Philips, J. J. *Handbook of Training Evaluation and Measurement Methods*, Third Edition, 1991（渡辺直登／外島裕監訳教育研修効果測定ハンドブック翻訳委員会訳『教育研修効果測定ハンドブック』日本能率協会マネジメントセンター，2006年）.

Rousseau, D. M. *Psychological Contracts in Organizations ; Understanding Written and Unwritten Agreements*, SAGE Publications, 1995.

Schlossberg, N. K. *Overwhelmed*, Lexington Books, 1989（武田圭太／立野了嗣訳『「選職社会」転機を活かせ』日本マンパワー出版，2000年）.

Sirota, D. Mischkind, L. A. Meltzer, M. I. *The Enthsiastic Employee*, Whaeton School Publishing, 2005（スカイコンサルティング訳『熱狂する社員』英治出版，2006年）.

Spencer, L. M. and Spencer, S. M. *Competence at work*, John Wiley & Sons, 1993.

Pink, D. H. *Free Agent Nation*, Warner Books, 2001（玄田有史解説／池村千秋（訳）『フリーエージェント社会の到来』ダイヤモンド社，2002年）.

Schon, D. A. *The Reflective Practitioner*, Basic Books, 1983（柳沢晶一／三輪建二訳『省察的実践とは何か』鳳書房，2009年）.

Sullivan, S. E. & Arthur, M. B. "The evolution of the boundaryless career concept ; Examining physical psychological mobility", *Journal of Vocational Behavior*, Vol. 69, No. 1, 2006.

Ulrich, D. *Human Resource Champions*, The President and Fellows of Harvard College, 1997（梅津祐良訳『MBA の人材戦略』日本能率協会マネジメントセンター，1997年）.

Wilensky, H. L. The Proffesionalization of Everyone?, *The American Journal of Sociology*, Vol. 70, No. 2, pp. 137 - 158, 1964.

欧文索引

事 項 索 引

241

242

著 者 紹 介

谷内　篤博（やち　あつひろ）

〔略　歴〕

1978年早稲田大学法学部卒業。1992年筑波大学大学院教育研究科修士課程（カウンセリング専攻）修了。一部上場企業2社の人事部（管理職），住友ビジネスコンサルティング（現，日本総合研究所），三和総合研究所（現，三菱UFJリサーチ＆コンサルティング）での人事コンサル，文京学院大学経営学部教授を経て，実践女子大学人間社会学部教授（専門分野：人的資源管理，組織行動論）。

〔主　著〕

『人的資源管理要論』（共編著）晃洋書房，2000年
『知識創造型の人材育成』（共著）中央経済社，2003年
『大学生の職業意識とキャリア教育』（単著）勁草書房，2005年
『働く意味とキャリア形成』（単著）勁草書房，2007年
『日本的雇用システムの特質と変容』（単著）泉文堂，2008年
『インドネシアとベトナムにおける人材育成の研究』（共編著）八千代出版，2010年
『社会福祉施設の展望』（共編著）文化書房博文社，2011年
『個性を活かす人材マネジメント』（単著）勁草書房，2016年
『従業員満足のための人的資源管理』（共著）中央経済社，2020年

戦後企業内教育の軌跡と今後の展望
－新しい人材像とキャリア形成の探究－

2023年4月20日　　初版第1刷発行

著　者	谷内　篤博	
発 行 者	大坪　克行	
発 行 所	株式会社　泉 文 堂	

〒161-0033　東京都新宿区下落合1-2-16
電話 03-3951-9610　FAX 03-3951-6830

印 刷 所	山吹印刷有限会社
製 本 所	牧製本印刷株式会社

© 谷内　篤博　2023　　　　　Printed in Japan（検印省略）

ISBN 978-4-7930-0472-8　C3034